非农就业对粮食生产的影响研究

——机理、效应与对策

杨志海 著

科 学 出 版 社

北 京

内 容 简 介

　　本书基于我国农村劳动力非农就业与粮食生产的现况，在对相关理论与文献进行系统性梳理的基础上，构建了非农就业对粮食生产影响的理论框架，利用实地调研数据，从微观层面检验了非农就业对粮食生产的影响机理，并进一步评估了非农就业对粮食生产影响的产出效应、非农就业对粮食生产影响的技术效率与风险效应，以及非农就业对粮食生产影响的环境效应，以期为保障粮食生产并推进粮食生产方式转型的政策制定提供参考依据。

　　本书可供农业经济管理及相关专业，以及对"三农"问题感兴趣的高等院校师生、科研工作者、相关政府部门及其工作人员参考。

图书在版编目（CIP）数据

非农就业对粮食生产的影响研究：机理、效应与对策 / 杨志海著.—北京：科学出版社，2018.6

　　ISBN　978-7-03-057710-8

　　Ⅰ.①非… 　Ⅱ.①杨… 　Ⅲ.①农村劳动力-劳动力转移-影响-粮食-生产-研究-中国 　Ⅳ.①F326.11

　　中国版本图书馆 CIP 数据核字（2018）第 115643 号

责任编辑：林　剑 / 责任校对：彭　涛
责任印制：张　伟 / 封面设计：无极书装

科 学 出 版 社 出版

北京东黄城根北街 16 号
邮政编码：100717
http://www.sciencep.com

北京建宏印刷有限公司 印刷
科学出版社发行　各地新华书店经销

*

2018 年 6 月第 一 版　开本：720×1000　1/16
2018 年 6 月第一次印刷　印张：11 3/4
字数：237 000

定价：**108.00 元**
（如有印装质量问题，我社负责调换）

前　言

　　过去几十年里，伴随着农村劳动力非农就业规模持续扩大，我国农户的收入结构发生了显著变化，非农经营收入逐渐成为大量农户的主要收入来源。然而，大量农村劳动力向非农产业转移并未带来农业生产专业化进程显著加快，而是部分家庭成员非农就业，部分家庭成员留守务农，农户经营兼业化的特征越来越明显。在农业生产方式转型压力日益增加的背景下，非农就业会给我国农业生产特别是粮食生产带来什么样的影响？这些问题一直是政府及学术界关注和争论的焦点，但众说纷纭，并未获得一致性答案。从宏观层面来看，伴随着农村劳动力外出务工规模逐年递增，农户非农就业程度不断加深，但我国粮食产量并未下降，而且取得了十余年的连续增产。从表象来看，这是不是意味着非农就业并不会对粮食生产造成影响，甚至可能有助于粮食增产呢？带着这样的问题，本书利用实地调研的农户数据，考察了非农就业对粮食生产的影响机理及其效应，试图从微观层面解释粮食产出并未随非农就业程度加深而下降的原因，回答非农就业对粮食生产有何影响的问题，并在此基础上为保障粮食生产，推进粮食生产方式转型提供思路。

　　本书主要基于新经济劳动力转移理论（new economics of labor migration, NELM），在构建非农就业对粮食生产影响的理论框架的基础上，利用实地调研数据，在微观层面对该问题展开系统研究。不同于以往研究中仅仅从积极与消极两个方面简单概括非农就业对粮食生产的影响，并将非农就业对粮食生产影响的中间过程视作"黑箱"的做法，本书沿着对农户粮食种植全过程检验的思路，从多个视角考察非农就业所导致的资源禀赋改变对农户粮食生产影响的作用机制及其效应。此外，非农就业对粮食生产的影响并不仅仅表现为产出的变化，还会在农户的粮食生产技术效率水平与生产风险水平等方面得到体现，而且非农就业会导致农户的生产行为方式发生改变，进而产生环境效应。基于此，本书在分析我国农村劳动力非农就业与粮食生产状况演变与现实的基础上，梳理已有的文献和理论，构建了非农就业影响粮食生产的理论框架。进一步地，本书运用实证方法，通过分析非农就业对农户粮食生产投入决策的影响，检验了非农就业对粮食生产的影响机制，并在此基础上分别评估了非农就业对粮食生产影响的产出效应、技术效率与风险效应以及非农就业对粮食生产影响的环境效应。

感谢母校华中农业大学与澳大利亚西澳大学为我提供的学习与科研平台，让我得以在专业领域潜心研究；感谢恩师王雅鹏教授与 Amin Mugera 教授的悉心教诲以及包容和支持，让我能自由徜徉于农业经济研究的学术殿堂。此外，感谢国家留学基金管理委员会"国家建设高水平大学公派研究生项目"所提供的资助，让我得以领略不一样的"风景"。当然，感谢我的家人，没有他们的支持，我无法全身心投入到工作中。

谨以此拙作献给所有关心支持我的人们！

杨志海

2018 年 3 月

目 录

第一章
非农就业与我国粮食生产概况

本章将首先介绍改革开放以来我国农村劳动力非农就业的历史演变过程以及近年来农户非农就业情况。在此基础上，简要分析我国粮食生产投入与产出的变化趋势和特征，最后介绍当前我国粮食生产面临的资源环境约束等问题。

一、我国农村劳动力非农就业特征

改革开放以前，城乡二元管理体制的长期施行，尤其是严格的户籍制度，在很大程度上限制了农村劳动力的城乡流动。当时，城市化进程相当缓慢，乡镇企业发展尚未起步，农村区域内外非农就业机会匮乏，农村劳动力的非农就业现象鲜有发生。1978年，我国农村劳动力非农就业人员数量为2181.4万人，仅占农业劳动力总量的7.12%。改革开放四十年来，我国农村改革不断深化，从人民公社体制被废除到家庭联产承包责任制的实行，从计划经济体制被打破到向市场体制的转变，从传统农业到现代农业的过渡，从城乡二元结构的改革到城乡统筹发展与社会主义新农村建设，前所未有地激发了农民的创造性与积极性，极大地促进了农村经济的发展，城乡非农就业机会迅速增加，农村劳动力非农转移规模不断壮大。

1978～2012年[①]，农村劳动力的非农就业进程可分为两个阶段：1978～2000年为第一阶段，此阶段特征为非农就业规模、速度不稳定，但总体呈波动中低速上升趋势；2001～2012年为第二阶段，农业劳动力的非农就业进入持续稳定发展的新时期，呈现出非农就业规模总体较大且年度波动小的特征（图1.1）。

---

① 由于国家统计局网站对此部分数据的统计仅到2012年，本书选取此区间展开分析，下面还将补充近年来的农民工监测数据以进一步分析农村劳动力非农就业概况。

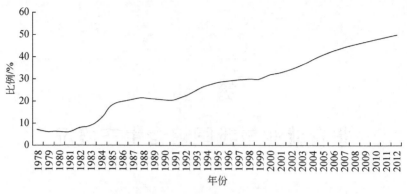

图 1.1 我国农村劳动力非农就业人员比例变化情况（1978～2012 年）

（一）非农就业规模与非农收入比例波动中低速上升阶段

1978 年以来，家庭联产承包责任制的推行逐渐将农村劳动力从土地的束缚中解放出来，农民从事农业生产的积极性被充分调动，农业生产率得到显著提高，逐渐产生了大量富余劳动力。此外，农村家庭劳动力可自由支配使农民能够及时响应劳动力市场需求的变化，重新做出家庭劳动力配置决策。同时，乡镇企业（前身为"社队企业"）呈现出较好的发展势头，为吸收农村闲置劳动力奠定基础。但由于改革开放初期的各项政策尚不稳定，仍处于探索中前进的阶段，农村劳动力非农就业规模存在较大波动。这一时期可以细分为以下四个具体阶段。

1. 起始阶段（1978～1983 年）

这一阶段政策鼓励劳动力在农村内部流动，并不鼓励向城镇转移。而且农产品收购价格提高后，农业生产收益较高，农民缺乏从事非农工作的积极性，劳动力非农就业的速度缓慢，规模较小。1983 年，我国农村劳动力非农就业人员规模为 3045 万人，比 1978 年增长了 864.4 万人，年均增长率为 5.7%，但相对于 1978 年初的非农就业规模基数和非农就业机会而言，这一增速并非太低。

在集体经营向家庭经营过渡过程中，农民生产积极性高涨为收入增长带来了强大动力，农村居民年人均纯收入由 1978 年的 133.6 元增加到 1983 年的 309.8 元。在此期间，农村居民人均纯收入中工资性收入比例由 66.09% 下降至 18.56%（图 1.2）。由于 1983 年之前农民从事农业生产的收入亦算作工资性收入，因此在此之前工资性收入的比例远高于种植业收入。

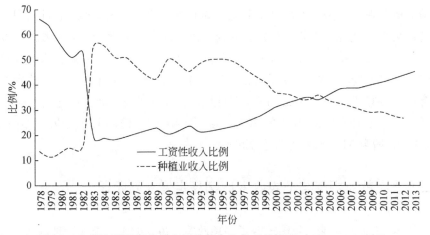

图 1.2　中国农村居民家庭人均纯收入结构变化情况（1978～2013 年）

2. 第一次小高峰（1984～1988 年）

1983 年家庭承包经营和集体统一经营相结合的双层经营体制确立后，促进农村劳动力转移的政策相继实施，如允许劳动力跨区转移、赋予企业招用农村劳动力的自由等；另外，农业生产连年丰收，粮食销售困难，农业劳动力剩余问题逐渐凸显；乡镇企业进入高速发展时期，打破了集体企业的垄断局面，在吸纳农业富余劳动力中发挥了重要作用。1985 年我国农村劳动力非农就业人员比上一年增长了 2428.7 万人，此阶段年均增长率高达 15%；至 1988 年，非农就业人员规模已达 8610 万人。相应的，1985 年之后，我国农村居民非农工作收入比例持续上升，由 18.16%增至 1988 年的 21.62%。

3. 低谷期（1989～1991 年）

至 1988 年我国经济过热、通货膨胀等现象凸显，国家宏观政策开始以治理整顿为主，对乡镇企业进行了"调整、整顿、改造、提高"，因此这一阶段乡镇企业发展停滞，非农就业机会大大减少，农村劳动力转移规模虽有小幅度增加，但非农就业人员比例下滑，出现劳动力回流现象。三年低谷期内农村劳动力非农就业人数仅增加 408.4 万人，年均增长率为 1.6%。相应的，非农工作收入比例在 1990 年仅为 20.22%。

4. 第二次小高峰（1992～2000 年）

1992 年，邓小平在南方谈话中肯定了乡镇企业在经济发展中的重要作用。此后，各种支持乡镇企业、民营企业的政策相继出台，放宽了对农村劳动力跨区流动的限制，并鼓励农村富余劳动力向非农产业和城镇转移。在此阶段，农村劳动力非农就业进入相对稳定并快速发展的时期，农村居民人均收入快速增长，工资性收入持续增加。农村非农就业人数逐年增长，非农就业人员比例由1992年的22.29%增至2000年的31.62%，上升了9.33%，年均增长率达到5%，年际增长规模最大为1234.2万人。与此同时，农村居民人均工资性收入由1992年的184.4元增长至2000年的702.4元，增加约2.8倍，工资性收入比例同期由23.52%增至31.17%，上升了7.65%。

（二）非农就业规模与非农收入比例稳定增长新阶段

进入21世纪以来，我国出台了多项政策制度，如土地承包管理政策、农村税费改革政策、乡镇机构综合配套改革政策、农民工社会保障制度等，为清理和消除农村劳动力非农转移的障碍提供了客观条件，促使农村劳动力非农转移进入持续稳定发展的新时期。尤其是2002年，一系列有关土地承包经营权流转的政策、法规的颁布实施，进一步解放了农村劳动力。2003年，我国农村非农就业人员比上年增长了1174.8万人，农村居民人均工资性收入在经历1983年之后的波动性增长后，所占比例首次超过种植业在农村居民人均纯收入中所占比例。

总体来看，2001~2012年，我国农村劳动力非农转移规模持续扩大，农村非农就业人员由15 775万人增至26 826万人，增加约1.1亿人，年均增加920.9万人，年均增长率为4.5%；非农就业比例持续上升，由32.71%增至49.81%，增长了17.1%；工资性收入比例由32.62%增至43.55%，增长了10.93%。此外，各年份非农就业人数的同比增长数量波动较小，农村劳动力非农转移呈现稳定增长趋势。不同于以往阶段的农业就业人员数量反复上下波动，2001~2012年，伴随非农就业人员数量的稳定增长，农业就业人员绝对数量持续下降，说明该阶段我国农村劳动力非农转移进入理性发展阶段，转移规模持续、稳定。

（三）近年来农村劳动力非农就业情况

1. 非农就业规模持续增加，本地就业比例逐步提高

据国家统计局发布的《2016年农民工监测调查报告》，2012年我国农村劳动力非农就业人员总量为26 826万人，到2016年增至28 171万人。虽然从总量上看有所增加，但近年来的增速在逐步降低，已从2012年增长3.9%降至2016

年的 1.5%。其中,外出非农就业人员的增速下降的尤为明显,从 2012 年的 3%
降至 2016 年的 0.3%。而本地非农就业人员的规模则在不断扩大,2016 年本地
非农就业的农村劳动力达 11 237 万人,比 2015 年增长了 3.4%。

2. 非农就业人员以男性、青壮年为主

我国农村劳动力非农就业人员中,男性就业人员比例远高于女性。2016 年,
我国农村劳动力非农就业人员中,男性非农就业人员占 65.5%,女性占 34.5%。
青壮年劳动力比例远高于中年及以上劳动力比例。报告显示,16~20 岁的非农
就业人员占 3.3%,21~30 岁占 28.6%,31~40 岁占 22.0%,41~50 岁占 27.0%,
50 岁以上的占 19.2%(表 1.1)。

此外,报告还显示,我国农村劳动力非农就业人员中,40 岁以下非农就业
人员所占比例逐年下降,由 2012 年的 59.3%下降到 2016 年的 53.9%,非农就
业人员平均年龄则由 37 岁上升到 39 岁。

表 1.1　非农就业人员年龄构成　　　　　　　　　单位:%

年龄区间	2012 年	2013 年	2014 年	2015 年	2016 年
16~20 岁	4.9	4.7	3.5	3.7	3.3
21~30 岁	31.9	30.8	30.2	29.2	28.6
31~40 岁	22.5	22.9	22.8	22.3	22.0
41~50 岁	25.6	26.4	26.4	26.9	27.0
50 岁以上	15.1	15.2	17.1	17.9	19.2

资料来源:国家统计局网站《2016 年农民工监测调查报告》。

3. 非农就业人员以初中文化程度为主

从农村劳动力非农就业人员的文化程度看,初中文化程度的居多。报告
显示,在 2016 年的非农就业人员中,未上小学的占 1.0%,小学文化程度的占
13.2%,初中文化程度的占 59.4%,高中文化程度的占 17.0%,大专及以上文
化程度的占 9.4%。外出非农就业人员受教育水平明显高于本地非农就业人员,
其中,外出非农就业人员和本地非农就业人员中高中及以上文化程度分别占
29.1%和 23.9%(表 1.2)。此外,与 2015 年相比,高中及以上非农就业人员
比例均有所提高。

表 1.2　2016 年非农就业人员的文化程度构成　　　单位：%

文化程度	非农就业人员合计		外出非农就业人员		本地非农就业人员	
	2015 年	2016 年	2015 年	2016 年	2015 年	2016 年
未上小学	1.1	1.0	0.8	0.7	1.4	1.3
小学	14.0	13.2	10.9	10.0	17.1	16.2
初中	59.7	59.4	60.5	60.2	58.9	58.6
高中	16.9	17.0	17.2	17.2	16.6	16.8
大专及以上	8.3	9.4	10.7	11.9	6.0	7.1

资料来源：国家统计局网站《2016 年农民工监测调查报告》。

4. 农业就业人员趋于老弱化，农户兼业特征明显

由于农村大量青壮年劳动力向非农产业转移，我国农村务农人员老弱化趋势日益明显。据中国经济体制改革研究会农村状况调查课题组 2013 年对全国 30 个省份 3269 户农村住户 11 162 人就业状况的调查，务农人员以中老年为主，年龄在 45 岁以上的人口占全部务农者的 60.6%。其中，60 岁以上的人口占全部务农者的 14.1%，而 17～30 岁务农人员仅占 12.2%。此外，调查显示，农户中务农人员以女性为主，妇女占比达 53.6%。

在调查的 9376 位农村住户就业人员中，务农人员占 54.7%，非农就业人员占 45.3%。平均每一户中有务农人员 1.57 人，非农就业人员 1.30 人。在 7807 位常住人口就业人员中，纯务农的占 54.2%；纯非农就业的占 15.4%；还有 30.4% 的就业者则同时从事农业与非农生产。这说明非农就业现象在调查农户中较为普遍。

此外，调查还显示，非农收入已成为农户的主要收入来源，农户的农业纯收入仅占人均年收入的 19.3%，而非农收入占比高达 62.8%。这说明农户的非农就业程度已经较高。

二、我国粮食生产的历史演变

作为人地矛盾突出的人口大国，我国粮食安全战略的首要目标是保障口粮供给。水稻生产是口粮生产的重中之重，为了聚焦问题，本书将研究对象锁定为水稻生产[①]。改革开放以来，我国水稻产量有了较大幅度增长，水稻单产也得到较大幅度提高，但年际的剧烈波动依然存在。而且，我国水稻生产成本在

———————

① 本书的粮食生产概况均以水稻生产为例，后续章节中的分析也将以水稻生产为对象。

较长期间内呈快速上涨趋势，不仅削弱了国内粮食生产的竞争优势，更严重侵蚀了惠农政策带给农民的好处，使得农民种粮积极性始终不高，从而威胁国家粮食安全。本节将首先考察我国水稻产出的变化情况及其波动特征；随后分析水稻生产成本变化特征，以及水稻生产要素投入结构变化情况；最后简要分析当前我国粮食生产所面临的资源环境约束。

（一）粮食生产从波动性徘徊到恢复性的连增

1978～2013 年，我国水稻总产量经历较大幅度增长，由 1978 年的 136 百万吨增加至 2013 年的 204 百万吨，增加了 1.5 倍，但在这 35 年间一直处于波动状态，呈现出阶段性变化的特征（图 1.3）。图 1.3 还显示了我国水稻单产与播种面积变化情况。总体来看，我国水稻总产量变化可以分为三个阶段。

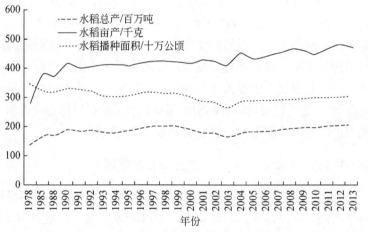

图 1.3　中国水稻产出变化情况（1978～2013 年）

资料来源：《中国农业统计年鉴》（1979～2014 年）。

1. 第一阶段（1978～1997 年），产量增长期

这个阶段的显著特点是水稻播种面积在波动中缓慢下降，水稻亩产[①]与总产量显著增加。1994 年，我国水稻播种面积减至这一阶段的最低点，为 3020 万公顷，比 1978 年减少 425 万公顷，减少了 12%，随后在 1997 年恢复至 3176 万公顷，但仍然比 1978 年减少了 8%；水稻亩产从 1978 年的 278 千克提高到 1997 年的 423 千克，增加了 145 千克，增幅达 52%；水稻总产量由 1978 年的

[①] 1 亩≈666.7 平方米。

136 百万吨增至 1997 年的 201 百万吨，增加了 65 百万吨，增幅达 48%，这是历史上我国水稻产量首次突破 200 百万吨。这一阶段水稻产量增长的直接来源是单产的大幅提高，但背后的贡献则主要来自于四个方面：一是家庭联产承包责任制的实施充分调动了农民的生产积极性；二是对种粮实行物质奖励，对定购粮实行挂钩物质奖励；三是对杂交稻的大力推广，对杂交水稻种子生产进行补贴；四是农业基础设施建设，这一时期可以说是中华人民共和国成立以来农业生产基础设施最好的时期，尤其是农田水利设施。

2. 第二阶段（1998～2003 年），生产下滑期

这一阶段水稻生产的显著特点是播种面积与总产量大幅度下降，水稻亩产缓慢上升。2003 年，水稻播种面积为 2650 万公顷，比 1997 年减少 526 万公顷，下降幅度达 17%；水稻总产量从 1997 年的 201 百万吨降至 2003 年的 161 百万吨，总产量减少了 40 百万吨，下降幅度达 20%；2001 年，水稻亩产为 427 千克，达到历史新高，但仅比 1997 年增加了 4 千克，而且在 2003 年，又下滑至 408 千克。这一时期水稻产量的持续下滑，主要有以下几个方面原因：一是水稻种植面积因国家实施退耕工程而减少；二是水稻退出国家定购范围，稻谷价格下滑严重；三是农民非农收入逐步提高，而种粮比较效益较低，导致水稻大面积"双改单"；四是科技对粮食的贡献不足，水稻的科研成果没有新突破，科技对水稻生产的贡献徘徊不前，农业科技推广力度减弱。

3. 第三阶段（2004～2013 年），生产恢复发展期

这一阶段的显著特点是水稻产量实现恢复性的"十连增"，水稻播种面积也实现恢复性提高，亩产水平得以创新高。2013 年水稻总产量达到 204 百万吨，比 2003 年增加了 43 百万吨，增幅达 27%，但仅比 2007 年增加了 3 百万吨；水稻播种面积 2013 年恢复至 3031 万公顷，比 2003 年增加了 381 万公顷，但依然比 1997 年减少了 145 万公顷；亩产增幅明显，由 2003 年的 408 千克增至 2013 年的 471 千克，增幅达 15%，而且这一水平创历史新高。这个阶段水稻生产的恢复性增长主要与以下几个因素有关：一是 2004 年以来农业税的减免及种粮直补、农资综合补贴、农机具购置补贴等多种惠农补贴的发放调动了农民的种粮积极性；二是水稻优质品种、高产栽培以及机械化生产等技术的推广应用，提高了水稻生产技术效率；三是水稻生产规模化、产业化的发展，如种粮大户、龙头企业、大范围的优质水稻生产基地建设，不仅有效遏制了耕地变相抛荒的趋势，而且提升了水稻生产的产业化水平。

（二）粮食生产波动特征

我国水稻产量是在不断波动中增长的。在水稻生产增长过程中，产量波动是循环呈现的不稳定现象，正常的波动是合理现象，但年际大幅度增长或下降，不仅会增加农民收入风险，还会影响水稻生产的可持续发展，甚至引发国家粮食安全问题。下面首先利用波动指数法衡量我国水稻生产的波动幅度，然后依据波动值的数量特征与趋势确定波动周期，考察我国水稻生产的波动特征。本书采用的波动指数计算公式为

$$I_t = (Y_t - \hat{Y}_t)/\hat{Y}_t \times 100\% \tag{1.1}$$

式中，Y_t 表示第 t 年的水稻实际产量；$\hat{Y}_t$ 表示第 t 年水稻产量的趋势值，利用回归模型拟合得出；$Y_t - \hat{Y}$ 表示剔除长期趋势后的波动绝对额；I_t 表示水稻产量在剔除长期趋势后，相对于长期趋势的波动程度，反映水稻产量的稳定程度，其绝对值越大，表明偏离长期趋势越远，稳定性就越差。经过对回归结果的比较，本书采用了时间的二次式模型作为水稻趋势产量的拟合方程，得出水稻产量的趋势值。在运用波动指数公式测算出波动指数值后，以曲线形式将其反映在图 1.4 中。

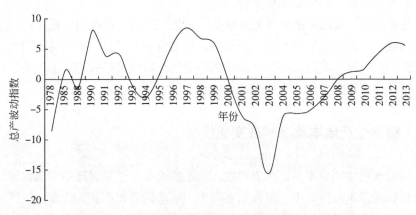

图 1.4　我国水稻生产波动指数变化情况（1978~2013 年）

依据周期波动理论"谷—峰—谷"的形态特征，1978~2013 年我国水稻生产波动可以大致划分为 3 个完整周期和 1 个半周期：第一个周期为 1978~1988 年，第二个周期为 1988~1994 年，第三个周期为 1994~2003 年，第四个半周期为 2003~2013 年。总体来看，我国水稻生产波动呈现出以下三个特征。

第一，从波动类型看，基本是古典型波动。除第二个周期（1988~1994 年）

近似于增长型波动，即增长率出现下降，但不出现负值，表现为波谷波峰都为正值，其余波动周期均属于古典型波动，即增长率出现下降后由正转负，一般表现为波谷为负，波峰为正。而且从现有特征看，最后一个半周期也属于古典型波动。这说明我国水稻生产恶性波动程度较高。

第二，从波动周期长度看，波动频度较低。1978~2003 年我国水稻生产波动的前三个周期，平均年距为 8.3 年，意思是每 8 年左右就会发生一次波动，频度并不高。前三个周期的时间长度分别为 10 年、6 年、9 年，基本属于"朱格拉周期"波动类型。但最后一个半周期（2003~2013 年），已经历 10 年的调整，而且从图 1.4 来看似乎已达到波峰，这意味着我国水稻生产波动周期有加长的趋势。

第三，从波动幅度看，波动较为剧烈。波动幅度反映的是一个波动周期内，水稻生产振荡的强烈程度，在一定程度上可以反映出水稻生产的稳定性程度。一般采用波动周期内的波谷波峰绝对值之和表示波动幅度。从波动幅度看，我国水稻生产波动幅度有快速加大趋势，前三个周期的波动幅度分别为 10.1%、10.98%、24.04%，说明我国水稻生产波动已由 2003 年之前的中幅型波动（10%≤波幅≤20%）演变为强幅型波动（波幅≥20%），而最后一个半周期的波动幅度已高达 21.05%。这表明我国水稻产量增长是在极不稳定的过程中实现的，而且这种振荡幅度呈加剧趋势。

总体而言，我国水稻生产风险较高，1978~2013 年，我国水稻生产的增长是在恶性、剧烈波动中取得的，而且波动程度有加大趋势，很容易出现大起大落的情况。同时，我国水稻生产波动周期变长，特别是当前正处于生产上升通道，滑坡随时可能出现，应引起足够警觉。

（三）粮食生产成本及其构成变化情况

降低水稻生产成本是提高农户收入的重要途径，也是保障和实现我国口粮自给目标的基本前提。以下对我国水稻生产成本的总体趋势、特点，生产成本推动因素，生产成本构成变化情况进行回顾分析。

总体来看，1978~2013 年，我国水稻生产成本呈现波浪形上升态势（图1.5）。1978~1996 年为上升阶段，我国水稻每亩生产成本由 63.26 元增加到 417.21 元，增加了 6.59 倍，特别是 1992~1996 年，水稻生产成本在 4 年之内增加了 1.36 倍；1996~2000 年为缓慢下滑阶段，到 2000 年时，我国水稻每亩生产成本为 354.69 元，也就是说在该区间，我国水稻生产成本仅下降了 15%；2000~2013 年我国水稻生产成本又进入了快速上升通道，至 2013 年时，我国水稻生产成本已涨至每亩 957.83 元，相比于 2000 年，上涨了 1.7 倍，相比于 1978 年，更是上涨了 14.1 倍。尤其是 2007 年之后，水稻生产成本大幅度提高，6 年内上涨了近 1 倍。当然，由于此处生产成本采用的是名义价格，如果考虑到通货膨胀因素，实际上涨幅度可能稍小一些，但依然反映出我国水稻生产成本日益高涨的趋势。

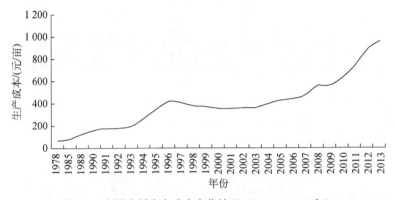

图 1.5　中国水稻生产成本变化情况（1978～2013 年）

资料来源：《全国农产品成本收益资料汇编》（1979～2014 年）。

从各生产要素成本变化情况看，人工成本高企是我国水稻生产成本快速上涨的主要推力（图 1.6）。从曲线形态看，人工成本与生产总成本上涨几乎是同步的，两者上涨、下跌阶段呈现出高度一致性。人工成本其实也是农民务农的机会成本，其上涨或下跌与非农就业机会的增减密切相关。非农就业机会越多，非农报酬越高，农民种粮的人工成本也会越高。除了人工成本外，化肥成本也是长期以来我国水稻生产的主要成本之一。在 2008 年之前，化肥成本的变动趋势与人工成本相似，但 2008 年之后，化肥成本有一个微弱下调的趋势。此外，机械作业成本在 2004 年之前一直较低，在农机具购置补贴的刺激下，农机服务市场快速发展，水稻生产农业机械化程度大幅度提升，从而导致机械作业成本在 2004 年之后开始迅速上涨，在 2010 年甚至超过化肥成本，成为水稻生产成本高涨的第二个主要推力。最后，种子、农药成本在过去几十年变化并不大，存在缓慢上涨的趋势。

总体来说，我国水稻生产成本一直处于上升态势，尤其是最近几年，涨幅较以往都高。从成本构成来看，人工成本比例最高，其上涨也是水稻生产成本高企的主要诱因；化肥成本虽然在最近几年有略微下调趋势，但仍然占据较高比例；机械作业成本呈稳定上涨趋势，尤其是 2010 年后其比例已超过化肥成本比例；种子、农药成本虽然比例不高，但同样呈微弱上涨趋势（图 1.7）。

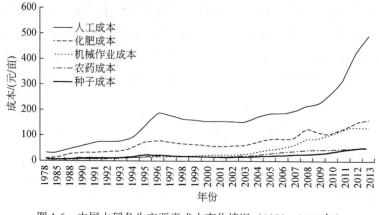

图 1.6　中国水稻各生产要素成本变化情况（1978～2013 年）

资料来源：《全国农产品成本收益资料汇编》（1979～2014 年）。

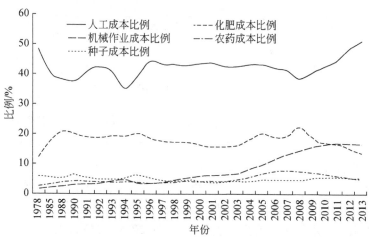

图 1.7　中国水稻生产成本构成变化情况（1978～2013 年）

资料来源：《全国农产品成本收益资料汇编》（1979～2014 年）。

（四）粮食生产劳动投入与要素替代情况

伴随着大量农村劳动力外出务工或本地非农就业，农业从业人数不断下降，农户家庭成员务农比例也出现下降，水稻生产家庭用工数呈不断下降趋势；与此同时，在水稻生产中，其他对劳动力具有较强替代性的生产要素投入则呈快速增长趋势。由图 1.8 可知，1978 年以来，水稻生产中，农户亩均家庭用工数呈快速下降趋势，尤其是 1978～1985 年，家庭亩均用工数由 38.10 下降至 21.90，下降了42.5%；1985～2013 年，家庭亩均用工数呈现出持续缓慢下降态势，至 2013 年，农户水稻生产每亩家庭用工数已减至 6.13 个工，相比 1978 年，减少了 31.97 个工，减幅达 83.9%。与此同时，从要素替代角度看，农户普遍使用机械对劳动进行替代，1978～2003 年，机械投入费用与劳动投入费用之比由 3.48% 增至 16.09%，此后，机械投入快速上涨，至 2010 年，两者之比达到 39.34%，相比于 1978 年，上涨了 10 倍之多，但随后又缓慢下降了一些。农户使用农药对劳动的替代也较为普遍，农药施用量的增加，可以缓解水稻生产田间管理的劳动需求，特别是除草剂的广泛使用，使得水稻生产劳动投入显著下降。1993 年之前，农药投入费用与劳动投入费用之比甚至高于机械投入费用与劳动投入费用之比，但从 1994 年开始，机械投入对劳动投入的高替代性逐渐显现，迅速超过了农药投入。

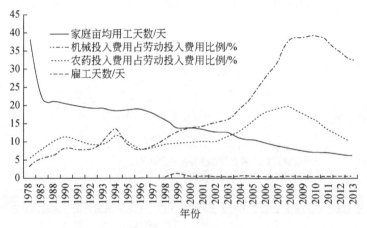

图 1.8　中国水稻生产劳动投入与要素替代情况（1978～2013 年）

资料来源：《全国农产品成本收益资料汇编》（1979～2014 年）。

三、我国粮食生产面临的资源与环境约束

改革开放以来，我国粮食生产增长为保障我国口粮自给做出了巨大贡献。但是我国粮食生产在快速增长的同时却面临着耕地资源不断被挤占、水资源供求矛盾日益突出等自然资源约束。而长期以来化肥、农药等农业投入品的不合理施用，造成耕地质量不断下降、农业面源污染日益严重等环境质量持续恶化问题。

（一）种植空间不断被压缩

总体而言，1978 年以来，我国水稻播种面积呈缓慢下降趋势（图 1.9）。其

中，1978～2003 年，我国水稻播种面积下降较快，由 3442 万公顷减至 2650 万公顷，减少了 792 万公顷，降幅达 23%。2003 年后开始有所回升，增至 2013 年的 3031 万公顷，恢复了 14%，但相对于 1978 年，仍减少了 411 万公顷。从粮食作物种植结构看，水稻播种面积所占比例仅存在小幅度下降，由 1978 年的 28.54%，缓慢下降至 2013 年的 27.07%；从农作物播种面积看，水稻播种面积所占比例呈下降趋势，已由 1978 年的 22.93% 下降至 2013 年的 18.41%。当然，播种面积下降有多方面原因，首先是耕地资源因城镇化、工业化被占用，其次是农民弃种、抛荒或"双改单"等，再者是农作物之间的竞争性导致水稻被其他经济作物替代。但无论如何，水稻种植空间被不断压缩已是事实，而且依然面临较大压力。

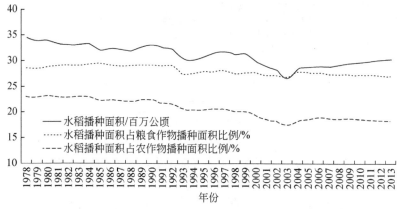

图 1.9　中国水稻播种面积及其比例变化（1978～2013 年）

资料来源：《中国农业统计年鉴》（1979～2014 年）。

（二）农业用水压力不断加大

水资源是粮食生产的基础资源，尤其对于水稻生产而言，其重要性不言而喻。《中国水资源公报》显示，1999 年，我国农业用水总量为 38.69 百亿立方米，2003 年下降至 34.32 百亿立方米，但随后开始持续上升，到 2013 年时，农业用水总量为 39.22 百亿立方米（图 1.10）。与此同时，工业用水总量由 11.59 百亿立方米增至 14.06 百亿立方米，生活用水总量由 5.63 百亿立方米增至 7.50 百亿立方米。从用水结构来看，虽然农业用水量总体在上升，但工业用水与生活用水对农业用水存在挤占现象。1999～2013 年，农业用水比例总体呈下降趋势，由 1999 年的 69.2% 降至 2013 年的 64.5%，而工业用水与生活用水占比呈上升趋势，工业用水占比上升了 3.6%，生活用水占比上升了 2.2%，至 2013 年时，两者分别占 23.14% 和 12.34%。随着工业化和城市化水平的不断提高，可以预见的是，未来我国农业用水供给将面临更大挑战，水稻生产面临的不确定性将进一步加大。

图 1.10　中国农业用水总量变化（1999～2013 年）

资料来源：《中国水资源公报》（2000～2014 年）。

（三）耕地质量退化严重

耕地是人类赖以生存和发展的物质基础。然而高投入、高产出和高资源环境代价的农业增长模式导致中国耕地质量退化问题日益突出，严重威胁国家粮食安全。据 2009 年全国耕地质量监测结果显示，我国生产能力亩产大于 1000 千克的耕地仅占全国耕地总面积的 6.09%。在东北黑土区，耕地土壤有机质含量与 30 年前相比降幅达 31%，黑土层已由开垦初期的 80～100 厘米下降至 20～30 厘米。不仅如此，南方土壤酸化、华北耕层变浅、西北耕地盐渍化等问题同样十分严重。除了自然环境变迁外，农民耕作方式不当也是造成这一问题的主要原因，如长期过量而单纯地使用化肥，会破坏土质，损耗土壤中的有机物，降低土壤保水能力，最终导致土壤酸化、结构破坏以及土壤板结等问题。此外，大量高质量等级耕地因城镇发展和各项基础设施建设被占用也是我国耕地质量退化的另一主要原因。吕开宇等探讨了土壤侵蚀与盐碱化对中国农业产出的影响，发现两者对农业产出造成了严重的负面影响，其中，土壤侵蚀面积每增加 1%，耕地单位产出将下降 0.13%，盐碱地面积每增加 1%，耕地单位产出将下降 0.11%[①]。当前我国耕地保护整体效果不容乐观，尤其是耕地质量呈现总体下降趋势[②]。因此，在耕地资源持续减少而人口数量不断增加的背景下，如果不能妥善解决耕地质量问题，势必影响我国粮食生产的可持续性。

（四）农业面源污染严重

过去三十多年间，高投入、高消耗的农业生产极大程度上满足了中国日益增长的农产品需求，但与此同时也造成了严重的环境污染。据《第一次全国污染源普查公报》，农业面源污染已成为继工业污染后的主要污染源。公报显示，2007 年度农业化学需氧量排放达到 1324 万吨，占全部排放量的 43.7%；农业总氮与总磷排放分别占排放总量的 57.2% 与 67.3%。与工业污染不同，农业面源污染没有明确的排污口，治理难度更大。在农业生产方面，化肥、农药滥用是面源污染的主要来源。1978～2013 年，我国农业生产化肥使用量由 884 万吨增加至 5911 万吨，增加了近 6 倍，已成为世界上最大的化肥生产国与消耗国。此外，同一期间，我国农药使用量也增加了近 2 倍，使用强度是世界平均水平的 2.5 倍，受农药污染的耕地面积达 1.36 亿亩。虽然我国政府在 20 世纪 90 年代后期已全面启动农业面源污染治理工作，"十二五"规划更明确提出农业化学需氧量，总氮和总磷分别减排 8% 和 10% 的约束性目标，但农业生产至今依然表现出粗放生产的特征，农业增长与资源、环境之间的矛盾越来越尖锐，已成为实现可持续发展所面临的严峻挑战。尽管水稻生产中化肥使用强度相对蔬菜类作物稍低，但长期以来，农民对过量偏施化肥已形成依赖。目前，我国通过增加化肥投入量而提高的产量已逼近极限，已成为世界高氮化肥用量国家中，唯一的"增肥低增产"类型国家。在这种背景下，我国水稻生产正面临因化肥、农药滥用造成的环境恶化问题的严峻挑战。

四、样本数据来源与特征分析

为了从农户层面探究非农就业与粮食生产之间的关系，本书将使用农户调查数据展开实证研究。本节首先介绍调查样本区域选择与概述、数据获取以及样本农户基本特征，然后分析样本农户的非农就业与粮食生产特征。

---

① 吕开宇，许健民，娄博杰. 环境变化对农业产出的影响 [J]. 中国农村经济，2008，（04）：63-72.
② 陈美球，吴月红，刘桃菊. 基于农户行为的我国耕地保护研究与展望 [J]. 南京农业大学学报（社会科学版），2012，（3）：66-72.

（一）样本区域选择与概述

本次调查选取湖北省为调查对象。湖北省是我国 13 个粮食主产省份之一，拥有粮食生产所依赖的自然资源天然优势，而且便利的交通条件为该省农村地区经济、社会发展奠定良好基础，同时也为该省农村劳动力外出务工或非农就业提供了大量机会。因此，将既是粮食生产大省又是劳动力输出大省的湖北省作为本次研究的调查对象，具有实际意义。下面简要介绍湖北省自然资源、粮食生产以及农村社会、经济情况。

在自然资源方面，湖北省地处中部地区，地势大致为东、西、北三面环山，中部为"鱼米之乡"的江汉平原。湖北省辖区总面积 18.59 万平方公里，约占全国总面积的 1.94%。其中，56% 为山地，24% 为岗地，另外 20% 为平原湖区。除高山地区外，湖北省大部分地区为亚热带季风性湿润气候，日照充足、无霜期长、降水充沛、四季分明。全省年平均气温在 15～17℃，平均日照为 1100～2150 小时，平均无霜期达 230～300 天，平均降水量为 800～1600 毫米，由南向北递减。值得一提的是，湖北省素有"千湖之省"之称，境内除长江、汉江干流外，还有数千条河流，总长近 6 万公里。

在粮食生产方面，2013 年末，湖北省耕地面积为 340 万公顷，其中，198 万公顷为水田，142 万公顷为旱地，在现有耕地中，约 64% 为高产稳产田。2013 年末，湖北省粮食作物播种总面积为 426 万公顷，占全国播种总面积的 3.8%；水稻播种面积为 210 万公顷，占全国播种总面积的 6.9%。2013 年末湖北省粮食产量为 2501 万吨，占全国粮食总产量的 4.15%；水稻产量为 1676 万吨，占全国水稻总产量的 8.23%。其中，稻谷产量仅次于湖南、黑龙江、江西和江苏，居全国第 5 位，是我国水稻商品粮主产区之一。

在农村居民就业与收入方面，2013 年末，湖北省乡村人口为 2637 万人，占全省人口的 45%；在乡村从业人员中，有 61% 的农村劳动力从事非农经营活动。从收入角度看，2013 年末，湖北农村居民家庭人均年纯收入为 8866 元，几乎与全国平均水平持平；非农收入为 3648 元，占人均纯收入的 41%，相对于 2003 年的 27%，增加了 14 个百分点，但比 2013 年末全国人均非农收入比例低 4 个百分点。

（二）数据获取

本书所用数据来自国家社会科学基金重点项目课题组对湖北省粮食种植农

户的随机抽样调查。具体调研区域主要集中在仙桃、公安、松滋、石首、宜城、南漳以及襄州，这七个县（市、区）粮食生产水平较高，同时这些地区农户兼业特征明显，具有较高代表性。调查采用分层随机抽样方法，根据经济状况、距离县城远近在每个县市随机选择2~3个乡镇，在每个乡镇随机抽取2~3个村，最后在每个样本村随机调查8~10户农户，由课题组成员进行一对一问卷调查与访谈以及后期对部分信息的补充调查。

需要说明的是，课题组成员均为在校硕士、博士以及博士后，为了保证问卷质量，我们事先针对问卷中每个问题进行了讨论，对可能出现的情况进行了预案。在进行访谈时，若受访者理解力较差，我们会仔细解释，并邀请村干部辅以说明。为防止受访者受到周边其他人员干扰，我们一般会提前要求其他人员不得代替回答相关问题。调查问卷主要涵盖了农户劳动力结构、家庭经营、农业生产投入产出以及耕地利用状况等内容。该调查分别于2013年和2014年分两期进行，共调查样本农户656户，剔除信息不足及问题答案前后不一致问卷后，本书采用的样本为650户。调查样本点分布见表1.3。

表1.3 调查样本点分布状况

县（市、区）	乡镇	样本村名称	有效样本数/个	比例/%
仙桃	郑场镇	贾窑、郑场、天门	26	4.00
	毛嘴镇	杨场、南洪、韩场、榨湾	40	6.15
	剅河镇	吊堤、屯岭、董庄	29	4.46
公安	闸口镇	胜天汉、红安寺、合兴	30	4.62
	麻豪口镇	沙场、马尾套、裕华	30	4.62
	斗湖堤镇	高建、油江、同升	30	4.62
松滋	杨林市镇	盘古山、龙家峪、大河北	29	4.46
	王家桥镇	中水桥、麻水、陶家冲	28	4.31
	陈店镇	夹马槽、陈店、石桥	28	4.31
石首	南口镇	南尖上、官剅口、上官洲	26	4.00
	高陵镇	月堤拐、高陵岗、谭家洲	30	4.62
	高基庙镇	打鼓台、显济坛、肖家岭	30	4.62
宜城	南营街	土城、五连、万洋	38	5.85
	郑集镇	童梅、长湖、茅草	44	6.77
	小河镇	石灰、坪堰、符俏	48	7.38

县（市、区）	乡镇	样本村名称	有效样本数/个	比例/%
南漳	肖堰镇	花庄、杜家沟、狮子口	45	6.92
	武安镇	刘家河、雷家营、马家营	44	6.77
	九集镇	九仙观、旧县铺	36	5.54
襄州	襄州区	黄集、伙牌、张家集	39	6.00

注：作者根据有效问卷整理得到。比例数据四舍五入处理，下同。

（三）样本农户的基本特征

表 1.4 显示了样本农户家庭的基本特征。从家庭规模看，样本农户中家庭人口数为 5～6 人的最多，达 285 户，占样本总体的 43.85%；其次为 3～4 人的农户，占样本总体的 38.31%；7 人及以上的农户有 80 户，占样本总体的 12.31%；1～2 人的农户仅有 36 户，占样本总体的 5.54%，说明样本农户多为二代或三代同堂。

表 1.4 样本农户家庭基本特征

项目	类别细化	户数/户	比例/%
家庭规模	1～2 人	36	5.54
	3～4 人	249	38.31
	5～6 人	285	43.85
	7 人及以上	80	12.31
户主受教育程度	小学及以下	260	40.00
	初中	244	37.54
	高中及以上	146	22.46
耕地经营面积	5 亩及以下	138	21.23
	5～10 亩	205	31.54
	10～20 亩	197	30.31
	20～30 亩	53	8.15
	30 亩以上	57	8.77
家庭人均收入	1 万元及以下	279	42.92
	1 万～1.5 万元	128	19.69
	1.5 万元以上	243	37.38

从户主受教育程度看，小学文化程度的户主最多，占样本总体的40.00%；其次为初中文化程度，占样本总体的37.54%；高中及以上文化程度的仅占22.46%，说明样本农户户主受教育程度普遍较低。

从耕地经营规模看，样本农户耕地经营面积平均为14.08亩，其中5~10亩的农户最多，有205户，占样本总体的31.54%；其次为10~20亩的农户，占样本总体的30.31%；20亩以上的农户仅占16.92%；还有21.23%的农户的耕地经营面积在5亩及以下。这表明虽然存在少部分耕地经营大户，但大部分样本农户的耕地经营面积比较小。

从收入水平看，样本农户家庭人均收入分布呈现出"两头大、中间小"的态势，1万元及以下农户与1.5万元以上农户比例分别为42.92%和37.38%，而1万~1.5万元的农户仅占19.69%。

（四）样本农户的非农就业特征

表1.5从非农就业人数、非农就业收入比例、非农就业参与者年龄与性别四个方面描述了样本农户的非农就业特征。

表1.5 样本农户非农就业特征

项目	类别细化	户数/户	比例/%
非农就业人数	0人	104	16.00
	1人	168	25.85
	2人	205	31.54
	3人	116	17.85
	4人及以上	57	8.77
非农就业收入比例	10%及以下	139	21.38
	10%~50%	196	30.15
	50%及以上	315	48.46
非农就业参与者年龄	30岁及以下	655	55.90
	30~40岁	334	28.51
	40~50岁	143	12.25
	50岁及以上	39	3.34
非农就业参与者性别	男	696	59.47
	女	475	40.53

从非农就业人数看，有 104 户样本农户未从事任何非农生产经营活动，占样本总体的 16%。在存在非农就业的农户中，大多数农户家庭成员中有 2 人参与非农生产经营活动时间大于 1 个月，占比 31.54%；其次为仅有 1 人参与的农户，占比 25.85%；有 3 人参与的农户占比 17.85%；另外还有 57 户农户中有 4 人及以上家庭成员参与，占比 8.77%。

从非农就业收入比例看，非农就业收入比例在 10% 及以下的农户有 139 户，即本书所定义的纯农户，占样本总体的 21.98%；非农就业收入比例为 10%～50% 的农户有 196 户，即 I 兼农户占样本总体的 30.15%；非农就业收入比例为 50% 及以上的农户最多，有 315 户，即 II 兼农户占样本总体的 48.46%。①这说明样本地区农户非农就业程度较高，接近半数的农户非农收入比例超过 50%。

从非农就业参与者年龄看，样本农户的非农就业参与者中，共有 655 人的年龄小于 30 岁，占非农就业参与者总体的 55.90%；有 334 人的年龄为 30～40 岁，占比 28.51%；40～50 岁的非农就业参与者有 143 人，占比 12.25%；大于 50 岁的非农就业参与者仅有 39 人，占比 3.34%。这一调查结果反映出年轻人是样本地区参与非农生产经营活动的主要群体，年龄越大，参与非农生产经营活动的人数越少，但这也同时意味着务农群体呈老龄化趋势。

从非农就业参与者性别看，男女比例呈现出不平衡性，超过一半的非农就业参与者为男性。表 1.5 显示，男性非农就业参与者有 696 人，占样本农户非农就业参与者总数的 59.47%；女性非农就业参与者有 475 人，占比 40.53%。

此外，调查还发现，样本地区年轻人的非农生产经营活动以外地务工为主，务工行业主要为制造业；中年人的非农生产经营活动则主要包括外地务工和本地非农就业两种情况，其中外地务工的中年人大多以建筑业为主，本地非农就业的中年人则主要从事于建筑业和社会服务业。

（五）样本农户的粮食生产特征

1. 不同类型农户水稻生产投入产出情况

表 1.6 显示了样本农户水稻生产的投入与产出情况，并对比了不同非农就业程度农户的生产特征。从种植面积看，样本农户的水稻种植面积较小，平均

---

① 依据农户过去一年里非农经营收入占家庭总收入的比例将农户划分为不同兼业类型农户，其中小于 10% 的农户为纯农户，10%～50% 的农户为 I 兼农户，超过 50% 的农户为 II 兼农户。详细介绍见第三章关于非农就业指标的说明。

为 9.19 亩。调查显示,样本农户的水稻种植面积随着非农就业程度加深而减小。其中,纯农户的水稻种植面积最大,平均为 13.94 亩;其次是Ⅰ兼农户,其种植面积平均为 11.93 亩;种植面积最小的是Ⅱ兼农户,仅为 5.41 亩,还不到纯农户与Ⅰ兼农户种植面积的一半。

表 1.6 样本农户水稻生产情况

投入与产出类别	全部样本	纯农户	Ⅰ兼农户	Ⅱ兼农户
种植面积/亩	9.19	13.94	11.93	5.41
亩均家庭劳工投入/(工/亩)	5.93	7.28	5.97	5.30
亩均雇工投入/(工/亩)	0.46	0.43	0.44	0.52
亩均农机支出/(元/亩)	172.35	157.17	163.16	184.75
亩均化肥支出/(元/亩)	153.15	154.20	162.28	146.99
亩均农药支出/(元/亩)	106.30	106.77	110.79	103.31
亩均种子支出/(元/亩)	92.41	92.31	90.01	93.95
亩均产出/(千克/亩)	538.28	533.21	552.43	531.72

从亩均家庭劳工投入看,样本农户平均每亩水稻田的家庭劳工投入量为 5.93 个工,这与前面显示的全国水稻生产平均投工量 6.13 个工/亩较为接近。此外,调查显示,非农就业程度越高,农户水稻生产投工量越少。纯农户的亩均投工量最高,为 7.28 个工;Ⅰ兼农户的亩均投工量与样本总体均值接近,为 5.97 个工;投工量最少的是Ⅱ兼农户,每亩仅投工 5.30 个。从亩均雇工投入看,样本农户平均每亩雇工投入为 0.46 个工。其中,纯农户的雇工投入最少,为 0.43 个工/亩;Ⅰ兼农户的雇工投入稍高一些,为 0.44 个工/亩;Ⅱ兼农户的雇工投入最多,为 0.52 个工/亩。这初步说明非农就业为农户的水稻生产带来了劳动力损失。

从亩均农机支出看,样本农户平均每亩支出 172.35 元,略高于 2013 年全国平均水平(159.83 元/亩),说明样本地区农机投入成本较高。调查还显示,非农就业程度越高,农户的农机作业支出越高。纯农户的农机作业支出最少,平均每亩为 157.17 元;Ⅰ兼农户的农机作业支出稍高一些,平均每亩为 163.16 元;Ⅱ兼农户的农机作业支出最高,平均每亩为 184.75 元。初步来看,非农就业程度越高的农户,劳动投入越少,农机作业支出越高,农机投入在一定程度上对劳动投入形成了替代。

从亩均化肥支出看，样本农户平均每亩支出 153.15 元，高于 2013 年全国平均化肥支出（130.79 元/亩），说明样本地区农户过量施用化肥情况较为严重。不同的是，在亩均化肥支出方面，II 兼农户并非投入最高，反而是投入最低的。纯农户每亩化肥支出平均为 154.20 元，I 兼农户平均每亩支出为 162.28 元，而 II 兼农户平均每亩支出仅为 146.99 元。这说明农户的农资投入可能并非随着非农就业程度加深而呈线性增长趋势。

从亩均农药支出看，样本农户平均每亩支出为 106.30 元，约为 2013 年全国平均水平的两倍，说明样本地区农药使用强度较高。不同非农就业程度农户的农药支出情况进一步佐证了上述推论，即农户农资投入会随着非农就业程度提高而先增后减。具体而言，纯农户亩均农药支出为 106.77 元，I 兼农户亩均农药支出为 110.79 元，II 兼农户亩均农药支出为 103.31 元。

从亩均种子支出看，样本农户平均每亩种子费为 92.41 元，高于 2013 年全国平均水平（51.57 元/亩）。此外，不同非农就业程度农户的种子支出差距不大，纯农户、I 兼农户和 II 兼农户的支出分别为 92.31 元、90.01 元和 93.95 元。

最后，从水稻亩均产出看，样本农户每亩水稻产出平均为 538.28 千克，高于 2013 年末全国平均水平（471.67 千克/亩），说明样本地区在水稻生产方面存在一定优势。此外，调查显示，样本农户水稻产出随农户非农就业程度提高先增后减。其中，纯农户的水稻产出平均每亩为 533.21 千克，I 兼农户平均每亩产出为 552.43 千克，II 兼农户平均每亩产出为 531.72 千克。

2. 样本农户水稻投入产出的务农劳动力年龄与务农基础设施状况差异

表 1.7 显示了老年务农户（家庭务农成员的年龄都大于 60 岁）与其他务农户、农业基础设施较好与农业基础设施较差农户的水稻生产投入产出情况。

表 1.7　样本农户水稻生产的务农劳动力年龄与农业基础设施差异

投入与产出	是否为老年务农户		农业基础设施状况	
	是	否	较好	较差
种植面积/亩	5.99	10.05	8.72	9.96
劳动力投入/（工/亩）	6.52	5.78	5.88	6.03
亩均农机支出/（元/亩）	161.60	175.19	171.07	174.36
亩均化肥支出/（元/亩）	148.52	154.37	154.68	150.73
亩均农药支出/（元/亩）	101.95	107.46	107.86	103.85
亩均种子支出/（元/亩）	93.87	92.03	91.48	93.88
亩均产出/（千克/亩）	533.43	539.56	548.19	522.64

从表 1.7 可以看出，老年务农户的户均种植面积以及其他要素投入均明显少于其他农户，不过两类农户的水稻单产差异并不大，老年务农户平均每亩产出 533.43 千克，而其他农户亩产为 539.56 千克。这表明，老年务农户虽然减少了各种生产要素投入，但他们的产出表现并不明显弱于那些有青壮年劳动力务农的农户。

从农业基础设施差异看，农业基础设施较好的农户，除了化肥与农药投入外，其他要素亩均投入均低于农业基础设施较差的农户。不过，农业基础设施状况较好的农户，其水稻单产水平却高于农业基础设施较差的农户，每亩分别为 548.19 千克与 522.64 千克。这初步表明，农业基础设施较好有助于提高水稻生产力。

需要特别指出的是，调查发现样本农户农田中渠系配套比例较高的农田，其水渠依然是 20～30 年前修建的，新修的较少，因而有 20.90% 的农户表示水稻种植基本望天收，39.70% 的农户表示能灌溉但不能保证，只有 39.40% 的农户表示能保证灌溉，由此可见农田水利基础设施建设亟待加快推进。

五、本章小结

本章首先回顾了改革开放以来我国农村劳动力向非农产业转移的历史演变规律以及近年来我国农户非农就业特征，然后详细分析了在此过程中我国水稻投入产出水平和要素投入结构的变化，以及当前所面临的资源环境约束，并对本书所采用的数据样本进行了描述性统计分析。通过分析，我们发现：

（1）近十多年，我国农村劳动力非农转移规模与农户非农收入比例呈现稳定增长趋势，已进入理性发展阶段。截至 2012 年，我国农村劳动力中非农就业人员比例为 49.81%，农户非农收入比例为 43.55%。此外，农村劳动力非农就业人员以男性、青壮年为主，且文化程度比务农人员高。当前，我国农户非农就业特征明显，务农劳动力呈老弱化趋势。

（2）我国水稻产量有了较大幅度增长，水稻单产也得到大幅度提高，但我国水稻生产的增长是在恶性、剧烈波动中取得的，而且波动程度有加大趋势，很容易出现大起大落的情况。同时，我国水稻生产波动周期变长，特别是当前正处于生产上升通道，滑坡随时可能出现，应引起足够警觉。

（3）我国水稻生产成本一直处于快速上升态势，尤其是最近几年，涨幅较以往都高。其中，人工成本上涨是水稻生产成本高企的主要诱因，其次分别为机械作业成本与化肥成本。伴随着大量农村劳动力非农就业，水稻生产家庭用工数呈不断下降趋势，而农业机械这类对劳动力具有较强替代性的要素投入则呈快速增长趋势。

（4）我国水稻生产增长面临的资源环境约束日益加大，如何平衡产量增长与生产可持续性是当前亟待解决的问题。

（5）从样本农户的家庭基本特征看，农户中家庭人口数为5～6人的最多，占样本总体的43.85%；户主受教育程度普遍较低，40.00%的户主为小学文化；样本农户平均耕地经营面积为14.08亩，虽然存在少部分耕地经营大户，但大部分农户的耕地经营面积较小；从收入水平分布看，农户收入差距较大。

（6）从样本农户的非农就业特征看，84%的农户都存在部分家庭成员参与非农生产经营活动，大多农户至少存在2位家庭成员参与非农活动；农户非农就业程度较高，接近半数的农户非农收入比例超过50%；非农参与者的年龄普遍较低，且以男性为主，小于40岁的参与者占比84.41%，而男性所占比例为59.47%。这意味着，样本地区农户非农就业较为普遍，而务农群体呈老龄化、女性化态势。

（7）从样本农户的水稻生产特征看，农户的水稻种植面积较小，平均为9.19亩，而且非农就业程度越高，水稻种植面积越小。样本农户的家庭自投工与雇工投入分别为每亩5.93个工与0.46个工，同样随着非农就业程度提高而减少；然而，样本农户的农机作业支出却随非农就业程度提高而增加。化肥与农药支出方面，Ⅰ兼农户投入最高，纯农户与Ⅱ兼农户差距不大。不同非农就业程度农户的种子支出差距较小。样本农户的水稻单产为每亩538.28千克，高出全国平均水平66.61千克/亩，其中，Ⅰ兼农户水稻单产最高，纯农户与Ⅱ兼农户差距较小。这初步反映出非农就业使得农户采取资金替代劳动的策略，而且似乎未与水稻产出呈负相关关系。

（8）从务农劳动力年龄看，老年务农户要素投入普遍低于其他农户，但他们的水稻单产并不明显差于其他农户。相比于农业基础设施较差的农户，农业基础设施较好的农户投入了更少的生产资料，但水稻单产却更高。此外，调查还发现样本地区农田水利灌溉设施较为落后，亟待改善。

第二章
非农就业对粮食生产影响的理论逻辑

　　伴随着农村家庭承包经营的全面推行、城乡人口流动限制性制度的逐步放宽以及工业化与城镇化进程的快速推进，我国农村劳动力非农就业规模在过去几十年里呈持续扩大态势。与此同时，我国农村居民家庭收入结构也发生了显著变化，非农经营收入比例不断增长。但是，非农就业规模的快速扩大并未显著地提高农村土地流转速度，以及促进农业生产专业化，而是农户生产经营兼业化的特征愈来愈明显[①]。并且，从目前趋势看，这个过程会长期持续下去[②]。这也是多年来一直受到政府鼓励的农业生产经营规模化的政策目标迟迟未实现的主要原因。实际上，家庭成员内部分工，部分成员从事非农生产经营活动，部分成员参与农业生产，农户经营兼业化不单是中国特有现象，也是世界各国共同关注的话题[③]。从世界各国发展经验看，农户生产经营兼业化是一种较为普遍的现象，中国也不会例外，非农就业将成为我国农户家庭生产经营的一种常态化方式。

　　然而，大量农村劳动力向城镇与非农产业转移，虽然有利于提高农户收入水平、缓解农村人多地少的矛盾，但同时也给农业生产带来挑战。伴随着"半工半耕""男工女耕"的兼业化经营方式的形成，农户家庭成员中往往是素质较高、年轻或男性成员从事非农生产经营活动，务农成员则呈老弱化、女性化趋势。在我国农村劳动力短缺问题早已凸显的背景下，大量农村劳动力参与非农生产经营活动，使得农业生产存在一系列劳动投入不足问题，引起了社会各界

---

　　① 钱忠好. 非农就业是否必然导致农地流转——基于家庭内部分工的理论分析及其对中国农户兼业化的解释 [J]. 中国农村经济, 2008,（10）: 13-21。

　　② 廖洪乐. 农户兼业及其对农地承包经营权流转的影响 [J]. 管理世界, 2012,（05）: 62-70。

　　③ Phimister E, Roberts D. The effect of off-farm work on the intensity of agricultural production [J]. Environmental and Resource Economics, 2006,（4）: 493-515; Pfeiffer L, López-Feldman A, Taylor J E. Is off-farm income reforming the farm? Evidence from Mexico [J]. Agricultural Economics, 2009,（2）: 125-138; Kilic T, Carletto C, Miluka J, et al. Rural nonfarm income and its impact on agriculture: evidence from Albania [J]. Agricultural Economics, 2009,（2）: 139-160; Bojnec S, Ferto I. Farm income sources, farm size and farm technical efficiency in Slovenia [J]. Post-Communist Economies, 2013,（3）: 343-356。

对农业生产尤其是粮食生产的担忧[①]。例如，在中部粮食主产区，广泛存在着的"双季稻"变"单季稻"、农田季节性闲置或干脆撂荒等现象正是农村劳动力短缺的直接结果。与美国、澳大利亚等国家以家庭农场为主要经营单位，耕地经营面积普遍在2000亩以上，耕作环节几乎全程机械化不同，我国农户是最基本的耕地经营单位，户均耕地面积不到10亩，农业劳动力的数量与质量在农业生产中依然发挥重要作用。这种背景下，非农就业势必会引起的务农劳动力数量与质量下降，进而影响粮食生产。

一些研究指出，目前农村劳动力转移的规模和速度，从短期看不会对农业及粮食生产产生不利影响[②]。部分家庭成员外出务工提高了农户的收入水平，进而有利于他们增加农业生产投资；同时有助于优化农业生产资源配置，缓解农村人地紧张程度[③]。还有一些研究表明，生产决策趋同与农业机械"外包"服务的普及，使得农村人口老龄化并未对中国粮食生产造成负面影响，虽然务农劳动力比例未来每年将下降且务农劳动力有老龄化趋势，但对于未来谁来种地问题不必过于担忧，应将这种态势视为一种常态，更多地关注如何适应这一变化趋势[④]。此外，我国农村劳动力转移和粮食稳定增产存在一致性趋势，农村劳动力转移并未显著影响我国粮食主产区的粮食生产，对此不必过于担心[⑤]。

另一些研究指出，2003年以来，伴随着我国农业生产环境的快速变迁，劳动投入不足对农业生产造成不利影响的问题也逐渐凸显[⑥]。农村青壮年劳动力的大量流失，使得传统村落"空心化""凋敝化"，农业生产"粗放化"等问题日趋严重，精耕细作的生产方式正逐渐被"懒人农业"替代；劳动力的大量非农就业造成农业生产投工量显著减少，对粮食产出产生不利影响[⑦]。农村人力资本的流失降低了农业生产者的素质，带来耕地利用率下降、基础设施落后等

① 蔡昉. 刘易斯转折点后的农业发展政策选择 [J]. 中国农村经济，2008，（08）：4-15。
② 蔡波，陈昭玖，翁贞林. 粮食主产区农村劳动力转移对农业及粮食生产影响的调研分析——以江西为例 [J]. 江西农业大学学报（社会科学版），2008，（04）：50-53。
③ de Brauw A, Rozelle S. Migration and household investment in rural China [J]. China Economic Review, 2008，（2）：320-335；张永丽，王宝文. 农村劳动力流动对农业发展的影响——基于超越对数生产函数 [J]. 经济与管理，2012，（04）：42-45。
④ 胡雪枝，钟甫宁. 农村人口老龄化对粮食生产的影响——基于农村固定观察点数据的分析 [J]. 中国农村经济，2012，（07）：29-39；黄季焜，靳少泽. 未来谁来种地：基于我国农户劳动力就业代际差异视角 [J]. 农业技术经济，2015，（01）：4-10。
⑤ 程名望，张帅，潘烜. 农村劳动力转移影响粮食产量了吗——基于中国主产区面板数据的实证分析 [J]. 经济与管理研究，2013，（10）：79-85。
⑥ 陈锡文，陈昱阳，张建军. 中国农村人口老龄化对农业产出影响的量化研究 [J]. 中国人口科学，2011，（02）：39-46。
⑦ 王跃梅，姚先国，周明海. 农村劳动力外流、区域差异与粮食生产 [J]. 管理世界，2013，（11）：67-76；杨志海，麦尔旦·吐尔孙，王雅鹏. 农村劳动力老龄化对农业技术效率的影响——基于CHARLS2011的实证分析 [J]. 软科学，2014，（10）：130-134；秦立建，张妮妮，蒋中一. 土地细碎化、劳动力转移与中国农户粮食生产——基于安徽省的调查 [J]. 农业技术经济，2011，（11）：16-23。

问题，导致农业发展的内动力不足，影响了农业基础的稳固和国家粮食安全[①]。不过，在农户非农就业程度不断加深的背景下，我国粮食生产却实现了十多年的连续增产，并且大多数年份都实现了粮食播种面积与单产水平的双增长。那么，两者之间是偶然还是具有内在联系？如果有内在联系，非农就业究竟是促进还是会阻碍粮食生产呢？其内在影响机制又是什么？

然而，非农就业对粮食生产的影响并不仅仅表现为短期内粮食产出"量"的变化，还表现为长期内粮食生产"质"的变化。有学者指出，非农就业虽然提高了农户收入，但同时也对农户土地利用方式，尤其是可持续利用行为产生了不同程度影响，导致农户投入更少时间在农田水土保持上，进而对粮食生产的可持续发展造成不利影响[②]。正如 Shi 等所指出，中国过去几十年农村劳动力非农就业率的快速增长是与不断提高的农业生产集约化程度和日益恶化的农业生产环境相伴随的[③]。不仅如此，非农就业对农户粮食生产管理水平或者说技术效率也带来了复杂的影响。一方面，非农就业带来的非农收入保证了农户的资金流动性，提高了他们的生产投入能力，有助于改善他们对生产资源的综合利用能力，提高生产技术效率水平。但另一方面，劳动力损失则可能会导致农户无法及时投入劳动参与耕作管理，特别是会放弃一些无法用雇工、农业机械进行替代的田间管理环节，进而造成生产技术效率下降。不仅如此，非农就业还会改变农户对待粮食生产的态度。非农收入比例的提高会削弱农户的粮食生产积极性，使得留守成员存在"搭便车"行为，导致耕作管理粗放，生产要素投入存在不足或冗余，对粮食生产效率造成影响。在资源环境约束日益突出、粮食增产压力不断加大背景下，保持可持续生产以及提高生产技术效率是保障粮食生产可持续、不断提高粮食生产力的重要基础。因此，非农就业对粮食生产"质"的影响应引起足够重视。

此外，粮食生产过程中充满着各种不确定性，特别是自然风险的存在，如天气变化与农业病虫害等，使得粮食产出一直存在较高的波动性。面对不确定性，农户需要适时调整生产投入策略，才能减轻粮食生产风险。例如，面对干旱时，农户需要及时投入劳动引水灌溉；面对病虫害时，农户需及时购买并喷洒农药。然而，非农就业改变了农户的资金与劳动力资源禀赋，使得非农就业

① 夏莉艳. 农村劳动力流失与农业基础稳固 [J]. 经济问题探索, 2009, (05)：35-40。
② 钟甫宁, 纪月清. 土地产权、非农就业机会与农户农业生产投资 [J]. 经济研究, 2009, (12)：43-51；钟太洋, 黄贤金, 王柏源. 非农业就业对农户施用有机肥的影响 [J]. 中国土地科学, 2011, (11)：67-73；程名望, 阮青松. 资本投入、耕地保护、技术进步与农村剩余劳动力转移 [J]. 中国人口·资源与环境, 2010, (08)：27-32。
③ Shi X, Heerink N, Qu F. Does off-farm employment contribute to agriculture-based environmental pollution: new insights from a village-level analysis in Jiangxi Province, China [J]. China Economic Review, 2011, (4)：524-533。

户在面对自然风险时的调整策略将不同于专业务农户。非农就业户的资金更加充足，但劳动力却较为紧缺，这意味着非农就业可能导致农户虽有能力调整资金型要素投入，但却无法保障劳动投入的及时性与充足性，进而造成粮食生产风险加剧。因此，从保障粮食生产稳定的角度出发，非农就业与粮食生产风险的关系，同样应引起重视，这对于采取有效措施降低粮食生产波动，稳定粮食生产，具有很强的现实意义。

总体来看，非农就业对粮食生产与农业生产的影响是一个较为复杂的系统性问题。实际上，非农就业对农业生产究竟造成了积极还是消极影响一直是学者争论的焦点。从社会分工理论的角度看，农业生产专业化能提高农业生产效率，有利于农业生产，而非农就业则降低了土地产出率与利用率，阻碍了农业生产发展[①]。依据该理论，非农就业是一种低效率的生产经营方式，然而，这种经营方式却广泛存在于在大多数国家或地区[②]。例如，在日本，以非农收入为主的非农就业农户占农户总数比例已由 1960 年的 65.7%增至 2010 年的72.4%；在美国，虽然农业已实现较高程度的专业化生产，但农户非农就业现象同样广泛存在；在我国台湾地区，约 70%水稻种植户存在非农就业行为[③]。这似乎意味着理论研究与现实世界相悖。

对此，新经济劳动力转移理论（new economics of labor migration，NELM）从农户家庭决策视角给出了更为合理的解释。该理论的支持者认为部分家庭成员参与非农生产经营与外出务工是农户分散风险、缓解资金流动性约束与减轻相对剥夺感压力的策略选择，十分重视非农收入获取对非农就业户生产经营的积极作用[④]。该理论得到较多经验证据的支持，但收入增加的积极效应能在多大程度上抵消劳动力流失对农业生产造成的负面影响，甚至促进农业生产发展，并未得到一致性证据。我国现阶段粮食生产经营方式已经发生一定程度变化，非农就业引起的劳动力损失效应对粮食生产的影响是否还那么重要，或者说收入效应能否促使农户投入资金替代劳动，并且替代的程度是否足以抵消劳动投

① 黄大学. 农户兼业对农地利用效率与农地流转的影响——以湖北省荆门市为例分析 [J]. 当代经济, 2006，（04）：62-63.

② 钱忠好. 非农就业是否必然导致农地流转——基于家庭内部分工的理论分析及其对中国农户兼业化的解释 [J]. 中国农村经济, 2008，（10）：13-21.

③ 冯献，崔凯. 日韩农地规模经营的发展及其对中国的启示 [J]. 亚太经济, 2012，（06）：77-80；向国成，韩绍凤. 农户兼业化：基于分工视角的分析 [J]. 中国农村经济, 2005，（08）：4-9；Chang H, Wen F I. Off-farm work, technical efficiency, and rice production risk in Taiwan [J]. Agricultural Economics, 2011，（2）：269-278.

④ Stark O, Blackwell B H. The Migration of Labor [M]. Cambridge, MA: Basil Blackwell, 1991；Taylor J E, Rozelle S, de Brauw A. Migration and incomes in source communities: a new economics of migration perspective from China [J]. Economic Development and Cultural Change, 2003，（1）：75-101.

入不足对粮食生产的影响呢？国内关于该问题的实证研究非常缺乏，且很不全面。而且，就已有文献来看，争论的焦点似乎仅局限于非农就业对粮食生产的净效应是积极还是消极方面，却忽视了潜在传导机制的考察，而这种传导机制势必也会因为受到外部环境变量的影响，考察这些因素有助于加深对非农就业与粮食生产之间关系的理解，并对实际工作更具有指导意义。因此，下面将通过梳理相关理论以及已有文献研究进展的基础上，构建非农就业对粮食生产影响的逻辑框架。

一、非农就业对粮食生产影响的理论基础

从已有相关研究可以发现，非农就业对农户粮食生产的影响与农户经济行为决策所遵循的逻辑、农户非农就业动因以及农业生产特点具有较为紧密的联系。基于此，本节在回顾以往文献之前，先梳理农户经济行为理论、非农就业或劳动力转移相关理论以及农业生产的新古典理论，为研究的开展提供理论支撑。

（一）理论基础

1. 农户经济行为理论

农户的经济行为逻辑是非农就业对农业生产产生影响的基础。在资源禀赋约束下，为实现家庭需求目标，农户将家庭成员的可用劳动时间分配至各种生产性活动。因此，根据本书的研究目的，依据农户的目标与市场假设条件不同，重点介绍了劳动-消费均衡理论、利润最大化理论和风险规避理论。

1）劳动-消费均衡理论

劳动-消费均衡理论是家庭效用最大化理论，强调农户行为决策遵循的经济逻辑是在避免劳苦与获得收入之间取得权衡。该理论是分析农户家庭决策行为较早的研究成果，该学派代表性人物是俄罗斯农业经济学家恰亚诺夫。该理论特别重视农民关于家庭劳动投入的主观决策。恰亚诺夫认为，对于农户而言，一方面农业生产劳动是辛苦和乏味的，即劳动具有负效用；另一方面，他们又需要通过劳动获得满足家庭需要的收入，即收入存在正效用，因而，农户的主观决策便是对这两种效用的权衡。但不同于资本主义农场，小农家庭农场的经济活动制约于农户家庭规模与家庭中劳动人口与非劳动人口的数量比例，即家庭的人口结构。恰亚诺夫指出，农户会充分利用所有能以劳动换取收入的机会，

分配家庭成员的劳动，如果存在更有利可图的非农劳动机会，他们会轻易放弃所掌握的农业生产资料；农户是出于避免劳苦的目的而利用资本，追求的是劳动付出最小化、报酬最大化，而且资本对其行为决策的影响，也是凭借改变劳动条件间接实现[①]。换句话说，依据该理论，农业生产的劳动投入量，是以农户主观感受到劳动辛苦程度与新增家庭消费满足感之间的均衡来决定的。只要主观家庭幸福效用大于劳动负效用，农户继续投入劳动就是有利的，哪怕存在利润损失。因此，从这个角度看，该理论虽然支持农户是理性人的观点，但这种理性并非以追求利润最大化为逻辑，而是追求劳苦规避与家庭消费的均衡。不过，劳动-消费均衡理论几乎完全依赖于它的人口视角，家庭规模、消费者与劳动者的比例以及家庭劳动力的绝对数量等是农户从事一切生产活动的根本基础，而其他各种生产资料的配置都是为尽可能发挥劳动力作用、规避辛苦而服务的。因此，从根本上来看，劳动-均衡理论是对农户家庭经济行为的人口学解释。

2) 利润最大化理论

利润最大化理论认为，农户是经济理性的，他们的行为逻辑遵循"利润最大化"准则。在舒尔茨的《改造传统农业》（1964年，中译本1999年版）出版之前，发展经济学家先验地认为传统农业中农户是非理性的，他们的生产要素配置效率必然低下[②]。舒尔茨反驳了这种认为传统农业无效率的观点，认为这些农户同样是精打细算，具有经济理性，并提出了"贫穷而有效率"的著名假说。在《改造传统农业》中，舒尔茨还反驳了"零值农业劳动学说"，否定了认为传统农业中部分劳动力的边际生产率为零的观点。舒尔茨还利用调查资料佐证了上述观点。尽管舒尔茨假说的一些条件在发展中国家的农业生产活动实际中是不现实的，如农民都是完全理性的，信息是完全的，而市场也是完全竞争的等假设都很难满足，但其重要贡献仍不可忽视，其将新古典经济学用于农户行为分析，使发展经济学家认识到，农户是追求利润最大化的"理性经济人"。对于传统农业既然生产要素配置有效，也不存在隐蔽失业问题，但发展停滞落后的原因，舒尔茨认为在于传统农业中投资收益率低，对投资积极缺乏足够刺激，从而造成发展落后。1979年，该学派的波普金在其著作《理性的小农》中，进一步阐释了舒尔茨的传统农户是理性经济人的观点，指出农户的理性不仅是经济理性，还是期望效用最大化的实现，认为农户是理性的个人与家庭福利的

---

① A. 恰亚诺夫. 农民经济组织 [M]. 萧正洪, 译. 北京：中央编译出版社, 1996。

② 西奥多·W. 舒尔茨. 改造传统农业 [M]. 梁小民, 译. 北京：商务印书馆, 1999。

最大化者[①]。

3）风险规避理论

与利润最大化理论相同，风险规避理论也假定农户是一个追求经济最优化的理性人，但不同的是，该理论假设农户修改了效率目标，考虑不确定事件给自己带来的风险，为了获取最低风险的效用，宁愿放弃对利润最大化的追求。与发达国家相比，发展中国家农民生计具有典型的不确定性特征，包括自然风险、市场波动、政策风险与国家行为与战争等。正如詹姆斯·斯科特所描述的那样，这些国家的贫穷农户生活在"生存线的边缘"，即使外部因素的微小波动，造成收入、支出的变化都有可能造成农户生计难以为继[②]。正因如此，农户几乎无暇顾及追求利润最大化，更多的是寻求尽可能避免灾难，并将其视为家庭的核心目标，而不像利润最大化假说那样，把目标视为确定状况下的利润最大化。这其实也就是说农民是典型的风险厌恶者，面对农业生产中广泛存在的各种各样的不确定性，农户努力缩小最大损失概率，从而不得不做出次优的经济决策。在探讨不确定性对农户经济行为的影响中有几个观点得到了大部分经验研究的支持：其一，农户是风险规避型的；其二，农户的生产决策过程其实是生计保障与经济效率的权衡过程；其三，农户的风险规避行为阻碍了农业新技术的扩散；其四，农户的风险规避态度随收入增长而弱化。

2. 农业劳动力转移理论

农户部分家庭成员从农村地区及农业生产中转移出去，是世界各国在经济发展中最为普遍的特征之一。国内外学者对这一现象进行了大量的研究，并发展出了较为丰富的理论。虽然本书所研究的非农就业既包含了本地非农就业也包含劳动力外地务工，但有关非农就业的相关理论基本上是建立在劳动力转移理论基础上的，因此本节将围绕农业劳动力转移理论进行介绍。劳动力转移理论一直随着经济发展理论与社会经济的发展而不断推陈出新。按照理论发展逻辑与时间顺序，可划分为古典劳动力转移理论、新古典劳动力转移理论以及1980年以后的新经济劳动力转移理论。以下将分别简要介绍各类理论的代表性观点。

1）古典劳动力转移理论

第二次世界大战前的古典劳动力转移理论中，最著名的是李（E. S. Lee）

① Popkin S L. The Rational Peasant: The Political Economy of Rural Society in Vietnam［M］. State of California: University of California Press。

② 詹姆斯·斯科特. 农民的道义经济学［M］. 程立显，等译. 南京：译林出版社，2001。

所提出的推拉理论。推拉理论试图解释的是劳动力在转移的整个过程中，所受到的推力、拉力以及转移人群的异质性所造成的影响差异。该理论认为劳动力转移的实现是建立在对劳动力转移具有促进作用以及具有阻碍作用的两种因素相互作用的基础之上的；转出地和转入地都存在"推"和"拉"的因素。推拉理论的分析框架不仅涵盖劳动力转移前后就业地的影响因素，还包括劳动力在转移过程中的所遇到的阻碍因素，以及转移者的个体特征等因素，认为不同的劳动力群体对这些推动因素、阻碍因素做出不同的评估与决定，最终实现转移的都是受到的推力强于拉力的群体。该理论对研究劳动力转移问题具有巨大贡献，有很强的说服力，但同时也具有一定的历史局限性，因为该理论是建立在经验观察基础上的，缺乏科学推断与假设检验。

2）新古典劳动力转移理论

新古典劳动力转移理论最具代表性的是刘易斯与托达罗的新古典劳动力转移模型，此外还有思加斯塔和贝克尔的人力资本转移理论[①]。刘易斯提出了关于劳动力转移的二元经济模型[②]。该模型描述的是经济增长依赖于劳动力过剩的农业部门不断为劳动生产率较高的工业部门提供边际生产率为零的劳动力，直到农村剩余劳动力被转移完为止。其重要假设之一是认为在被现代工业部门吸收完以前，农村劳动力是无限供给的，且他们在农业部门的边际生产率为零，被转移不会对农业造成影响。然而，该理论引起了较多争议与批评，因为该理论未足够重视农业发展的作用，仅仅强调了农业部门为工业部门提供无限供给的劳动力的作用。不同的是，拉尼斯与费景汉强调了农业发展的重要性，并修正了刘易斯的二元经济模型[③]。更为重要的是，他们将农村劳动力转移划分为三个阶段：第一阶段是劳动力无限供给阶段，该阶段的劳动力大量转移并不会影响农业部门表现，因为农村存在大量边际生产率为零的剩余劳动力；第二阶段是农村劳动力边际生产率为正但仍低于固定工资率阶段，这一阶段农业部门存在的是隐性剩余劳动力，劳动力的转移会引起农业生产下降；第三阶段是农村劳动力边际生产率高于固定工资率阶段，农业与工业部门存在对劳动力的争夺。拉尼斯-费模型强调的是农业部门的劳动力若持续向非农部门转移，会对农业生产造成不利影响，而不断提高农业劳动生产率则是应对这一问题的重要途径。

① Sjaastad L A. The costs and returns of human migration [J]. The Journal of Political Economy, 1962, 70: 80-93; Baker G. Human Capital: A Theoretical and Empirical Analysis [M]. New York: National Bureau, 1964。

② Lewis W A. Economic development with unlimited supplies of labour [J]. The Manchester School, 1954, (2): 139-191。

③ Fei J C, Ranis G. Development of the Labor Surplus Economy: Theory and Policy [M]. New Haven: Yale University, 1964。

但拉尼斯-费模型无法解释农村劳动力为何不顾城市部门已存在的失业事实，仍然继续转移。托达罗模型从个体决策出发，对此进行了解释[①]。该理论认为农村劳动力向城市转移是建立在预期收入大于预期成本的基础上的，并非即期绝对收入差别，而且这种预期不仅包括短期内预期收益与成本，还包括长期的预期收入与成本。当城乡预期收入差异较大时，农村劳动力转移率高于城市部门的就业机会是合理的。不过，预期收入和成本与转移者的个体特征存在紧密联系，因为个体特征的差异导致他们在城市获得工作的概率与预期收入也不同。该理论很好地解释了为什么当前转移的劳动力大多是青壮年，而且为什么受教育程度高的劳动力转移概率要高于受教育程度低的，且他们的收入也高于后者。

此外，人力资本转移理论认为，劳动力转移过程是一个自然选择的过程，受教育程度高、综合素质好或具有特殊技能的年轻劳动力总是最先转移。换言之，劳动力转移与个体的人力资本状况的联系较为密切。依据该理论，持续的劳动力转移将造成劳动力流出地人力资本的大量流失，而流入地则会积累大量人力资本，从而使得流出地经济发展越来越慢，而流入地则越来越快，最终结果是两地之间经济发展差距逐步扩大，而这进一步又强化了劳动力转移动力。这意味着，如果不加强对农村地区的教育投入力度，农村必然凋零。

3）新经济劳动力转移理论

无论是古典还是新古典劳动力转移理论，都将城乡收入差距视作农村劳动力转移的唯一动力，似乎只要存在收入差距，就会有劳动力转移。对于为何一个农户的成员并未一起转移，转移的成员为何会汇款给留守成员，若收入差距消失，是否还存在转移动机等问题，在上述理论中无法获得答案。以斯塔克为代表的新经济劳动力转移理论对这些问题进行了解答[②]。与以往理论不同，新经济劳动力转移理论强调了农户依据预期收入最大化与风险最小化的原则，对家庭成员是否外出进行决策，强调了家庭决策的重要性。该理论在对农户家庭决策的因素进行解释时，有三个十分重要的概念：一是风险分散，通过外出务工获取非农收入而减少对单一的农业收入的依赖；二是流动性限制，资金约束与信贷支持的缺乏成为影响农户决定部分成员外出务工的重要因素；三是相对剥夺感，农户在决定成员是否外出务工时不仅考虑预期

---

① Todaro M P. A model of labor migration and urban unemployment in less developed countries [J]. The American Economic Review, 1969, 59（1）: 138-148; Todaro M P. Urbanization in developing nations: trends, prospects, and policies [J]. Journal of Geography, 1980,（5）: 164-174。
② Stark O, Blackwell B H. The Migration of Labor [M]. Cambridge, MA: Basil Blackwell, 1991; Stark O, Bloom D E. The new economics of labor migration[J]. The American Economic Review, 1985, 75（2）: 173-178。

收入，为了减轻相对剥夺的压力，还会考虑相对于所在社区或对照群体收入的水平。新经济劳动力转移理论认为劳动力外出务工的决策是由家庭集体决定的。个体特征的异质性与偏好不同，使得家庭内部成员产生分工，部分成员外出务工，部分成员留守务农，两种不同就业方式获得的收入具有高度互补性，这是一种理性的制度安排，而不管城乡收入差距是否存在。新经济劳动力转移理论不仅为研究农村劳动力非农就业动因提供了新的视角，使得家庭集体决策因素受到重视，也为研究农户非农就业对农业生产的影响提供了新的思路，即需同时考虑劳动力外出务工对农业生产造成的劳动力损失效应以及非农务工而获得的收入，通过改善信贷约束、缓解流动性限制以及分散风险而带来的收入效应。

3. 农业生产的新古典理论

新古典经济学从农业生产者是个人决策者出发，认为农户能够改变生产资料投入和农产品产出的种类与数量。例如，农户需要对作物种类、面积、地块、要素使用量以及要素种类等问题做出决策。对这些问题的解决体现着农户对农业生产的经济决策能力，但在这些过程中有三类关系需要着重考察，同时也对应着农业企业理论建立的主要步骤。

关系一：要素-产出关系，也就是生产函数。农户投入不同数量的生产要素对应着不同水平的产量。这种关系与生产过程中的所有其他方面都相关联。例如，不同产量的水稻对应着不同面积的土地或不同水平的化肥、劳动等投入。

关系二：要素-要素关系，也就是生产技术。特定产出的生产需要两种或多种要素的组合，体现了生产方法。例如，相同产量的水稻，可以由土地、劳动与资本的不同组合实现。

关系三：产品-产品关系，也就是农户或企业选择。例如，同一块土地可以种植水稻，也可以种植其他经济作物。

对上述三种关系的分析放在农户的目标与资源约束框架内才具有意义。不可否认的是，实际生产中，农户具有多样化的目标，如保障基本生计、追求稳定的收入、满足特定消费偏好等。与此同时，农户还面临着各种程度的约束，如长期制约着我国农业生产的耕地面积约束，愈发严重的水资源约束，农村劳动力老龄化带来的农业劳动力约束，等等。这些约束不同程度地限制了农户调整生产组织形式的能力。由此可见，农户可能拥有的目标与面临的约束都非常多，在进行理论分析时，有必要对它们做出重大简化，如忽略农户的家庭消费，以分析农户追求短期利润最大化这个单一目标。不过，上述产出因投入而变化的思想还不足以解释为了实现提高单位产出，各要素投入之间存在哪些关系。新古典农业生产理论的第二个主要观点就是替代原理，反映了生产同一水平产出时，不同要素之间的替代关系。但要素之间的替代，存在边际替代率递减的规律，即在保持原产出不变的情况下，替代一单位某种要素所需要的另一种要素的量将逐渐增多。这种替代关系的存在说明虽然要素之间并非完全不可替代，但也不是能无限替代的，因为替代所付出的代价会越来越大。

二、非农就业对粮食生产影响的研究进展

非农就业在发展中国家农业发展过程中逐渐成为引人注目的经济现象，受到社会各界广泛关注，也是学术界研究的热点问题。本节将遵循"非农就业动因—非农就业对农业生产要素投入影响—非农就业对农业产出的影响"的逻辑路线展开对已有文献的回顾与评述。

（一）非农就业动因研究

农村劳动力非农就业或者农村劳动力转移是发展中国家促进经济增长的必由之路，也是发展经济学研究的重要课题。从最初的经验观察到后来的科学推断与假设检验，发展经济学领域产生了一系列解释农村劳动力转移或非农就业的理论。例如，李（E.S. Lee）的"推拉理论"、刘易斯的"城乡二元经济理论"、托达罗的"人口迁移模型"等，都强调城乡收入差距是农村劳动力转移或非农就业的唯一动力[①]。思加斯塔和贝克尔的"人力资本转移理论"在未改变这个根本假设的前提下，突出了人力资本在非农就业决策或劳动力转移中的重要性，解释了面对同样的城乡收入差距，为何有人能转移就业而另一些人依然留守农村务农[②]。但这些理论对一些已然出现的问题却无法给出解释。例如，若城乡收入差距消失，是否还会存在劳动力转移；为何农户家庭成员中有的成员转移，有的却留守；非农务工成员为何会将非农收入寄回家等问题。与上述理论假设个人是决策主体不同，以斯塔克为代表的新经济劳动力转移理论则强调家庭作为决策主体的重要性，家庭依据预期收入最大化与风险最小化的原则来决定家

① Lewis W A. Economic development with unlimited supplies of labour [J] . The Manchester School，1954，（2）：139-191；Todaro M P. A model of labor migration and urban unemployment in less developed countries [J]. The American Economic Review，1969，59（1）：138-148；Todaro M P. Urbanization in developing nations: trends，prospects，and policies [J]. Journal of Geography，1980，（5）：164-174。

② Sjaastad L A. The costs and returns of human migration [J]. The Journal of Political Economy，1962，70（5）：80-93；Baker G. Human Capital: A Theoretical and Empirical Analysis [M]. New York: National Bureau，1964。

庭成员的外出务工[①]。同时，该理论假设发展中国家农村劳动力、信贷与风险市场是不完善的，强调了家庭集体决策动因中的三个主要因素："风险分散""经济约束""相对剥夺"。当然，这里无法评判出哪些理论一定比其他理论优越，因为这些理论的侧重点以及所处历史条件不同，因而各有所长，而且都为后续研究奠定了坚实基础。

遵循上述理论，国内外学者对非农就业或劳动力转移动因进行了大量研究。但农户非农就业是一个十分复杂的经济现象，不仅受到宏观层面的经济、政策与制度性因素的影响，还受到人力资本、社会资本以及资源禀赋等微观因素的作用。在宏观方面，杜鹰、蔡昉、韩长赋等学者认为不断扩大的城乡收入差距是农民非农就业或跨区域、跨城乡流动的主要诱因，但尚未改革的户籍制度则是劳动力流动的制度性障碍；陆铭则指出与户籍制度挂钩的社会保障、公共服务等方面的歧视性因素是阻碍劳动力自由流动、充分流动的重要因素；赵海发现第二、第三产业的发展是促进非农就业的重要"拉力"，制度因素则通过第二、第三产业的发展产生间接作用；乔俊果认为土地制度改革是农村出现剩余劳动力的主要原因，而市场化改革则为农村劳动力进入非农产业提供了大量机会，其基于时序数据的计量分析结果证实了市场化进程对非农就业的显著促进作用；邓蒙芝等研究发现农村道路基础设施的改善大大提高了农村劳动力非农就业机会，两者之间具有显著的正向关系[②]。另外，吴连翠和柳同音从保护农民种粮积极性视角出发，发现粮食补贴政策有助于降低农户非农劳动时间[③]。

更多学者则从微观视角对农户非农就业动因展开实证研究。部分学者研究了人力资本因素对农村劳动力非农就业的影响，发现人力资本对于农村劳动力非农就业机会获取、就业概率以及职业选择能力存在重要作用。例如，任国强、杨金风等学者认为教育是提高农村劳动力认知能力、学习能力以及积累人力资本的重要基础，研究发现受教育程度对农村劳动力非农就业行为具有显著正向

① Stark O，Blackwell B H. The Migration of Labor [M]. Cambridge，MA：Basil Blackwell，1991；Stark O，Bloom D E. The new economics of labor migration [J]. The American Economic Review，1985，75（2）：173-178.

② 杜鹰，白南生. 走出乡村——中国农村劳动力流动实证研究 [M]. 北京：经济科学出版社，1997；蔡昉，都阳. 经济转型过程中的劳动力流动——长期性、效应和政策 [J]. 学术研究，2004，（06）：16-22；韩长赋. 中国农民工发展趋势与展望 [J]. 经济研究，2006，（12）：4-12；陆铭. 建设用地指标可交易：城乡和区域统筹发展的突破口 [J]. 国际经济评论，2010，（02）：137-148；赵海. 供求视角下的农村劳动力非农就业分析 [J]. 财贸研究，2010，（04）：47-52；乔俊果. 市场化进程与农村劳动力非农就业关系研究：1983—2009 [J]. 农业技术经济，2011，（10）：54-62；邓蒙芝，罗仁福，张林秀. 道路基础设施建设与农村劳动力非农就业——基于5省2000个农户的调查 [J]. 农业技术经济，2011，（02）：4-11.

③ 吴连翠，柳同音. 粮食补贴政策与农户非农就业行为研究 [J]. 中国人口.资源与环境，2012，（2）：100-106.

影响[①]。相对于教育的基础性、先导性作用，培训则可能是提高农村劳动力获取非农就业机会的关键性因素，培训对于促进农村劳动力参与非农就业、提高非农收入具有积极作用[②]。当然，健康也是人力资本的重要组成部分，能显著提高农村劳动力非农就业机会，而健康状况不佳则会显著减少他们外出务工时间[③]。此外，杨金风和史江涛、李德洗和席桂萍、胡阿丽和王征兵、张锦华和沈亚芳等学者也对人力资本与非农就业的关系进行了深入研究，并得出类似结论[④]。

已有文献同样注意到社会资本对农户非农就业的影响。作为以社会关系网络为载体的社会性资源，社会资本是农村劳动力获取非农就业信息的必要渠道[⑤]。崔真真等调查发现，信息流通越通畅，农民工收入水平越高，两者关系紧密[⑥]。章元和陆铭则认为社会网络对农村劳动力非农就业工资的作用是间接的，并不能直接显著提高他们的收入水平，而是为他们配给工作，通过影响他们的工作类型进而间接影响收入层次[⑦]。彭文慧则认为社会资本已经成为影响农民收入区域差异的决定性因素，作用于农村劳动力流动、就业机会搜寻等

　　①任国强. 人力资本对农民非农就业与非农收入的影响研究——基于天津的考察[J]. 南开经济研究, 2004, (03)：3-10；杨金风. 农村劳动力的非农就业能力与外出动机之间的关系分析——以山西为例[J]. 中国农村观察, 2009, (03)：53-62；蒋和平. 农村劳动力非农就业的影响因素分析——基于四川省1006个农村劳动力的调查[J]. 农业技术经济, 2009, (06)：19-25；程名望, 潘烜. 个人特征、家庭特征对农村非农就业影响的实证[J]. 中国人口·资源与环境, 2012, (02)：94-99；Meng X. The role of education in wage determination in China's rural industrial sector [J]. Education Economics, 1995 (3)：235-247；Zhang J, Huang J, Rozelle S. Employment, emerging labor markets, and the role of education in rural China [J]. China Economic Review, 2002, (2)：313-328；Goodwin B K, Mishra A K. Farming efficiency and the determinants of multiple job holding by farm operators [J]. American Journal of Agricultural Economics, 2004, (3)：722-729；张林秀, 霍艾米, 罗斯高, 等. 经济波动中农户劳动力供给行为研究[J]. 农业经济问题, 2000, 21 (5)：7-15；陈玉宇, 邢春冰. 农村工业化以及人力资本在农村劳动力市场中的角色[J]. 经济研究, 2004, (08)：105-116。
　　②蔡荣, 赵亚平, 金驰华. 有效转移的前提是有效培训[J]. 经济, 2005, (05)：58-59；赵海. 教育和培训哪个更重要——对我国农民工人力资本回报率的实证分析[J]. 农业技术经济, 2013, (01)：40-45；彭文慧. 有效培训、有效转移与农村转移人口市民化[J]. 经济研究导刊, 2014, (25)：51-52；黄斌, 徐彩群. 农村劳动力非农就业与人力资本投资收益[J]. 中国农村经济, 2013, (01)：67-75。
　　③赵忠. 我国农村人口的健康状况及影响因素[J]. 管理世界, 2006, (03)：78-85；Ulimwengu J. Farmers' health and agricultural productivity in rural Ethiopia [J]. African Journal of Agricultural and Resource Economics, 2009, (2)：83-100；苑会娜. 进城农民工的健康与收入——来自北京市农民工调查的证据[J]. 管理世界, 2009, (5)：56-66；魏众. 健康对非农就业及其工资决定的影响[J]. 经济研究, 2004, (02)：64-74；秦立建, 蒋中一. 健康对农民工外出务工劳动供给时间的影响[J]. 中国农村经济, 2012, (08)：38-45。
　　④杨金风, 史江涛. 人力资本对非农就业收入的影响——基于村庄内外的视角[J]. 山西财经大学学报, 2007, (06)：35-42；李德洗, 席桂萍. 产业发展、人力资本与农村劳动力非农就业[J]. 经济经纬, 2011, (06)：107-111；胡阿丽, 王征兵. 人力资本投资对农户非农就业的影响分析与验证[J]. 西北农林科技大学学报（社会科学版）, 2012, (05)：66-72；张锦华, 沈亚芳. 家庭人力资本对农村家庭职业流动的影响——对苏中典型农村社区的考察[J]. 中国农村经济, 2012, (04)：26-35。
　　⑤蒋乃华, 卞智勇. 社会资本对农村劳动力非农就业的影响——来自江苏的实证[J]. 管理世界, 2007, (12)：158-159。
　　⑥崔真真, 周叶琴, 邵娜娜. 浅谈影响农民工工资收入的社会资本因素[J]. 法制与社会, 2007, (12)：676-681。
　　⑦章元, 陆铭. 社会网络是否有助于提高农民工的工资水平[J]. 管理世界, 2009, (03)：45-54。

多方面①。

　　基于 NELM 理论分析框架，家庭特征对农户非农就业的作用同样引起较多学者关注。朱明芬对 NELM 理论中的"资金约束"与"相对剥夺"观点进行了验证，发现农村劳动力迁移是以实现家庭利益最大化为目标，家庭劳动力越多、劳动力边际收益越低的农户发生转移的可能性越大；转移人口原籍收入等级对农户家庭成员后继转移有负向作用，即原籍收入等级越低，家庭成员随迁的可能性越大，这种"剥夺"感的存在促使农村劳动力相继迁移②。周波和陈昭玖研究了农户内在因素对农户非农就业的影响，发现务农收入的减少会显著增加农户非农劳动供给时间，家庭人数特别是抚养人口越多，农户非农劳动时间会越长③。张务伟等研究发现家庭劳动力负担系数、人均耕地面积均对农户劳动力非农化程度具有显著负向影响，即劳动力负担越大、人均耕地面积越高，农户非农化程度越低，反之亦然④。杜鑫的研究同样证实了农户劳动力人数对家庭成员转移就业的推动作用，以及待抚养人口数对农户非农就业参与概率的负向影响⑤。程名望和潘烜依据家庭内部婚姻关系的数量与类型将农户划分为"核心家庭""直系家庭""扩展家庭"以及"不完全家庭"四种家庭类型，研究发现家庭类型对农户的非农就业倾向具有显著正向影响，即"不完全家庭"非农就业倾向最强，"核心家庭"非农就业倾向最低⑥。朱农和钟水映研究发现土地短缺推动了农户的非农活动，而土地质量条件较好则有助于农户投入更多精力务农，减弱其非农倾向。可以发现，学者们得出了较为一致的结论，普遍肯定了家庭人口特征、资源禀赋等家庭特征因素对农户非农就业的影响⑦。

　　此外，随着农村改革的深入，农村女性劳动力家庭地位发生显著变化，传统的"男耕女织"转变为"男工女耕"，部分女性劳动力甚至逐渐加入外出务工队伍，流向非农部门，但与男性劳动力相比，仍有较大差距⑧。刘晓昀等认为教育、培训等方面的差异并不是造成农村劳动力非农就业性别差异的主要原

---

① 彭文慧. 有效培训、有效转移与农村转移人口市民化 [J]. 经济研究导刊, 2014,（25）: 51-52。
② 朱明芬. 农民工家庭人口迁移模式及影响因素分析 [J]. 中国农村经济, 2009,（02）: 67-76。
③ 周波, 陈昭玖. 农内因素对农户非农就业的影响研究 [J]. 农业技术经济, 2011,（04）: 19-24。
④ 张务伟, 张福明, 杨学成. 农村劳动力非农化程度微观影响因素的实证研究 [J]. 统计研究, 2012,（01）: 106-109。
⑤ 杜鑫. 劳动力转移、土地租赁与农业资本投入的联合决策分析[J]. 中国农村经济, 2013,（10）: 63-75。
⑥ 程名望, 潘烜. 个人特征、家庭特征对农户非农就业影响的实证 [J]. 中国人口·资源与环境, 2012,（02）: 94-99。
⑦ 朱农, 钟水映. 农村家庭参与非农业活动的"推力"与"拉力"分析——湖北省西部山区的一项个案研究 [J]. 中国人口科学, 2007,（03）: 11-21。
⑧ 李旻, 赵连阁, 谭洪波. 农村女性劳动力非农就业影响因素——基于辽宁省的实证分析 [J]. 中国农村经济, 2007,（12）: 10-19。

因，婚姻、待抚养儿童等因素才是主要诱因[1]。魏宁和苏群的研究则肯定了生育对农村女性劳动力参与非农就业可能性的阻碍作用[2]。汪伟等学者也对农村劳动力非农就业的性别差异问题进行了研究[3]。

总体而言，学者对农户非农就业影响因素的研究在结论上并无太多争论。已有研究不仅涵盖了宏观经济、政策以及制度等因素，还包括微观层面的劳动力个人特征、家庭人口特征、农业生产经营特征以及性别差异等，为已有理论的验证提供了丰富的案例，同时为进一步拓展农户非农就业动因研究奠定了基础。

（二）非农就业对农业生产要素投入影响研究

依据 NELM 理论，非农就业或劳动力转移是农户在不完善的要素市场下做出的家庭集体决策[4]。在金融市场不完善或缺失的情况下，劳动力转移通过增加农户的汇款收入而发挥着金融媒介的作用，不仅能提高农户的资产流动性，还能放松信贷限制，为农户投资农业提供了可能的资金来源[5]。不过，汇款收入的提高会在一定程度上打击农户从事农业生产的积极性，使得留守成员存在"搭便车"行为[6]。而且更重要的是，非农就业同时也为农业生产带来"劳动力损失效应"，尽管资金能在一定程度上替代劳动，但替代弹性是有范围的，而且还受到经济因素、地理因素等客观条件制约，尤其是不完善或者缺失的劳动市场，无法提供雇工对农户的劳动力损失进行完美替代[7]。这两种效应的存在使得学术界就非农就业对农业生产要素投入的影响进行了诸多讨论，但结论仍然莫衷一是。在存在非农收入来源的背景下，农户首先需要决定是否继续经营土地，若继续经营，则需要决定各种生产要素的投入水平。基于此，本节将首先梳理非农就业与农户土地利用决策关系的相关文献，然后依次对研究非农就业

① 刘晓昀，钟秋萍，齐顾波. 农村劳动力非农就业的性别差异及东西部比较 [J]. 农业经济问题，2007，（07）：76-80。

② 魏宁，苏群. 生育对农村已婚妇女非农就业的影响研究 [J]. 农业经济问题，2013，（07）：30-34。

③ 汪伟. 农民夫妻非农就业决策的微观基础分析——以山东省肥城市为例 [J]. 中国农村经济，2010，（03）：45-54；陆文聪，吴连翠. 兼业农民的非农就业行为及其性别差异 [J]. 中国农村经济，2011，（06）：54-62。

④ Stark O，Bloom D E. The new economics of labor migration [J]. The American Economic Review，1985，75（2）：173-178。

⑤ Taylor J E，Arango J，Hugo G，et al. International migration and community development [J]. Population Index，1996，62（3）：397-418；Rozelle S，Taylor J E，de Brauw A. Migration，remittances，and agricultural productivity in China [J]. The American Economic Review，1999，（2）：287-291；Taylor J E，Rozelle S，de Brauw A. Migration and incomes in source communities：a new economics of migration perspective from China [J]. Economic Development and Cultural Change，2003，（1）：75-101。

⑥ Azam J P，Gubert F. Migrants' remittances and the household in Africa：a review of evidence [J]. Journal of African Economics，2006，15（2）：426-462。

⑦ Arslan A，Taylor J E. Transforming rural economies：migration，income generation and inequality in rural Mexico [J]. Journal of Development Studies，2012，（8）：1156-1176。

与劳动、资本以及其他生产资料投入关系的文献进行综述。

1. 非农就业对农户土地利用决策的影响

随着农户非农就业程度不断加深，非农就业与土地流转的关系逐渐成为学者研究的热点问题。一些研究表明，非农就业行为会阻碍土地流转，制约农业生产规模化，束缚农村土地市场发展，将导致土地流转陷入新困境[①]。但有学者认为，简单认为非农就业会妨碍土地流转是不妥当的，并指出部分地区非农就业户土地流转概率并不低于纯农户或非农户[②]。另一些经验研究则表明，非农就业有助于推动土地流转[③]，非农就业使得农户对土地的依赖性降低，更加倾向于注重土地转让权，从而提高了他们转出土地的可能性，对土地流转规模也存在重要促进作用[④]。从理论出发，认为非农就业有助于土地流转的隐含逻辑是：专业分工的农业生产效率要高于非农就业，而非农就业则阻碍了劳动生产率的提高，不利于土地产出率的增长，因而在效率导向下，土地将从非农就业户流向专业户[⑤]。但是，我国改革开放以来农户非农就业程度不断加深，而土地流转与农业生产专业化程度却未相应提高[⑥]。对此，钱忠好认为应从家庭内部分工角度予以解释，家庭决策的基础是尽可能通过家庭成员的分工实现集体利益最大化，当部分成员非农就业后，土地是否流转取决于农户所拥有的初始土地资源、家庭成员的劳动能力以及农业生产的比较收益等，因而可能会出现非农就业后，农户并未转出土地，而是选择继续非农就业，呈现出"半工半耕""男工女耕"的农户兼业化特征。

当然，非农就业对农户土地利用决策的影响并不必然以土地是否流转来体现，因为非农就业还可能会导致土地撂荒，特别是那些土地贫瘠、产出低的土地将首先被抛荒[⑦]。一方面，非农就业会导致部分农户放弃土地种植，且未流

第二章　影响的理论逻辑　非农就业对粮食生产

41

---

① 贺振华. 农户兼业及其对农村土地流转的影响——一个分析框架[J]. 上海财经大学学报（哲学社会科学版），2006，（2）：72-78；黄延廷. 农户兼业化对农地规模经营的制约机理分析[J]. 农村经济，2012，（01）：49-51.

② 廖洪乐. 农户兼业及其对农地承包经营权流转的影响[J]. 管理世界，2012，（05）：62-70.

③ 许恒周，石淑芹. 农民分化对农户农地流转意愿的影响研究[J]. 中国人口·资源与环境，2012，（09）：90-96.

④ 赵光，李放. 非农就业、社会保障与农户土地转出——基于30镇49村476个农民的实证分析[J]. 中国人口·资源与环境，2012，（10）：102-110；许恒周，郭忠兴. 农村土地流转影响因素的理论与实证研究——基于农民阶层分化与产权偏好的视角[J]. 中国人口·资源与环境，2011，（03）：94-98；徐美银. 农民阶层分化、产权偏好差异与土地流转意愿——基于江苏省泰州市387户农户的实证分析[J]. 社会科学，2013，（01）：56-66；聂建亮，钟涨宝. 农户分化程度对农地流转行为及规模的影响[J]. 资源科学，2014，（04）：749-757.

⑤ 黄大学. 农户兼业对农地利用效率与农地流转的影响——以湖北省荆门市为例分析[J]. 当代经济，2006，（04）：62-63.

⑥ 钱忠好. 非农就业是否必然导致农地流转——基于家庭内部分工的理论分析及其对中国农户兼业化的解释[J]. 中国农村经济，2008，（10）：13-21.

⑦ Strijker D. Marginal lands in Europe-causes of decline [J]. Basic and Applied Ecology, 2005, (2): 99-106.

转，这属于真正意义上的抛荒，这一推断已得到较多文献的支持①。另一方面，有的抛荒则是间接性的，非农就业导致土地复种指数下降，引起季节性抛荒，如中国南方省份大面积的双季稻改为单季稻②。

通过以上文献可以发现，学者对于非农就业与规模经营是否相冲突、与农业专业化生产是否相矛盾等问题存在较大争议，尚待进一步研究。

2. 非农就业对其他农业生产性要素投入的影响

不可否认，非农就业首先会引起农户劳动力的缺失，减少农业生产劳动投入，特别是那些生产管理性的劳动投入，因为这些劳动很难利用雇工或机械进行替代③。大量学者的研究表明，非农就业的确显著降低了农户自家劳动投入④。不过非农收入的增加，提高了农户增加资金投入以替代劳动的可能性，农户将通过购买生产要素（机械服务、化肥、农药等）投入农业生产中，对劳动形成替代，以弥补劳动力短缺造成的生产损失⑤。胡瑞法和黄季焜指出资金（尤其是机械）对劳的替代在不同类型作物间是有差别的，对土地密集型作物种植中劳动投入的替代较为明显，而在劳动密集型作物中替代并不显著。这表明即使农户提高了资金流动性而且具有投入意愿，但实际生产中资金对劳动的替代程度还要受到作物种植特点的制约⑥。应瑞瑶和郑旭媛通过对比江苏与浙江两省粮食生产方式演变，解释了为何两省劳动力转移背景与经济发展水平均相似，但江苏粮食生产总体平稳，而浙江却加速下降。研究发现，产生这一现象的原

---

① 杨涛，朱博文，雷海章，等. 对农村耕地抛荒现象的透视 [J]. 中国人口·资源与环境，2002，（02）：135-136；刘成武，李秀彬. 对中国农地边际化现象的诊断——以三大粮食作物生产的平均状况为例 [J]. 地理研究，2006，（05）：895-904；谷中原，吴师法. 山区农村劳动力流动对农村发展的负面影响与消解——以湘西花垣县团结镇为例 [J]. 郑州航空工业管理学院学报，2007，（05）：65-69。

② 辛良杰，李秀彬. 近年来我国南方双季稻区复种的变化及其政策启示 [J]. 自然资源学报，2009，（01）：58-65；刘朝旭，刘黎明，彭倩. 南方双季稻区农户水稻种植模式的决策行为分析——基于湖南省长沙县农户调查的实证研究 [J]. 资源科学，2012，（12）：2234-2241；杨万江，王绛. 我国双季稻区复种变化及影响因素分析——基于10个水稻主产省的实证研究 [J]. 农村经济，2013，（11）：24-28。

③ 李庆，林光华，何军. 农民兼业化与农业生产要素投入的相关性研究——基于农村固定观察点农户数据的分析 [J]. 南京农业大学学报（社会科学版），2013，（03）：27-32。

④ 梁流涛，曲福田，诸培新，等. 不同兼业类型农户的土地利用行为和效率分析——基于经济发达地区的实证研究 [J]. 资源科学，2008，（10）：1525-1532；陈超，沈荣海，展进涛. 农户兼业视角下的水稻生产行为及效率研究——以苏北地区水稻种植户为例 [J]. 江苏农业科学，2014，（05）：404-407；柴春娇，吕杰，韩晓燕. 不同类型农户土地投入特征差异分析——以辽宁省阜新地区为例[J]. 农业经济，2014，（11）：15-17。

⑤ Taylor J E，Rozelle S，de Brauw A. Migration and incomes in source communities: a new economics of migration perspective from China [J]. Economic Development and Cultural Change，2003，（01）：75-101；应瑞瑶，郑旭媛. 资源禀赋、要素替代与农业生产经营方式转型——以苏、浙粮食生产为例 [J]. 农业经济问题，2013，（12）：15-24。

⑥ 胡瑞法，黄季焜. 农业生产投入要素结构变化与农业技术发展方向[J]. 中国农村观察，2001，（06）：9-16。

因在于两省的地形特征差距造成机械对劳动力替代弹性不同①。浙江存在较多岗地，限制了机械的广泛应用，务农机会成本的上涨以及难以改造的自然条件，使得农户放弃粮食而转种经济作物，或仅以满足口粮为目的保持低效率生产，或直接抛荒。这表明资金对劳动的替代还受到地形特征等客观条件的制约。

但也有学者研究表明，非农就业农户并非采用机械替代的方式以弥补家庭劳动力损失，而是会减少生产资料投入，放弃部分农业生产投入强度，并且非农工作时间越长，农户投入的生产资料费用越少②。因为非农务工在成为农户获取收入的主要来源后，会使得农户将收入更多的投向非农生产活动，对农业投入反而具有挤出效应③。de Brauw 和 Rozelle 利用中国六省的农户调查数据，研究了劳动力外出务工对农户生产投资的影响，发现非农收入的增长并未显著提高农户的生产性投资，农户更倾向于购买消费品或购房以提高家庭成员福利④。朱民等学者的研究同样表明，农户对农机具等固定资产的投入会随着非农就业程度的提高而减少⑤。这些学者认为，比较收益的差距，使得非农就业户投资于农业生产的积极性下降。但纪月清和钟甫宁指出，这些农户调查数据所反映的结果与《中国统计年鉴》数据所显示的并不一致，过去二十年里农业从业人员总数大概减少了 32%，粮食作物亩均投工量减少了 61%，但农机总动力却增加了 240%⑥。对此，他们给出的解释是农机服务市场的发展使得农户普遍选择购买农机服务，而非购买农机。这一解释得到了实证结论的支持，研究发现非农就业程度提高后，农户会增加购买农机服务，从而替代减少的劳动。

---

① 应瑞瑶，郑旭媛. 资源禀赋、要素替代与农业生产经营方式转型——以苏、浙粮食生产为例 [J]. 农业经济问题，2013，（12）：15-24。

② 李庆，林光华，何军. 农民兼业化与农业生产要素投入的相关性研究——基于农村固定观察点农户数据的分析 [J]. 南京农业大学学报（社会科学版），2013，（03）：27-32。

③ 申栋. 农村劳动力转移对农业的影响研究——以陕西省为例 [D]. 西安：西北大学硕士学位论文，2008。

④ de Brauw A，Rozelle S. Migration and household investment in rural China [J]. China Economic Review，2008，（02）：320-335。

⑤ 朱民，尉安宁，刘守英. 家庭责任制下的土地制度和土地投资 [J]. 经济研究，1997，（10）：62-69；刘承芳，张林秀，樊胜根. 农户农业生产性投资影响因素研究——对江苏省六个县市的实证分析 [J]. 中国农村观察，2002，（04）：34-42；许庆，章元. 土地调整、地权稳定性与农民长期投资激励 [J]. 经济研究，2005，（10）：59-69；刘荣茂，马林靖. 农户农业生产性投资行为的影响因素分析——以南京市五县区为例的实证研究 [J]. 农业经济问题，2006，（12）：22-26。

⑥ 纪月清，钟甫宁. 非农就业与农户农机服务利用 [J]. 南京农业大学学报（社会科学版），2013，（05）：47-52。

3. 非农就业对农业可持续生产影响研究

非农就业带来的劳动力损失效应，使得农户倾向采用劳动节约型技术，如用购买的化肥替代绿肥与农家肥，使用除草剂替代传统的人工除草等。尽管这些行为在一定程度上能保持耕地的产出，但长期使用化肥、农药会造成土壤板结、环境污染以及土壤侵蚀和盐碱化等问题[1]。鉴于耕地质量退化问题已严重威胁到国家粮食安全，近年来许多学者从不同角度对我国耕地质量保护与提升问题展开研究，主要集中在三个方面：一是自然科学领域通过田间试验方法研究耕地质量改良技术应用及其对作物生长性状、产量等方面的影响[2]。二是农户耕地保护认知与意愿研究。例如，陈美球等以江西省农户为例，分析了农户有机肥投入意愿，以及水利建设和土壤改良资金投入意愿。三是农户耕地质量保护特定技术或措施采纳行为的影响因素研究。例如，褚彩虹等利用太湖流域农户调查数据，分析农户施用有机肥与采用测土配方施肥技术的影响因素[3]。还有不少学者就农地产权因素与农户耕地质量保护行为之间的关系展开研究，但未得出一致结论[4]。这些研究为农户视角的耕地质量保护研究奠定了重要基础，并给出了重要启示。这些研究表明，依靠耕地质量提升以保障粮食增产具有巨大潜力，但保护耕地质量是一项重大工程，仅有政府的参与不足以解决问题，因为农户才是耕地的直接使用者，在耕地质量保护中扮演着重要角色。

此外，上述文献大多将务农群体整体化研究，忽略了农户分化的现实。由于资源禀赋差异，不同类型农户对市场、政策等外部环境的响应以及由此引起的耕地利用方式也必然会有所差异[5]。非农就业不仅提高了农户收入，同时也对农户土地利用方式，尤其是可持续利用行为产生了不同程度影响[6]。由于对

① 陈美球，冯黎妮，周丙娟，等. 农户耕地保护性投入意愿的实证分析 [J]. 中国农村观察，2008，（05）：23-29。

② 周晓舟，唐创业. 免耕抛栽水稻测土配方施肥效果分析 [J]. 作物杂志，2008，（04）：46-49；王林学，李玲，李建平. 测土配方施肥技术在水稻上的应用与效果初探 [J]. 中国农学通报，2009，（06）：155-158。

③ 褚彩虹，冯淑怡，张蔚文. 农户采用环境友好型农业技术行为的实证分析——以有机肥与测土配方施肥技术为例 [J]. 中国农村经济，2012，（03）：68-77。

④ 马贤磊. 现阶段农地产权制度对农户土壤保护性投资影响的实证分析——以丘陵地区水稻生产为例 [J]. 中国农村经济，2009，（10）：31-41；黄季焜，冀县卿. 农地使用权确权与农户对农地的长期投资 [J]. 管理世界，2012，（09）：76-81，99。

⑤ 杨钢桥，靳艳艳，杨俊. 农地流转对不同类型农户农地投入行为的影响——基于江汉平原和太湖平原的实证分析 [J]. 中国土地科学，2010，（09）：18-23。

⑥ 谭淑豪，曲福田，黄贤金. 市场经济环境下不同类型农户土地利用行为差异及土地保护政策分析 [J]. 南京农业大学学报，2001，（02）：110-114；钟太洋，黄贤金，马其芳. 区域兼业农户水土保持行为特征及决策模型研究 [J]. 水土保持通报，2005，（06）：96-100；钟甫宁，纪月清. 土地产权、非农就业机会与农户农业生产投资 [J]. 经济研究，2009，（12）：43-51；李明艳，陈利根，石晓平. 非农就业与农户土地利用行为实证分析：配置效应、兼业效应与投资效应——基于2005年江西省农户调研数据 [J]. 农业技术经济，2010，（03）：41-51。

大多数农村居民而言，土地当前还承担着社会保障功能，这使得非农就业户往往将土地视作"退路"或者养老保障而不会轻易退出土地经营，从而阻碍了农地规模化经营的形成，并对耕地质量的保护与提升产出一定程度的不利影响[①]。但学者们对非农就业与农户保护性投入关系的实证研究并不多。由于施用有机肥是一种较为有效的保护性生产方法，能有效提升土壤有机质含量，改良土壤活性与结构，部分学者就非农就业对农户有机肥使用影响展开了研究，但尚未得出一致结论。例如，许庆和章元发现，农户非农务工时间对有机肥用量有显著正向影响[②]。相反的是，陈铁和孟令杰研究发现，非农收入比例越高，农户使用有机肥的数量越少；钟太洋等研究发现，负责农业生产的家庭成员参与非农活动会显著降低农户使用有机肥的可能性，其较早的研究还发现非农就业将导致农户投入更少时间在农田水土保持上[③]。

综上所述，学者就非农就业对农户生产性保护投入影响的研究较为缺乏，还需要进一步展开分析。特别是以往文献大多以特定的某项技术或措施为例，分析农户的可持续生产行为，但耕地质量保护与提升是一项系统工程，需要多种技术或措施的配合，局限于个别技术或措施的需求意愿或使用行为分析，可能无法全面反映农户决策过程。不仅如此，不同可持续生产措施之间存在明显差异，如修整农田水渠、使用农家肥等需要耗费大量劳工，具有较强的劳动偏向特点，而施用商品有机肥、使用机械化秸秆还田等则具有明显的资金偏向特点，据此可知农户可能会因为其自身劳动与资金禀赋状况不同而导致投入决策存在异质性。基于此，对农户可持续生产行为的研究，还应区别不同保护性投入措施之间的技术性差异。

（三）非农就业对农业产出的影响研究

大量农村劳动力外出务工或本地非农就业，虽然在一定程度上有利于缓解农村人多地少的矛盾，有助于提高农户收入，但对农业生产也带来巨大挑战。特别是对于发展中国家而言，粮食生产是否因此受到不利影响而备受重视，学者对此进行了大量的实证研究，但仍未得出一致结论。

Rozelle 等将劳动力转移对农户粮食生产的影响分为劳动力损失效应与汇

---

① 赵华甫，张凤荣，姜广辉，等. 基于农户调查的北京郊区耕地保护困境分析 [J]. 中国土地科学，2008，（03）：28-33.

② 许庆，章元. 土地调整、地权稳定性与农民长期投资激励 [J]. 经济研究，2005，（10）：59-69.

③ 陈铁，孟令杰. 土地调整、地权稳定性与农户长期投资——基于江苏省调查数据的实证分析 [J]. 农业经济问题，2007，（10）：4-11；钟太洋，黄贤金，王柏源. 非农业就业对农户施用有机肥的影响 [J]. 中国土地科学，2011，（11）：67-73.

款补偿效应，在对劳动力转移变量运用工具变量法处理后回归分析发现，劳动力转移的综合效应显著降低了农户的玉米单产[①]。de Brauw 认为当农村要素市场不完善时，劳动力转移对农业生产具有多重影响，在运用工具变量法实证分析了越南农村劳动力季节性转移对农业生产的影响后发现，这种季节性转移对农户的水稻产量具有一定程度的负面影响，部分农户甚至退出水稻生产[②]。秦立建等对安徽省的农户调查数据分析后认为，劳动力非农转移显著减少了农户的农业生产投工量，降低了农户的粮食产量[③]。盖庆恩等利用 2004～2010 年中国数据研究发现，男性与壮年女性的外出务工不仅会加大农户退出农业生产的概率，还会显著降低其农业产出增长率，认为在当前制度环境下，中国的"刘易斯拐点"已经到来[④]。

但也有学者得出相反的结论，马忠东等运用普查数据与分县的时间序列数据，得出了大量劳动力流出对粮食生产影响并不显著的结论[⑤]。蔡波等认为，目前农村劳动力转移的规模和速度，从短期看不会对农业及粮食生产产生不利影响[⑥]。基于 2009 年对江西省 228 个水稻种植户的调研数据，钱文荣和郑黎义运用 C-D 函数模型实证分析了劳动力外出务工对农户水稻生产的影响，得出了类似的结论，研究结果表明虽然非农收入的提高会使农户忽视对水稻生产的管理，导致产量下降，但外出务工者的汇款能帮助他们在水稻生产中投入更多的化肥和农药以提高产量，而且汇款的积极作用大于劳动力损失的消极作用，最终对农户的水稻产量产生显著正向作用[⑦]。此外，李谷成等对油菜产业的研究也得出了类似结论，利用 13 个油菜主产区的宏观面板数据，研究发现化肥与机械投入对劳动力产生了显著的替代效应，使得劳动力流出并未对油菜的单产造成不利影响[⑧]。

虽然学者对非农就业或劳动力转移引发的综合效应进行了详细探讨，但研究结论仍然存在分歧。这意味着进一步的研究不能仅着眼于对综合效应的检验，

① Rozelle S, Taylor J E, de Brauw A. Migration, remittances, and agricultural productivity in China [J]. The American Economic Review, 1999, (02): 287-291。

② de Brauw A. Seasonal migration and agricultural production in Vietnam [J]. The Journal of Development Studies, 2010, (01): 114-139。

③ 秦立建, 张妮妮, 蒋中一. 土地细碎化、劳动力转移与中国农户粮食生产——基于安徽省的调查 [J]. 农业技术经济, 2011, (11): 16-23。

④ 盖庆恩, 朱喜, 史清华. 劳动力转移对中国农业生产的影响 [J]. 经济学, 2014, (03): 1147-1170。

⑤ 马忠东, 张为民, 梁在, 等. 劳动力流动: 中国农村收入增长的新因素 [J]. 人口研究, 2004, (03): 2-10。

⑥ 蔡波, 陈昭玖, 翁贞林. 粮食主产区农村劳动力转移对农业及粮食生产影响的调研分析——以江西为例 [J]. 江西农业大学学报 (社会科学版), 2008, (04): 50-53。

⑦ 钱文荣, 郑黎义. 劳动力外出务工对农户水稻生产的影响 [J]. 中国人口科学, 2010, (05): 58-65。

⑧ 李谷成, 梁玲, 尹朝静, 等. 劳动力转移损害了油菜生产吗——基于要素产出弹性和替代弹性的实证 [J]. 华中农业大学学报 (社会科学版), 2015, (01): 7-13。

而更应该重视对影响路径的研究，以及这种影响效应发生改变的环境条件。此外，国内研究大多将非农就业或劳动力转移视作生产投入的外生变量，可能会导致研究结果出现偏误，有必要对此做进一步讨论。

（四）非农就业对农业生产技术效率的影响研究

技术效率反映的是农户对农业生产的管理能力。非农就业引起的劳动力损失效应可能会导致农户粗放经营，造成效率下降。农业生产特别是种植业对"及时性"要求较高，不完善的劳动力市场无法及时提高雇工以投入生产，从而耽误耕作的时间节点，也会引起生产效率下降。但收入增加效应则保证了农户的资金流动性，提高了他们的投资能力，从而使得农户能及时购买农业生产资料投入生产，以保证生产的顺利进行。正因如此，有关劳动力转移与农户技术效率关系的理论与实证检验结论一直争论不断。

国外学者就劳动力转移对农户技术效率影响的研究结论至今仍存在争议。其中，部分研究认为劳动力转移提高了农户技术效率[①]。例如 Mochebelele 和 Winter-Nelson 的研究表明，存在劳动力转移的莱索托农户，他们的技术效率比那些纯务农的农户更高，主要原因是相对于家庭劳动力的缺失，汇款收入的缺失使得及时、连续的耕作管理更加困难。Nonthakot 和 Villano 对泰国农户的研究也发现，劳动力转移户的平均技术效率要比非转移户高出 10%，劳动力转移对玉米种植户的技术效率具有显著正向作用。不同的是，另外一些学者却得出了不同的结论[②]。Azam 和 Gubert 对马里的研究发现，尽管劳动力转移有助于农户采用先进农业生产技术，但转移户的技术效率表现并不优于无转移的农户。他们认为主要原因在于汇款收入的增加使得留守成员存在"搭便车"行为。Sauer 等在对科索沃农户进行研究后也认为，劳动力转移对农户造成了显著的劳动力损失效应，进而对技术效率产生了副作用。

国内也有部分学者从技术效率的角度研究非农就业对农业生产的影响。例如，梁义成等认为非农就业主要从两个方面影响农户的农业生产技术效率：其一，非农就业缓解了农户的资金约束，并成为技术扩散的传导路径；其二，非

① Mochebelele M T, Winter-Nelson A. Migrant labor and farm technical efficiency in lesotho [J]. World Development, 2000, (1): 143-153; Nonthakot P, Villano R A. Migration and farm efficiency: evidence from Northern Thailand Australian agricultural and resource economics society conference (52nd), Canberra, Australia, 2008; Taylor J E, Lopez-Feldman A. Does migration make rural households more productive? evidence from Mexico [J]. Journal of Development Studies, 2010, 46 (1): 68-90.

② Azam J P, Gubert F. Migrants' remittances and the household in Africa: a review of evidence [J]. Journal of African Economics, 2006, 15 (2): 426-462; Sauer J, Gorton M, Davidova S. Migration and Agricultural Efficiency-Empirical Evidence for Kosovo [J]. Agricultural Economics, 2015, 46 (5): 629-641.

农就业通过分工，解决了农户的劳动力剩余，从而优化了农户的生产决策①。作者利用陕西秦岭山区的农户调查数据与随机生产前沿函数方法（SFA）验证发现，非农就业农户的农业技术效率比纯农户高且相对稳定。陈素琼和张广胜利用辽宁省 288 户农户调研数据，基于 DEA-OLS 方法研究了劳动力转移对水稻生产技术效率影响的代际差异，发现第一代劳动力转移农户要比新生代农户投入更多的化肥，但代与代之间的技术效率差异并不显著②。黄祖辉等利用江西省 325 户稻农 738 个水稻地块数据研究发现非农就业对水稻生产技术效率具有显著的正向影响，认为非农就业提高了农户的务农机会成本，促进稻农合理配置生产要素，以及提高耕作管理技能，从而引起技术效率水平的提升③。马林静等将全国 30 个省份分为粮食主产区、主销区与平衡区，利用 2001～2010 年的宏观面板数据研究发现农村劳动力非农转移对粮食生产效率具有显著的正向影响，而且这种影响效应在不同区域存在差异，对平衡区的影响效应最高，其次为主产区和主销区④。

但也有学者得出相反的结论，李谷成等在研究农户经营规模与效率之间的关系时，发现非农经营对农户效率产生了显著的副作用，认为在务农劳动报酬率较低的背景下，作为理性经济人的农户，在农业与非农生产活动之间配置生产要素时，必然会选择倾向于非农生产，导致农业资源外流，从而对农业效率造成损失⑤。陈超等对江苏省南京市江宁区 442 个稻农调研数据的研究显示，非农就业造成农户水稻生产效率下降，而且非农就业程度越高，水稻生产效率越低⑥。不过，同一地区的另一份研究则得出了非农就业与农户土地利用效率呈现出非线性关系，适当非农就业有助于土地利用效率的提高，但当非农就业程度达到一定水平时，会造成效率水平下降⑦。

在完美的要素市场条件下，非农就业并不会对农户技术效率产生影响，因为市场能无交易成本地及时提供雇工对转移劳动力形成完美替代，而信贷与流动性

① 梁义成，李树苗，李聪. 非农参与对农业技术效率的影响：农户层面的新解释[J]. 软科学，2011，(05)：102-107.
② 陈素琼，张广胜. 农村劳动力转移对水稻生产技术效率的影响：存在代际差异吗——基于辽宁省的调查 [J]. 农业技术经济，2012，(12)：31-38.
③ 黄祖辉，王建英，陈志钢. 非农就业、土地流转与土地细碎化对稻农技术效率的影响 [J]. 中国农村经济，2014，(11)：4-16.
④ 马林静，欧阳金琼，王雅鹏. 农村劳动力资源变迁对粮食生产效率影响研究 [J]. 中国人口·资源与环境，2014，(9)：103-109.
⑤ 李谷成，冯中朝，范丽霞. 小农户真的更加具有效率吗?来自湖北省的经验证据 [J]. 经济学，2010，(01)：95-124.
⑥ 陈超，沈荣海，展进涛. 农户兼业视角下的水稻生产行为及效率研究——以苏北地区水稻种植户为例 [J]. 江苏农业科学，2014，(05)：404-407.
⑦ 梁流涛，曲福田，诸培新，等. 不同兼业类型农户的土地利用行为和效率分析——基于经济发达地区的实证研究 [J]. 资源科学，2008，(10)：1525-1532.

限制也是不存在的。但这只是一种假设，实际上中国农村的劳动力市场与信贷市场均较为落后，存在较高的交易成本。因而，非农就业与农户的技术效率之间可能存在较为显著的关系，至于这种关系是正向还是负向还有待进一步实证检验。

（五）非农就业对农业生产风险的影响研究

农户主要采取多样化策略（如种植多样化、品种多样化、收入多样化等）、适时调整策略（如及时调整化肥、农药、种子等生产要素投入）以及消费平滑策略（如借贷、外出务工、减少开支等）等多种策略应对风险。由于非农工资的波动性要比农产品价格小，非农就业或外出务工以获取非农收入已成为农户分散风险的一种策略[①]。根据生产理论，风险规避型农户将配置劳动与资源至风险水平较低的生产活动中（如非农活动），直到风险水平不同的两种生产活动的边际报酬相同。虽然非农就业通过增加收入来源与提高收入水平，增强了农户的风险应对能力，但引起的务农劳动力损失也可能会导致农户改变其种植多样化策略或适时调整要素投入的策略，从而增加农业生产的不确定性。Koesling 等分析了挪威经济作物种植户的风险认知以及管理策略，发现获取非农收入是降低他们生产风险的有效手段。然而，Chang 和 Wen 基于台湾稻农数据的研究却得出相反结论，作者运用随机前沿方法分别估计了纯农户与非农就业农户水稻生产的风险水平，发现非农就业农户水稻生产风险明显比纯农户高[②]。非农就业在增加农户风险抵抗能力的同时，引起的劳动力损失效应也有可能加剧生产波动，在这两种效应的综合作用下，非农就业可能加剧也可能弱化了农业生产风险。

国内相关研究主要集中讨论了农业生产风险来源以及农户对风险的认知、农户对生产风险的态度以及风险应对策略[③]。研究发现种植业生产风险主要来

[①] Mishra A K, Goodwin B K. Farm income variability and the supply of off-farm labor [J]. American Journal of Agricultural Economics, 1997, (3): 880-887; Koesling M, Ebbesvik M, Lien G, et al. Risk and risk management in organic and conventional cash crop farming in Norway[J]. Acta Agriculturae Scandinavica, 2004, 1(4): 195-206; El-Osta H S, Morehart M J. Determinants of poverty among US farm households [J]. Journal of Agricultural and Applied Economics, 2008, (1): 1-20.

[②] Chang H, Wen F I. Off-farm work, technical efficiency, and rice production risk in Taiwan[J]. Agricultural Economics, 2011, (2): 269-278。

[③] 陈传波. 农户风险与脆弱性：一个分析框架及贫困地区的经验 [J]. 农业经济问题, 2005, (08): 47-50; 西爱琴, 陆文聪, 梅燕. 农户种植风险及其认知比较研究 [J]. 西北农林科技大学学报（社会科学版）, 2006, (04): 22-28; 屈小博, 张海鹏, 宁泽逵. 农户生产经营风险来源与认知差异实证分析——以陕西省453户果农为例 [J]. 财经论丛, 2009, (02): 82-89; 王志刚, 李圣军, 宋敏. 农业收入风险对农户经营的影响：来自西南地区的实证分析 [J]. 农业技术经济, 2005, (04): 46-50; 陆文聪, 西爱琴. 农户农业生产的风险反应：以浙江为例的MOTAD模型分析 [J]. 中国农村经济, 2005, (12): 68-75; 陈风波, 陈传波, 丁士军. 中国南方农户的干旱风险及其处理策略 [J]. 中国农村经济, 2005, (06): 61-67; 马小勇. 中国农户的风险规避行为分析——以陕西为例 [J]. 中国软科学, 2006, (02): 22-30; 钱贵霞, 中本和夫. 基于风险的农户生产经营决策：以黑龙江水稻种植户为例 [J]. 北京农学院学报, 2008, (01): 64-67; 程承坪, 刘素春. 基于农户视角的农业风险管理策略研究 [J]. 当代经济管理, 2008, (11): 25-30。

自于自然风险与市场风险，而农户更关注产量波动而非市场价格波动。非农就业或外出务工虽然不一定是农户有目的风险分散行为，但其作为一种"事前"或"事后"处理策略，的确发挥了分散风险作用。不过，陈风波等同时也指出，农户会采取两种不同的适时调整策略应对自然风险（如干旱），一部分农户会增加肥料投入，试图通过追肥弥补损失，另一部分农户则会减少肥料投入，认为继续投入不划算，而经济状况同样会对农户的要素投入调整策略有影响，较好的经济状况会增加农户追加肥料的可能，反之亦然。此外，陈风波等发现，农户会显著增加在除草方面的劳动投入，因为干旱会刺激杂草生长，而除草剂也会因稻田缺水失效，也就是说干旱时农户必须人工除草（一亩田的杂草甚至需要 10 个人 1 天才能除完）。这些发现具有两层含义：第一，农户适时调整要素投入策略会受到资金状况影响；第二，劳动力缺乏会导致农户无力应对自然风险。这就意味着，非农就业的劳动力损失效应和收入效应可能会对农业生产风险造成显著影响。遗憾的是，国内关于非农就业对农业生产风险影响的实证研究却鲜见报道。非农就业作为分散农户收入风险的一种策略，也给农业生产带来了不确定性，但这种传导效应的方向，尤其是影响程度仍需要实证检验才能准确把握。

（六）研究总评述

通过对相关文献的梳理，可以发现，已有研究对农户非农就业动因进行了多层面、多角度的分析，并得出较为一致的结论。在农村劳动力市场、信贷与保险市场存在约束的前提假设下，学者普遍肯定了非农就业对增加农户收入，改善农户资金约束的作用，同时也对非农就业造成的务农劳动力流失效应存在担忧。但是就非农就业对农业生产影响的研究存在相互冲突的经验证据。

首先，研究认为非农就业对农业生产存在不利影响的文献大都存在一个基本相同的假设前提：农村劳动力市场是不完善的，雇工与其他生产要素无法对损失的家庭劳动力形成"完美"替代，而留守务农的家庭成员也可能会增加闲暇消费，存在"偷懒"行为，也就是说非农就业引起的农户务农劳动力损失对农业生产存在较强的约束，从而造成农业生产损失。而另外一些实证研究发现，非农就业并未对农业生产带来不利影响，其解释基本是从非农就业带来的非农收入增加了农户对生产资本的投入这个角度出发的，认为非农就业的收入效应超过了劳动力损失效应，资本对劳动形成了有效替代。不可否认，两种结论都有其合理依据，但两者之间的冲突恰恰说明非农就业与农业生产之间的关系会因一些环境因素的改变而发生变化，不能简单从综合效应是正向还是负向两个方面简单概括。非农就业对农业生产带来的劳动力损失效应与收入效应会因为一些外部环境因素的不同而发生变化，而外部因素的变化将弱化或增强这两种影响效应。

考虑到我国水稻生产实际，虽然随着技术进步特别是农业机械的推广，水稻插秧与收割环节的劳动力需求已大幅度降低，但施肥、打药、灌溉、除草以及其他田间维护环节依然需求高强度的劳动投入，因而留守务农成员的人力资本状况将成为劳动力损失效应传导的一个重要环节。另外，收入效应引起的资本对劳动的替代在很大程度上受制于农业基础设施条件的好坏（特别是农业机械的应用），因为要素之间的替代弹性不仅受到生产技术水平的影响，还受到客观条件制约。一个比较明显的例子是，山区农业机械应用程度要远比平原地带低，因而农业基础设施条件可被视作影响收入效应的一个重要外在因素。但结合农户内在因素（如务农人力资本状况）与外在条件（如农业基础设施条件），系统考察非农就业对粮食生产的影响及其传导机制的文献并不多见。对这些潜在的传导机制进行考察能够加深对非农就业与粮食生产之间关系的理解，并且对实际工作也更有指导意义。

其次，已有文献大都将非农就业对农户生产投入决策的影响与其对农业生产表现的影响（如产出）割裂开来，要么局限于考察非农就业对农户某项要素投入的影响，而未进一步延伸研究这种影响的生产效应，要么直接考察非农就业对农户生产表现的影响，而将影响过程视为"黑箱"。考虑到农户生产表现是与其投入决策密不可分的，非农就业对水稻生产表现的影响是建立在对投入决策影响的基础之上的，因此，在研究非农就业对水稻生产的影响时有必要依据农业生产过程，遵循农户从做出种植投入决策到最终收获的生产步骤逐步实证分析。

再次，正如前面所指出，非农就业对农业生产可持续性可能存在显著影响，但是目前国内对这些方面的实证研究仍相当缺乏。粮食生产并不是一个作物自然生长的封闭过程，生产者的生产管理行为在各个环节都对农业生产环境存在影响，而生产环境的好坏反过来也会影响粮食生产。从保障口粮供给的角度出发，相关研究不应局限于关注非农就业与传统要素投入强度、产量表现之间的关系，还需要重视非农就业对粮食生产影响的环境效应，从可持续性视角审视非农就业对粮食生产的影响。类似的，现有文献几乎未涉及非农就业对粮食生产风险的影响。从微观层面看，粮食生产波动可能造成农户收入损失，从宏观层面看，粮食生产波动的累计效应可能影响国家粮食生产稳定，关乎国家粮食安全，而对于非农就业给农业生产带来的不确定性，学者却较少关注，因而，相关研究亟待展开。

最后，从研究方法看，国外文献在研究非农就业或劳动力转移对农业生产的影响时，普遍考虑了农户非农就业或劳动力转移决策与生产决策同步性造成的内生性问题，并利用工具变量法进行相应处理，以减少分析结果的偏误，但这一问题仅引起国内少量文献的重视，大多文献仍简单地将非农就业或劳动力转移视作外生性变量。因此，合理处理非农就业可能带来的内生性问题应引起今后相关研究足够的重视。此外，在利用参数法估计农户粮食生产技术效率时，国内研究普遍忽视了生产风险的存在以及农户对这些风险的响应，并将这些不确定性因素都归为统计噪声。然而，实际上生产风险不仅会影响产出波动，还会影响农户生产投入决策，这意味着，农户的技术效率表现会受影响，传统方法估计得到的效率值存在偏误，无法真实反映农户实际的效率水平。因此，在利用参数法估计技术效率时，生产风险以及农户的响应行为都应被纳入传统的效率估计框架。

三、非农就业对粮食生产影响的内在机制

从新古典劳动力转移理论角度来看，非农就业意味着农业部门人力资源的流失，对农业生产造成潜在影响的唯一路径是对农村劳动力市场产生影响，具体过程可用劳动力边际产出曲线来阐释（图 2.1）。依据刘易斯的二元经济理论，农业生产部门劳动力是无限供给的，存在剩余，即劳动力供给超过 L_1，他们的边际产出为零，农户的非农就业不会对农业生产造成任何影响，唯一影响则是提高了务农劳动力的平均产出（$L_T \rightarrow L_1$）。随着城市与非农产业对农村剩余劳动力的持续吸收，一旦被吸收的劳动力数量超过 $L_T \rightarrow L_1$，也就是说当农村务农劳动力数量低

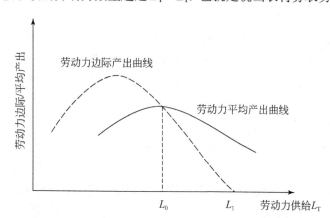

图 2.1　新古典理论框架下农村劳动力流失对劳动力市场的影响

于 L_1 时，他们的边际产出变为正值，就必须通过不断提高农业劳动力的生产率，以满足劳动力继续向非农部门转移，同时避免引起农业部门产出下降，这个阶段已进入拉尼斯-费模型的解释范围。但拉尼斯-费模型隐含地将农村部门视作黑箱，无法为非农就业影响农业生产的内在机制提供更多理论支撑。

根据人力资本转移理论，农户的非农就业是一个自然选择过程，受教育程度高、具有专业技术技能的农村劳动力总是率先找到非农就业机会，进而造成部分农户非农就业程度不断加深的事实。这些农村人才的逃离，不可避免会损耗农业部门的人力资本存量，从而导致农村凋零，对农业生产造成不利影响。因此，从人力资本转移理论的角度来看，非农就业对农业生产的影响路径更多的是通过"智力消耗"实现。

NELM 理论假定发展中国家的农村劳动力市场、信贷与保险市场是不完善的，这与当前中国农村实际情况相符。在这种假设下，农户的非农就业对农业生产会造成两方面影响：一是家庭劳动力的损失效应；二是非农就业带来的收入效应，两者对农业生产分别可能造成不利或有利影响[①]。农户内部部分劳动力的缺失，会导致农户减少农业劳动投入，尤其是减少田间管理环节的劳动投入，从而加大农业生产粗放化或耕地被抛荒的可能性[②]。而非农收入的增加，则能缓解留守农户所面临的流动性约束，分散家庭生产经营风险，提高农户的农业投资能力，从而可能有助于农业生产[③]。但劳动力的紧缺以及非农收入的增加也有可能削弱农户留守成员的生产积极性，导致留守成员对农业生产产生"懈怠"心理，存在"搭便车"行为，从而造成不利影响（可称为"懈怠"效应）。从农业生产要素投入角度看，非农就业后，农户可能利用增加的非农收入，雇佣劳动力或购买资金性要素（如化肥、农药、农用机械等）对劳动投入形成替代，也有可能通过购买"外包式"服务对农业生产进行管理，弥补家庭成员非农务工造成的劳动力损失，以及抵消"懈怠"效应的不利影响。因而，非农就业带来的收入增加效应的积极作用可能超过劳动力损失效应与"懈怠"效应的消极作用，从而对农业生产造成有利影响；也有可能无法弥补消极作用，对农

---

① Stark O, Blackwell B H. The Migration of Labor [M]. Cambridge, MA: Basil Blackwell, 1991; Tark O, Bloom D E. The new economics of labor migration [J]. The American Economic Review, 1985, 75（2）: 173-178; Taylor J E, Wyatt T J. The shadow value of migrant remittances, income and inequality in a household - farm economy [J]. The Journal of Development Studies, 1996, （6）: 899-912.

② Sauer J, Gorton M, Davidova S. Migration and Agricultural Efficiency-Empirical Evidence for Kosovo [M] http://ageconsearch. umn. edu/bitstream/156098/A2-Sauer-Migration_c.pdf, 2013.

③ Mochebelele M T, Winter-Nelson A. Migrant labor and farm technical efficiency in Lesotho [J]. World Development, 2000, （1）: 143-153; El-Osta H S, Mishra A K, Morehart M J. Off-farm labor participation decisions of married farm couples and the role of government payments [J]. Applied Economic Perspectives and Policy, 2008, （2）: 311-332; Taylor J E, Rozelle S, de Brauw A. Migration and incomes in source communities: a new economics of migration perspective from China [J]. Economic Development and Cultural Change, 2003, （1）: 75-101.

业生产造成负面影响；当然两种作用也有可能持平，对农业生产的影响有限[①]。因此，非农就业通过改变农户的资源禀赋，对农业生产将造成多维度的影响，且随不同情景而改变[②]。依据上述相关文献，非农就业对粮食生产造成的综合效应可用图 2.2 阐释。

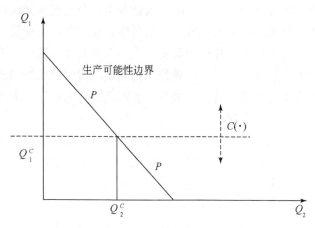

图 2.2　非农就业对粮食生产的潜在影响

　　假定农户同时从事粮食生产与非农经营活动，两种产出分别为 Q_1 与 Q_2，面临的资源要素约束为 $C(\cdot)$，PP 为生产可能性边界。$C(\cdot)=C(A, L, K)$，A 为耕地资源，L 为农户劳动投入，K 为资本投入。非农就业将引起农户的劳动投入、资本投入发生改变，也有可能使得农户出租部分土地，引起耕地资源投入发生变化。在这些因素的相互作用下，农户所面临的资源要素约束线 $C(\cdot)$ 将向上或向下移动，造成农户的均衡产出发生变化（图 2.2）。

　　假定在非农就业之前，农户粮食生产的资源约束水平为 C_0，对应的粮食产出为 Q_1^0（图 2.3）。在非农就业之后，不同农户之间或农户个体在非农就业不同阶段将会因为劳动损失效应或收入增加效应不同，而造成各自的资源约束发生变化，从而导致农户改变生产决策。

　　① Lucas R E. Emigration to South Africa's mines [J]. The American Economic Review，1987，77（3）：313-330；Konseiga A. Household migration decisions as survival strategy: the case of Burkina Faso [J]. Journal of African Economies，2007，（2）：198-233；Rozelle S，Taylor J E，de Brauw A. Migration, remittances, and agricultural productivity in China[J]. The American Economic Review，1999，（2）：287-291；Mochebelele M T，Winter-Nelson A. Migrant labor and farm technical efficiency in Lesotho [J]. World Development，2000，（1）：143-153；Taylor J E，Arango J，Hugo G，et al. International migration and community development [J]. Population Index，1996，62（3）：397-418。
　　② 应瑞瑶，郑旭媛. 资源禀赋、要素替代与农业生产经营方式转型——以苏、浙粮食生产为例 [J]. 农业经济问题，2013，（12）：15-24。

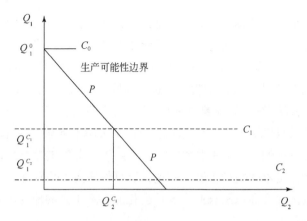

图 2.3　非农就业对粮食生产潜在影响之情景一

　　情景一：假定在部分成员外出务工或本地非农就业后，农户遭受的劳动力损失效应为$|U(L)|$（由于"懈怠"效应的最终体现是通过减少劳动投入或者降低劳动效率实现，为了简化分析，我们在此将"懈怠"效应归为劳动力损失效应），获得的非农收入增加效应为$|U(K)|$。若$|U(L)|>|U(K)|$，即收入增加效应无法弥补劳动力损失效应，农户粮食生产的资源约束水平从C_0降至C_1。在新的资源约束下，农户的粮食产出则由变成Q_1^0减至$Q_1^{C_1}$，也就意味着此时的非农就业对农户粮食生产造成了负面影响。这种情况一般出现在家庭成员非农务工初期，农户挣得的非农收入往往用来改善家庭生活，如购买家电、改善住房等，并未投资农业生产或购买资本要素以替代缺失的劳动力。对于那些非农收入水平较低的农户而言，这种情况可能会长期保持下去。由农业生产新古典理论的要素替代原理可知，生产要素之间的替代弹性是有一定范围的，而且要素之间的替代还受到农业生产客观条件的制约。对于那些农业基础设施条件较差、农业机械化应用程度不高的地区，粮食生产受到的劳动力约束较高，挣得的非农收入很难对劳动形成替代，即劳动力损失效应远大于收入增加效应，$|U(L)|>>|U(K)|$。此外，随着非农就业程度加深，农户务农机会成本会越来越高，即使日益增长的非农收入大幅提高了农户的农业生产投资能力，但农业基础设施的限制，将导致劳动投入无法被资本有效替代，农户粮食生产资源约束水平将进一步恶化至C_2，粮食产出也下降至$Q_1^{C_2}$，直至农户抛荒或转租土地，退出粮食种植。当然，不止农业生产客观条件差会导致这种情况出现，随着非农收入比例不断增长，农户务农积极性也会随之弱化，部分农户将粮食生产要素投入的资源水平维持在C_1，此时的粮食生产往往成为副业，承担着保障农户口粮的作用；另一部分农户，则可能直接退出粮食生产，转至非农产业。

　　情景二：在非农就业之初，劳动力损失效应占据主导地位，资源约束水平

为 C_1，随着非农就业程度加深，农户非农收入增长，部分农户将逐渐增加粮食生产的资本投入以替代劳动力，引起粮食生产效率提高，当收入增加效应大于劳动力损失效应后，即 $|U(K)|>|U(L)|$，农户粮食生产的资源禀赋提高至 C_2（图2.4）。在非农产出不变的前提下，农户的粮食产出相对提高，此时的生产可能性边界向外移动，在新的资源约束水平下，农户的粮食产出由 $Q_1^{C_1}$ 回升至 $Q_1^{C_2}$。当然，若收入增加效应足够高，或者说资本对劳动的替代足够充分时，即 $|U(K)|>>|U(L)|$，农户的粮食产出则可能等于或高于 Q_1^0，此时的粮食生产由最初的劳动密集型转变为资本密集型生产。不过，这种情况主要出现在农业基础设施完善、农业机械化程度高以及农业生产社会化服务水平高的地区，资本性要素能够充分替代劳动力。

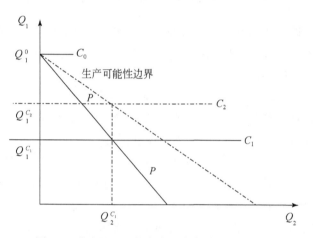

图2.4　非农就业对粮食生产潜在影响之情景二

从上述分析可知，非农就业对农户粮食生产的影响是通过劳动力损失效应（包括"懈怠"效应）与收入增加效应的相互作用最终形成的。这几种效应改变了农户的生产资源禀赋，导致农户依据自身目的做出不同的生产投入决策，进而引起粮食生产表现存在差距。但劳动力损失效应与收入增加效应的相互作用是通过资本对劳动的替代而实现的，即受替代弹性的影响，这意味着一些影响资金对劳动的替代弹性的外在因素将显著改变二者最终对粮食生产的净效应。当然，这些都是从理论的角度进行分析，具体影响机制还有待实证检验。

四、本章小结

通过对相关理论的梳理以及对文献的回顾，我们已经知道在当前农村要素市场不完善的条件下,农村劳动力非农就业带来的劳动力损失无法被完美替代,而留守务农的家庭成员也可能会增加闲暇消费,存在"偷懒"行为,这意味着非农就业农户可能面临较强的农业劳动力约束,进而带来粮食生产损失。不过,我们也应该看到,非农就业带来的非农收入增加了农户对生产资本的投入的可能,这种收入效应在一定情况下可能会超过了劳动力损失效应,对劳动形成有效替代。但两种效应共同作用的结果如何还会受到外部环境因素的影响。外部因素的变化将弱化或增强这两种影响效应,进而造成综合效应结果的不同。

不过,已有文献大多集中于探讨非农就业对农业生产影响的综合效应,将其影响过程视为黑箱,对其影响机制的研究不够深入。不仅如此,较多的文献疏忽了对非农就业影响粮食生产的边界条件的考察,而这对于系统地掌握二者之间的关系尤为重要。再者,已有研究大多探讨的是非农就业对粮食产量的影响,但随着非农就业规模的不断扩大,非农就业带来的影响不仅仅是产量水平的高或低,还会造成农户生产管理水平即技术效率的差异,会对粮食产出的波动带来影响,甚至还对农业生产环境造成不利影响。因此,本书在我国农户非农就业常态化的现实背景下,基于非农就业的劳动力损失效应、"懈怠效应"与收入效应视角,分析非农就业对粮食生产的影响机制及其效应。通过探讨非农就业对农户粮食生产投入决策的影响,即考察非农就业对农户粮食生产要素投入的影响,以确定非农就业对粮食生产影响的作用机制;进而检验非农就业对农户实施粮食生产投入决策的最终结果的影响,即从粮食产量、技术效率、生产风险等产出效应以及环境有害型要素投入和可持续生产行为等环境效应两个方面考察非农就业对粮食生产影响的综合效应,最终在此基础上提出相关对策与建议。

第三章
非农就业对粮食生产影响机理的
实证检验

本章将利用农户调查数据实证检验非农就业对粮食生产影响的影响机理。具体而言，首先，将依据农户在粮食生产中的决策过程以及生产投入要素类别，依次检验非农就业对农户土地利用、劳动投入、资金投入以及生产性资产投资的影响，以验证非农就业对粮食生产带来的劳动力损失效应、"懈怠"效应以及收入效应；其次，将运用联立方程模型对其影响机理进行综合性再检验。

上述结构安排的原因在于：本书的逻辑起点是基于非农就业造成的劳动力损失效应、"懈怠"效应与收入效应之比较，因而本章将通过分析非农就业对农户粮食生产的土地、劳动、资金以及生产性投资等方面的影响，验证非农就业对农户粮食生产带来的劳动力损失效应、"懈怠"效应与收入效应，为后续章节检验非农就业对农户粮食生产影响的综合效应奠定基础。依据生产进程，农户的生产行为首先体现为对土地、劳动和其他资金性要素进行配置决策，其次通过田间作业实施上述决策。因此，实证检验非农就业对粮食生产的影响，应涵盖对投入决策和对决策实施的结果（产量、效率、风险及环境效应等）检验的两个步骤。

不同于以往大多数研究，在检验非农就业对粮食生产要素投入的影响时，本章进一步考虑了农户内部因素与外部条件的差异，试图挖掘非农就业对粮食生产要素投入影响可能存在的边界条件。具体而言，在农户内部因素方面，本章将考察农户务农劳动力老龄化状况对非农就业影响粮食生产要素投入的调节作用。在外部条件方面，本章将考察农业基础设施状况对非农就业影响粮食生产要素投入的调节作用。

此外，相比于以往文献往往忽略非农就业变量可能存在的内生性问题，本章在实证分析时，并未将非农就业变量直接加入回归模型进行估计，而是采用工具变量法处理这一问题：首先将非农就业变量对工具变量回归，估计得到非农就业变量的拟合值（预测值），再将该拟合值作为非农就业变量实际值的代理变量加入农户粮食生产要素投入方程中实证分析。

一、非农就业对粮食生产影响机理的阶段性检验

依据农业生产的新古典理论，农户的生产投入组合是在资源禀赋约束框架内，利用现有农业生产技术，为实现产出最大化，而选择的各种要素组合策略。农户参与非农生产经营活动，不仅会改变他们的农业生产资源禀赋约束水平，还会影响他们的农业生产目标。

当非农生产经营收入比例或家庭成员非农参与比例超过一定程度后，一些农户可能会直接退出农业生产，还有部分农户会转出部分土地，另外一些农户则会调整生产投入策略，改变要素组合。因此，本书研究非农就业对粮食生产影响的隐含假设为农户仍留有土地种植粮食。但由于样本选择的问题，样本中未包含那些退出农业生产的农户情况，因此本章选择首先检验非农就业对粮食种植户土地转出行为的影响。当然，这部分研究也可通过检验非农就业对农户粮食种植面积或粮食种植面积比例的影响来实现；但调查发现，农户的粮食种植面积往往多年保持不变，或者说家里承包了多少水田就种多少水稻，除非已将部分水田转出。因此，在分析非农就业与农户其他生产要素投入的关系之前，本章首先分析非农就业对农户土地转出决策的影响。从专业分工的角度看，非农就业会导致农户选择转出土地，但土地是否流转是家庭集体决策，因此会受到农户的土地资源、劳动力资源禀赋以及农业生产比较收益等因素的影响。

正如前面所述，非农就业可能并不会导致农户转出土地，而是选择调整生产要素投入策略。因此，在估计了非农就业对农户土地利用行为的影响后，本章将依次分别检验非农就业对农户粮食生产劳动投入、资金投入以及生产性资产投资的影响。

水稻生产是需要一定体力消耗和时间消耗的活动。对于非农就业户而言，参与非农生产经营活动的大多是青壮年劳动力，务农劳动力一般年龄偏大，相对而言体力状况较差。对这些务农劳动力而言，要么投入更多的劳动以完成同样的农活，要么减少劳动投入，放弃部分耕作管理环节。另外，尽管水稻生产的部分环节实现了机械化，但插秧、施肥、施药以及其他田间管理环节大多需要一定量的劳动投入，对于非农就业户而言，务农劳动力的减少将迫使他们降低水稻生产的劳动投入强度，或者选择雇佣劳动。但农村要素市场的不完善，使得雇工成本较高，尤其是在农忙季节，"请工难""换工难"问题尤为突出时，更是一工难求。

化肥、农药、除草剂以及种子等农资是水稻生产重要的资金性投入要素。

这些主要农资的投入显然不是投入越高产出越高，只是在一定范围内对劳动投入具有一定的替代性。例如，农户可能会增加除草剂的使用，减少人工除草的劳动投入。非农就业户的劳动力损失效应可能会导致他们选择增加农资投入以替代劳动，也可能会使得他们减少农资投入，因为这些要素的投入往往需要伴随投入相应的劳动。相比于纯农户，非农就业户有更多的资金购买这些生产资料，但并不意味着他们必然会增加农资投入，因为在非农生产成为农户获取收入的主要来源后，农户可能会将资金更多的投向非农生产，对农业投入具有挤出效应。另一种重要的资金性要素投入是农机作业支出。由于农机服务市场的发展，农户普遍选择购买农机作业服务，而不是持有农机。相比于纯农户，非农就业户更倾向于以农机投入来弥补劳动力的损失；而且非农就业程度越高，务农机会成本也会越高，他们在水稻生产中利用农机投入来替代劳动投入的可能性越高。

除了上述可变投入要素，农业生产固定资产是影响水稻生产的长期型要素。尽管一些研究表明非农收入的增长并未显著提高农户的生产性投资，其原因在于农户更倾向于购买消费品或投资建房以提高家庭成员福利，但收入的增加同样存在溢出效应，满足农户消费偏好的同时，也提高了农户的生产投资能力，非农就业户投资于生产性固定资产的可能性加大。

当然，上述分析仅从理论与经验判断角度分析非农就业对农户水稻生产投入可能存在的影响，具体影响尚待实证检验。

（一）模型设定

鉴于农户是否转出土地属于典型的二分类离散变量，较为常用的方法是运用 Probit 或 Logistic 等二元选择模型进行分析，两种方法在估计结果方面并无明显差异。本章选用了 Probit 模型进行实证分析，农户决定转出部分土地（Land_Out=1）的概率可表示为

$$P(\text{Land\_Out} = 1 \mid \text{nonfarm}; X) = \Phi(\beta_0 + \gamma \cdot \text{nonfarm} + X'\beta + \varepsilon) \quad (3.1)$$

式中，nonfarm 为非农就业变量；X 为其他控制变量向量；β_0 为截距项；γ 为非农就业变量的估计系数，综合了非农就业所产生的劳动力损失效应和收入效应；β 为各自变量的待估系数向量；ε 为随机扰动项。在此方程中，该系数的正负无法反映出劳动力损失效应与收入效应孰大孰小，因为两种效应都可能会导致农户转出部分土地。劳动力的损失导致的农户转出部分土地的可能性会加大，虽然收入的增加使得农户有能力增加资金投入对劳动力进行替代，以维持现有土地经营规模，但收入增加还可能导致务农成员产生"懈怠"心理，从而

增加土地转出的可能性。由于该模型为非线性模型，不能满足最小二乘法估计的前提条件，故采用最大似然法进行估计。

为了区别非农就业对农户水稻生产家庭成员劳动投入与雇工投入的影响，本章将两种劳动投入分开研究。此外，本章也区别了化肥、农药等农业生产资料投入与农机作业支出两类资金性要素，分别检验了非农就业对两类支出的影响。

需要说明的是，若利用普通最小二乘法（OLS）估计非农就业对农户粮食生产雇工投入、生产性资产投资的影响，估计结果会存在偏误问题。原因在于，样本调查只能得到雇佣劳动力的农户的雇工投入量，以及那些进行了生产性资产投资的农户的投资额，对于那些未雇佣劳动或未进行生产性资产投资的农户，他们潜在的雇工投入或生产性资产投资额无法得知，只能将他们的雇工投入量或生产性资产投资额设为零。因此，若以农户的雇工投入量或生产性资产投资额作为解释变量，则存在样本在零点值删失（censored）的问题，如果运用 OLS 估计，将得到有偏的估计结果[①]。对此问题，一般利用样本在零点值删失的 Tobit 模型处理，模型形式如下：

$$Y^* = \beta_0 + \gamma \cdot \text{nonfarm} + X'\beta + \varepsilon$$
$$Y = \max(0, Y^*) \tag{3.2}$$

式中，Y^* 为农户粮食生产雇工投入量或生产性资产投资额的潜变量，即农户潜在的投入量；Y 为实际的雇工投入量或生产性资产投资额；其他变量与式（3.1）中的变量含义相同。式（3.2）同样需要运用最大似然函数法估计。

关于非农就业对农户粮食生产家庭劳动投入、农资投入以及机械作业支出的影响，本章将建立线性回归模型进行回归分析，模型设定如下：

$$Y = \beta_0 + \gamma \cdot \text{nonfarm} + X'\beta + \varepsilon \tag{3.3}$$

式中，Y 分别是农户粮食生产的家庭劳动投入、农资投入以及农机作业支出，其他变量与以上各模型变量含义相同。

然而，在估计式（3.1）～式（3.3）时，需要考虑非农就业变量的内生性问题。农户的非农就业行为是基于家庭效用最大化做出的决策。农户在决定有多少成员非农就业的同时，也会考虑部分成员非农就业或外出务工后农业生产如何进行，一些影响农户非农就业决策的因素，同时也影响着农户粮食生产要素投入决策。因此，在分析非农就业对农户粮食生产要素投入的影响时需要考虑到非农就业的内生性问题，而以往研究较少考虑这一点。为解决内生性问题，参照 Feng 和黄祖辉等的做法，本书首先将非农就业程度变量作为因变量，以非农就

① Quester A，Greene W. A state preference approach to wives labor supply[J]. Social Science Quarterly，1982，(2)：16-27。

业程度的工具变量和其他控制变量作为自变量纳入回归方程中，通过回归估计得到非农就业变量的预测值（拟合值），以预测值替代非农就业程度的实际值，引入式（3.1）～式（3.3）[①]。对于工具变量的选取将在下面变量选取部分说明。

（二）变量选取与理论预期

根据上一节的讨论，为了处理内生性问题，本章将首先以非农就业变量为解释变量，运用工具变量和其他控制变量对其进行回归，得出非农就业变量的预测值，从而纳入农户生产投入方程中，分析非农就业对农户粮食生产要素投入的影响。因此，本节首先介绍非农就业变量及其工具变量选取，以及其他影响因素变量的选择。

1. 农户非农就业程度的影响因素

1）非农就业变量

需要说明的是，本书在实证分析中所指的非农就业是指农村劳动力参与非农生产经营活动，包括本地非农就业以及外出务工。其中，本地非农就业是指在本乡镇区域内参加非农务工或自营活动，外出务工是指到本乡镇以外地区务工或自营活动。本书界定非农就业指标的依据主要有两类。其一，依据农户过去一年里非农经营收入占家庭总收入的比例将农户划分为不同兼业类型农户，其中小于 10%的农户为纯农户，10%～50%的农户为Ⅰ兼农户，超过 50%的农户为Ⅱ兼农户[②]。将农户划分为不同兼业类型农户的主要目的是对比不同非农就业程度农户的生产特征差异。其二，以过去一年里农户家庭成员从事非农工作大于 1 个月的劳动力数占家庭全部劳动力数的比例来表示农户非农就业程度，该指标是本书计量分析的核心变量。这有别于部分文献采用农户是否存在非农就业行为的虚拟变量、非农就业收入或时间、非农就业收入比例表示非农就业变量的做法。主要原因有以下两点：其一，相比于是否非农就业虚拟变量、非农就业人数、时间或收入等绝对额变量，非农就业人数比例能更贴切地反映出农户非农就业程度，在实证分析阶段能够更清晰地刻画出非农就业程度变化对农户粮食生产的影响；其二，相比于非农收入比例变量，本书选取非农就业人数比例变量更为准确一些，因为在调查中发

① Feng S. Land rental, off-farm employment and technical efficiency of farm households in Jiangxi Province, China [J]. NJAS-Wageningen Journal of Life Sciences, 2008, (4): 363-378; 黄祖辉, 王建英, 陈志钢. 非农就业、土地流转与土地细碎化对稻农技术效率的影响 [J]. 中国农村经济, 2014, (11): 4-16.
② 张志明, 钱文荣. 不同兼业程度下的农户土地流转意愿研究——基于浙江的调查与实证 [J]. 农业经济问题, 2014, (03): 19-24.

现农户往往存在夸大或瞒报收入的情况，同时对于收入数额的报告也较为不精确，这从最后得到的报告收入额可以看出，大多数农户都是以 5000 为单位报告收入（如 5000 元、15 000 元、20 000 元等）。对于家庭中从事非农工作的人数，受访者则能准确地报告。

2）工具变量的选取

国外相关文献中，学者往往采用移民网络或者非农就业网络作为农户非农就业行为的工具变量来处理内生性问题，因为它们显著影响农户的非农就业行为，但对农户的生产行为却影响微弱，符合工具变量的选取原则[①]。国内也有学者在研究劳动力转移问题时注意到内生性问题，如李琴和宋月萍，采用"家庭所在村外出打工人数总和"作为"家庭外出打工人数"的工具变量，研究劳动力流动对农村老年人农业劳动时间的影响[②]。在农村地区，移民网络对于带动村内劳动力获得非农工作具有非常重要的作用，正如蒋乃华和卞智勇所指出的，这类社会网络是农村劳动力获取非农就业信息的重要渠道[③]。因此，本书采用样本农户所在地的非农就业程度，即从事非农业生产经营活动的成员数占全部劳动力数的比例作为工具变量，估计农户非农就业变量的拟合值。

3）个体特征变量的选取

较多经验研究表明，年龄、受教育程度以及健康状况等人力资本因素对农村劳动力的非农就业行为具有重要影响[④]。年龄较轻、受教育程度较高或身体健康状况良好的农村劳动力的人力资本要优于其他劳动力，他们获得非农就业机会的概率更高，因而更有可能从事非农生产经营活动。因此，人力资本相关变量将显著提高农户的非农就业程度。本书选取了户主的年龄、受教育年限与健康状况，以及家庭全部劳动力的平均年龄、平均受教育年限和平均健康状况反映农户家庭成员的人力资本状况。

4）农户家庭特征变量的选取

农户的非农就业程度不仅受家庭成员个体特征影响，还受到家庭生活与经营特征影响。①男性劳动力数量。李旻等的研究表明，相比于农村女性劳动力，

① Pfeiffer L, López-Feldman A, Taylor J E. Is off-farm income reforming the farm: Evidence from Mexico [J]. Agricultural Economics, 2009, (2): 125-138; Chang H, Wen F I. Off-farm work, technical efficiency, and rice production risk in Taiwan [J]. Agricultural Economics, 2011, (2): 269-278.

② 李琴, 宋月萍. 劳动力流动对农村老年人农业劳动时间的影响以及地区差异[J]. 中国农村经济, 2009, (05): 52-60.

③ 蒋乃华, 卞智勇. 社会资本对农村劳动力非农就业的影响——来自江苏的实证 [J]. 管理世界, 2007, (12): 158-159.

④ Goodwin B K, Mishra A K. Farming efficiency and the determinants of multiple job holding by farm operators [J]. American Journal of Agricultural Economics, 2004, (3): 722-729; 汪伟. 农民夫妻非农就业决策的微观基础分析——以山东省肥城市为例 [J]. 中国农村经济, 2010, (03): 45-54; 张务伟, 张福明, 杨学成. 农村劳动力非农化程度微观影响因素的实证研究 [J]. 统计研究, 2012, 29 (01): 106-109.

农村男性劳动力在非农生产经营活动方面具有更大优势[①]。因此可以预期的是，男性劳动力数越多的农户，非农就业程度可能越高。②人口负担比例。该指标数值越高，表明农户具有劳动能力的家庭成员所需承担的抚养和赡养义务越重，他们的生产经营活动将受到较多限制，那么他们参与非农生产的可能性会更低[②]。③农户社会政治地位。社会政治地位较高的农户，其家庭成员的劳动素质往往也较高，在市场化条件下其非农劳动优势将得到体现，相对容易获得非农工作机会。而且，从社会网络角度看，社会政治地位较高的农户，获得非农就业信息的可能性也更高一些。④劳均耕地经营面积。耕地是农户获取农业收入最重要的要素之一。劳均耕地经营面积越大，农户可获得的农业收入往往越高，相应地他们非农就业的可能性相对而言更小一些。而且劳均耕地经营面积也反映了农户内部劳动力的农活负担程度，面积越大，农活负担越重，同样会降低他们非农生产经营的可能性。⑤上一年人均农业收入。人均农业收入越高，农户对非农收入的需求程度可能越小，相应的，他们非农就业程度可能越低。

5）外部环境特征变量的选取

外部环境特征包括：①所在村庄离县（市）中心的距离。可以预期的是，农户居住地离县（市）中心越近，他们的非农就业机会相关信息资源越多，而且他们在本地非农就业的成本也越低，从而促使他们更多地参与非农生产经营活动。②村庄内农业基础设施状况。基础设施的改善对农村劳动力获得非农就业机会具有显著的促进作用[③]。农业基础设施状况越差，农业生产对劳动力的需求就会越高，从而将限制农村劳动力外出务工，导致他们非农就业程度下降。③地理区位因素。相比于岗地地带的农户，地处平原地区的农户，他们的农业生产条件往往更好，农业技术水平也更高一些，使得劳动力能被更有效地替代，从而促进了他们的非农生产经营活动的发展。

2. 农户粮食生产要素投入的影响因素

依据农户行为理论，农户的生产要素投入是在一定的约束条件下追求效用最大化的结果。这些约束条件主要包括非农就业状况、务农劳动力特征、土地资源禀赋、家庭收入状况、农业基础设施和地理区位等。当然，农产品价格以及生产资料价格也是影响生产要素投入的重要因素，然而对于一次性截面数据，特别是在一个较为集中的调研区域获得的数据而言，价格水平往往是相同的，

① 李旻，赵连阁，谭洪波. 农村女性劳动力非农就业影响因素——基于辽宁省的实证分析 [J]. 中国农村经济，2007，（12）：10-19.
② 陆文聪，吴连翠. 兼业农民的非农就业行为及其性别差异 [J]. 中国农村经济，2011，（06）：54-62.
③ 邓蒙芝，罗仁福，张林秀. 道路基础设施建设与农村劳动力非农就业——基于5省2000个农户的调查[J]. 农业技术经济，2011，（02）：4-11.

因此未被包含在实证模型中。由于各被解释变量已于模型设定部分介绍，此处不再赘述。

1）主要解释变量

（1）非农就业程度。该变量采用的是农户非农就业程度决定方程中因变量（农户非农就业程度的实际值）的拟合值。如前所述，非农就业对农户粮食生产要素投入的净效应，主要取决于非农就业带来的劳动力损失效应、懈怠效应以及收入效应。

理论上讲，农户可转出部分土地，或增加劳动力替代性生产要素投入，减少粮食生产的劳动投入，从而应对劳动力损失效应。而非农就业带来的收入效应，提高了农户增加资金性生产要素投入的能力，如购买农机作业服务或增加雇工投入等。但收入效应使得非农收入比例越来越高，减少了农户对农业生产的依赖程度，从而可能会弱化他们从事粮食生产的积极性，进而减少各要素投入。因此，非农就业对农户粮食生产要素投入的影响十分复杂，而且还受农户内部因素和外部条件的制约。

（2）老年务农户。本书在实证模型中加入了是否为老年务农户的虚拟变量，通过它与非农就业变量的交互项系数，检验务农劳动力老龄化对非农就业影响农户粮食生产的传导作用。随着农村人口老龄化，以及大规模农村青壮年劳动力的流失，农村留守劳动力的年龄断层、老龄化问题越来越突出，精耕细作的生产方式正逐渐被"懒人农业"替代[①]。老龄劳动力不仅在人力资本和体力方面弱于青壮年劳动力，他们在采用新技术、接受新信息等方面也处于弱势，特别是他们在农业生产中往往沿袭老经验、老办法，不利于先进技术与生产要素在农业生产中的应用[②]。

但也有学者指出，生产决策趋同与农业机械"外包"服务的普及，使得农村人口老龄化并未对中国粮食生产造成负面影响[③]。尽管农业机械的推广在一定程度上缓解了农户的劳动力约束，但粮食生产尚有较多环节对劳动者的体力具有较高要求，如施肥、灌溉、除草、土地改良等田间管理环节，这意味着不同年龄段的务农劳动力对非农就业造成的家庭劳动力损失效应的反应不同。而且不同年龄段的农民处于生命周期的不同阶段，他们的收入预期、消费偏好均存在差异，因而对非农就业带来的收入效应所产生的反应也可能不同。

---

① 杨志海，麦尔旦·吐尔孙，王雅鹏. 农村劳动力老龄化对农业技术效率的影响——基于CHARLS2011的实证分析［J］. 软科学，2014，（10）：130-134。

② 李旻，赵连阁. 农业劳动力"老龄化"现象及其对农业生产的影响——基于辽宁省的实证分析［J］. 农业经济问题，2009，（10）：12-18。

③ 胡雪枝，钟甫宁. 农村人口老龄化对粮食生产的影响——基于农村固定观察点数据的分析［J］. 中国农村经济，2012，（07）：29-39。

（3）农业基础设施状况。在实证模型中，本书还加入了村庄农业基础设施状况的虚拟变量，通过它与非农就业变量的交互项系数，检验务农业基础设施状况的好坏对非农就业影响农户粮食生产的调节作用。非农就业带来的收入效应可抵消劳动力损失效应的一个重要前提就是，资本对劳动能形成有效替代。如果农业基础设施较差，那些农业劳动力相对缺乏的非农就业农户可能将被迫放弃一些无法利用资金进行替代的田间管理环节，如修缮灌溉设施、实施土壤改良措施等。他们甚至还可能减少基本农业生产资料的投入，如在农田道路条件较差的情况下，搬运生产资料到田间地头会对这些农户带来极大不便，从而使得他们的投入积极性下降。如果农业基础设施状况较好，非农就业农户的劳动力约束将得到放松，资金对劳动将发挥明显的替代作用。

2）其他解释变量

（1）户主特征。作为农业生产活动的主要决策者，户主的年龄、受教育年限与健康状况反映了不同人力资本对农业生产投入决策的影响，因此可能对农户粮食生产要素投入决策起着重要作用。

（2）耕作经营特征。劳均粮食种植面积的大小反映了家庭人地关系的紧张程度，该变量值越大，农户越有可能投入资金性生产要素，减少单位面积的劳动投入，或者转出部分土地。稻田地块数在一定程度上反映了土地的细碎化程度，地块数越多，生产要素的投入越不便，农户越有可能减少要素投入。此外，农户获得的农业报酬越高，他们增加农业生产要素投入的积极性也越高。地理区位因素用以控制不同地区农业生产特点的差异。

3. 变量的描述性统计

1）非农就业程度影响因素

表3.1列出了农户非农就业行为决定方程中各变量界定与描述性统计信息。非农就业程度均值为 0.53，即平均而言，每个农户中约有一半的劳动力参与了非农生产经营活动。关于样本农户非农就业人数的详细分布已在第一章报道过，此处不再赘述。

从个体特征看，样本农户中户主平均年龄为 52.95 岁，家庭劳动力平均年龄为 39.01 岁；户主平均受教育年限为 8.08 年，家庭劳动力平均受教育年限为7.58 年，均处于小学与初中文化程度，说明样本地区农民文化程度较低；户主健康状况与家庭劳动力平均健康状况均处于好与一般之间。

从农户家庭特征看，农户家庭中男性劳动力数量均值为 1.83 人；人口负担比例均值为 0.3，即约每 3 个劳动年龄人口抚养或赡养 1 名家庭成员；样本中有22%的农户家中有成员是村干部；劳均耕地经营面积为 4.92 亩，说明样本地区耕地资源较为紧张；样本农户上一年人均农业收入处于 1 万~2 万元。

从外部环境特征看,样本农户所在村庄离附近县(市)中心距离均值为 22.52 公里,虽然从距离上看可能有些不利于农户的非农就业,但样本地区交通较为便利,所以影响也可能较低;有 40%的村庄内农业基础设施较差,说明农业基础设施状况可能成为制约农户非农就业的重要因素;样本农户中,有 51%农户所在地属于平原地带,其余 49%农户处于岗地地带。

最后,样本村庄中,村庄内非农就业程度均值为 0.55,意味着村庄内有 55% 的劳动力参与了非农生产经营活动。

表 3.1 农户非农就业行为决定方程的变量界定与描述性统计

变量		定义与赋值	均值	标准差
被解释变量	非农就业程度	从事非农生产经营活动的成员数/全部劳动力数	0.53	0.28
解释变量	**个体特征变量** 户主年龄	户主实际年龄/岁	52.95	9.23
	户主受教育年限	户主实际受教育年限/年	8.08	2.82
	户主健康状况	很好=1；好=2；一般=3；差=4；很差=5	2.85	1.54
	劳动力平均年龄	家庭内全部劳动力的平均年龄/岁	39.01	9.25
	劳动力平均受教育年限	家庭内全部劳动力的平均教育年限/年	7.58	2.49
	劳动力平均健康状况	家庭内全部劳动力的平均健康状况（同户主）	2.78	1.47
	农户家庭特征变量 男性劳动力数量	实际参与劳动的男性家庭成员数量/人	1.83	0.79
	人口负担比例	(16 岁以下+65 岁以上人口数) /16~65 岁人口数	0.30	0.25
	农户社会政治地位	若家庭成员中有村干部=1；若没有=0	0.22	0.41
	劳均耕地经营面积	家庭实际经营的耕地面积/家庭劳动力数	4.92	6.90
	上一年人均农业收入	≤1 万元=1；1 万~2 万元=2；≥2 万元=3	2.00	0.81
	外部环境特征变量 所在村庄离附近县、市中心距离	所在村庄离县、市中心的距离/公里	22.52	16.42
	村庄内农业基础设施状况	村内农业基础设施条件若较差=1；其他=0	0.40	0.49
	地理区位因素	平原地区=1；岗地地带=0	0.51	0.50
	工具变量 村庄内非农就业程度	农户所在村非农就业人数总和/劳动人数总和	0.55	0.09

2）农户粮食生产投入的影响因素

表 3.2 列出了农户粮食生产要素投入方程中各变量的界定与描述性统计信息。可以看出,仅有 10%的样本农户转出了部分土地,说明样本地区土地流转

率较低。平均而言，样本农户粮食生产的家庭劳动投入为 5.93 工／亩，雇工投入为 0.46 工／亩。样本农户平均每亩花费 524.21 元购买化肥、农药、种子等生产资料。此外，样本农户的农机作业支出平均为 172.35 元/亩。虽然样本农户的生产性资产在调查年份的平均价值额为 4.77 千元，但存在大量样本农户未进行生产性资产投资，调查显示有 56%的农户无生产性资产投资。有 21%的农户中务农劳动力全部为 60 岁以上老人，说明样本地区农业劳动力老龄化问题较为严重。此外，平均每户种植 7.31 块水稻田，说明耕地细碎化情况仍然不容乐观。其他变量赋值与表 3.1 中变量赋值相同，此处不再赘述。

表 3.2　农户粮食生产要素投入的相关变量界定与描述性统计

变量名			变量定义	均值	标准差
被解释变量		土地转出决策	转出了部分土地=1；未转出=0	0.10	0.30
		家庭劳工投入	粮食生产家庭成员劳动投入量/（工/亩）	5.93	4.54
		雇佣劳工投入	粮食生产雇工投入量/（工/亩）	0.46	0.86
		农资投入	粮食生产化肥、农药与种子等农资支出/（元/亩）	524.21	149.87
		农机作业支出	粮食生产农机作业费用/（元/亩）	172.35	57.56
		生产性资产投资额	农户持有的农机具现值/千元	4.77	18.10
主要解释变量		非农就业程度	拟合值（预测值）	0.53	0.21
		老年务农户	若全部务农劳动力年龄都大于 60 岁=1；其他=0	0.21	0.41
		农业基础设施状况	村内农业基础设施条件若较差=1；其他=0	0.40	0.49
其他解释变量	户主特征	年龄	户主实际年龄/岁	52.95	9.23
		受教育年限	户主实际受教育年限/年	8.08	2.82
		健康状况	很好=1；好=2；一般=3；差=4；很差=5	2.85	1.54
	耕作经营特征	劳均粮食种植面积	家庭实际经营的耕地面积/家庭劳动力数	4.92	6.90
		稻田地块数	农户种植的稻田的地块数量/块	7.31	7.91
		上年人均农业收入	≤1 万元=1；1 万~2 万元=2；≥ 2 万元=3	2.00	0.81
		地理区位因素	平原地区=1；岗地地带=0	0.51	0.50

（三）非农就业程度影响因素的实证分析

为了得到非农就业程度的拟合值，处理农户粮食生产要素投入方程中非农就业变量的内生性问题，本章首先利用 Tobit 模型将农户的实际非农就业程度对工具变量和其他影响因素进行了实证分析，估计结果见表 3.3。模型对数似然值为-321.29，卡方统计量在 1%统计水平上显著，表明模型整体拟合效果较好。结果显示，在影响农户非农就业程度的因素中，个人特征中的户主年龄、劳动力平均年龄、劳动力平均受教育年限以及劳动力平均健康状况都至少在 10%的统计水平上显著。以往部分研究表明随着年龄增长，农村劳动力的非农就业机会或收入获取能力存在一个先增后减的趋势。因此，本书在实证部分加入了年龄的平方项。结果验证了年龄对农户非农就业程度的影响并非线性递减的，而是先增后减。平均健康水平变量对农户非农就业程度具有显著的负影响，表明健康状况越差，农户的非农就业程度越低。

表 3.3 农户非农就业对村庄非农就业网络的回归结果

变量	Tobit 模型			OLS 模型		
	系数	标准误	t 值	系数	标准误	t 值
户主年龄	0.031**	0.015	1.987	0.025**	0.011	2.186
户主年龄平方	<-0.001*	<-0.001	-1.655	<-0.001*	<-0.001	-1.849
户主受教育年限	-0.001	0.005	-0.212	-0.002	0.004	-0.411
户主健康状况	-0.026	0.017	-1.472	-0.019	0.013	-1.434
劳动力平均年龄	0.011	0.010	1.063	-0.001	0.007	-0.169
劳动力平均年龄平方	<-0.001**	0.000	-2.111	<-0.001	<-0.001	-0.928
劳动力平均受教育年限	0.015**	0.007	2.253	0.012**	0.005	2.328
劳动力平均健康状况	-0.045*	0.023	-1.943	-0.032*	0.017	-1.866
男性劳动力数量	0.043**	0.019	2.274	0.042***	0.014	2.880
人口负担比例	-0.088	0.080	-1.097	-0.056	0.060	-0.935
农户社会政治地位	0.076**	0.033	2.295	0.054**	0.025	2.143
劳均耕地经营面积	-0.004*	0.002	-1.750	-0.003*	0.002	-1.724
上年人均农业收入	<-0.001	0.020	-0.011	<-0.001	0.015	-0.009
所在村庄离附近县（市）中心的距离	-0.001	0.001	-1.284	-0.001	0.001	-1.043

变量	Tobit 模型			OLS 模型		
	系数	标准误	t 值	系数	标准误	t 值
村庄内农业基础设施状况	-0.052*	0.027	-1.906	-0.035*	0.021	-1.719
地理区位因素	0.043	0.055	0.791	0.030	0.041	0.729
村庄内非农就业水平	1.166***	0.161	7.244	0.864***	0.120	7.219
常数项	-1.228***	0.450	-2.731	-0.667**	0.323	-2.065
似然对数值	-321.29			—		
卡方统计值/F 值	198.55***			13.02***		
R^2 或 Pseudo R^2	0.8361			0.7395		
样本观测数	650			650		

***、**和*分别表示在 1%、5%和10%的统计水平上显著。

农户家庭特征变量中,男性劳动力数量和农户社会政治地位均正向影响非农就业程度,且在 5%统计水平上显著。男性劳动力数量越多,农户非农就业程度越高,表明男性劳动力在获取非农就业方面的确比女性有优势。有家庭成员是村干部的农户,其非农就业程度显著高于无村干部成员的农户,这说明村干部的身份使这些农户掌握了一些其他农户所没有的社会网络资源,提高了他们的非农就业概率。劳均耕地经营面积对非农就业程度具有负向影响,且在 10%统计水平上显著。这表明,劳均耕地经营面积越大,农户非农就业程度越低。劳均耕地经营面积越大,意味着家庭劳动力的农活负担越重,那么他们参与非农生产经营活动的可能性相对就降低了。

外部环境特征中,农业基础设施状况对农户非农就业程度的影响显著为负,农业基础设施状况越差,农户非农就业程度越低。农业基础设施状况较差,制约了农业生产中资金对劳动的替代程度,使得这些农户无法有较多闲余的劳动力从事非农生产经营活动。最后,研究结果表明,本书所采用的工具变量对农户非农就业程度的影响为正,且在 1%统计水平上显著,即村庄内非农就业程度越高,农户的非农就业程度越高。这充分证明了非农就业网络或者移民网络对农村劳动力非农就业的重要作用。

为了检验 Tobit 模型估计结果的稳健性,使用相同的变量,本书同时用 OLS 模型对农户非农就业程度的影响因素进行了回归。结果显示,OLS 模型的回归结果与 Tobit 模型的回归结果相似,表明估计结果十分稳健。

（四）非农就业对农户粮食生产要素投入的影响

1. 非农就业对农户土地利用决策的影响

首先需要说明的是，除特别交代之外，下面各章节中的非农就业变量，均为前面所估计得到的农户非农就业程度的拟合值。在加入非农就业程度拟合值后，本书利用 IV-Probit 方法实证检验了非农就业对农户土地利用决策的影响。为了分析务农劳动力老龄化对非农就业影响农户土地利用决策的调节作用，在对原始模型一估计后，本书在方程中加入了非农就业程度与老年务农户的交叉项，重新估计后得到模型二；为了研究农业基础设施状况对非农就业影响农户土地利用决策的调节作用，本书还在模型一中加入了非农就业程度与农业基础设施状况变量的交叉项，重新估计后得到模型三。模型估计结果见表 3.4。总体来看，Pseudo R^2 均大于 0.3，说明模型拟合程度较好。

表 3.4　非农就业对农户土地利用决策影响的 IV-Probit 估计结果

解释变量		模型一		模型二		模型三	
		系数	标准误	系数	标准误	系数	标准误
非农就业程度		1.907***	0.482	2.146***	0.551	1.923***	0.570
老年务农户		−0.011	0.221	0.445	0.535	−0.011	0.221
农业基础设施状况		0.096*	0.053	0.106*	0.057	0.122*	0.066
非农就业程度*老年务农户		—	—	−0.806	0.867	—	—
非农就业程度*农业基础设施状况		—	—	—	—	0.045*	0.026
户主特征	年龄	0.170*	0.100	0.157	0.100	0.170*	0.100
	年龄平方	−0.002*	0.001	−0.002	0.001	−0.002*	0.001
	受教育年限	0.029	0.027	0.029	0.027	0.029	0.027
	健康状况	0.042**	0.021	0.036**	0.018	0.042**	0.021
耕作经营特征	劳均粮食种植面积	0.031	0.022	0.030	0.023	0.030	0.023
	稻田地块数	0.049**	0.024	0.049**	0.024	0.049**	0.024
	上年人均农业收入	−0.132**	0.068	−0.135**	0.065	−0.131**	0.065
	地理区位因素	−0.055	0.222	−0.063	0.223	−0.056	0.223
常数项		−6.900***	2.605	−6.644**	2.584	−6.910***	2.613
Pseudo R^2		0.3251		0.3116		0.3371	

***、**和*分别表示在 1%、5%和 10%的统计水平上显著。

表 3.4 中模型一的结果显示，非农就业对农户土地利用决策的影响为正，且在 1%统计水平上显著，非农就业程度越高，农户转出部分土地的可能性越大。依据前面论述，可以认为这是由于非农就业带来的劳动力损失效应，以及"懈怠"效应（非农收入增加导致农户农业生产积极性下降）的正向作用，大于收入效应对农户转出土地的负向作用所致（非农收入的增加使得农户有充足的资金投入农业生产中对劳动力的损失进行替代，而不会转出部分土地，甚至可能导致农户租入土地，扩大耕地经营规模）。此外，老年务农户变量对农户土地利用决策的负向影响未通过显著性检验。农业基础设施状况变量对农户土地利用决策变量的影响显著为正，说明农业基础设施较差，显著提高了农户转出部分土地的可能性。

在加入非农就业程度与老年务农户两个变量的交互项后，模型二的估计结果相比模型一有了一些变化。可以看出，交互项的系数为负，而非农就业程度变量的系数由模型一中的 1.907 增至 2.146，说明在其他条件相同的情况下，非农就业户中若仅是老年家庭成员务农，他们转出部分土地的可能性要低于其他有青壮年务农的农户。这可能是因为农村社会保障系统的不完善，导致农村老年人对土地具有较高的依赖性，期望通过农业劳动获得基本生活保障，从而使得有老年人务农的农户转出土地的可能性更小。调查中发现，约有20%的农户表示土地对他们而言是养老保障。但也有可能是因为仅有老年家庭成员务农的农户，他们务农的机会成本要比那些仍有青壮年务农的非农就业户低，因而选择不转出土地的可能性更大。

在加入非农就业程度与农业基础设施状况两个变量的交互项后，模型三的估计结果显示，交互项的系数为正，且在10%统计水平上显著。这意味着，农业基础设施状况差使得非农就业户转出部分土地的可能性进一步提高。显然，农业基础设施状况差使得非农就业户无法便利地利用资金对劳动形成替代，而且这种约束将随非农就业程度的提高而增强，因为非农就业程度越高，农户可投入的农业劳动越少，农业基础设施状况较差将导致这些农户难以维持农业生产，最终转出部分土地。

其他变量中，户主年龄平方的系数为负，且在10%统计水平上显著。表明随着户主年龄的增长，农户转出部分土地的可能性首先加大，但随后会降低。这进一步验证了上述务农劳动力老龄化会降低农户转出部分土地的可能性的结论。户主健康状况变量对农户土地利用决策的影响显著为正，户主健康状况越差，农户转出部分土地的可能性越高。耕作经营特征中，稻田地块数变量对农户土地利用决策的影响显著为正，上年人均农业收入对农户土地利用决策的影响显著为负。稻田地块数量越多，农户的田间管理越不便，他们转出部分土地的可能性越高；农业报酬越高，意味着土地经营越有利可图，农户自然不会轻易转出土地。

2. 非农就业对农户粮食生产劳动投入的影响

为了验证非农就业对粮食生产带来的劳动力损失效应，本节将分别检验非农就业对农户粮食生产中家庭成员的劳动投入和雇工投入的影响。在对两类劳动投入影响因素的估计中，依次加入非农就业程度与老年务农户变量的交互项，非农就业程度与农业基础设施状况变量的交互项，以考察务农劳动力老龄化和农业基础设施状况较差对非农就业影响农户粮食生产劳动投入的调节作用。

本节采用了 IV-OLS 方法对家庭自投工模型进行估计，估计结果显示，3个模型的拟合程度均良好（表 3.5）。其中，模型一结果显示，非农就业程度变量对农户粮食生产家庭自投工的影响为负，且在 1%统计水平上显著，非农就业程度越高，农户粮食生产家庭自投工量越少。这说明非农就业的确会造成劳动力损失效应，使得非农就业户减少家庭成员在粮食生产中的劳动投入。老年务农户变量对家庭自投工的影响为负，但未通过显著性检验。农业基础设施状况变量对家庭自投工的影响显著为正，表明农业基础设施状况越差，农户在粮食生产中的家庭自投工量越多。显然，相比于农业基础设施状况较好的村庄，农业基础设施状况较差意味着这些村庄粮食生产的劳动约束较高，从而使得农户的投工量更高一些。

表 3.5　非农就业程度对农户粮食生产劳动投入影响的实证分析结果　单位：工／亩

解释变量		家庭自投工（IV-OLS）			雇工投入（IV-Tobit）		
		模型一	模型二	模型三	模型四	模型五	模型六
非农就业程度		-3.146***	-1.902***	-2.342**	0.235*	1.035*	0.693*
		(0.982)	(0.692)	(1.169)	(0.139)	(0.591)	(0.389)
老年务农户		-0.043	-1.644	-0.034	0.571**	0.592	0.579**
		(0.522)	(1.061)	(0.522)	(0.262)	(0.556)	(0.262)
农业基础设施状况		0.046*	0.032*	1.027	0.352**	0.323*	0.242
		(0.025)	(0.019)	(0.917)	(0.168)	(0.168)	(0.460)
非农就业程度（老年务农户）		—	-3.004*			2.151**	
			(1.733)			(0.912)	
非农就业程度（农业基础设施状况）		—		-2.084**			1.137*
				(1.050)			(0.595)
户主特征	年龄	-0.310	-0.320*	-0.320*	-0.021	-0.009	-0.016
		(0.191)	(0.191)	(0.192)	(0.095)	(0.096)	(0.096)

解释变量		家庭自投工（IV-OLS）			雇工投入（IV-Tobit）		
		模型一	模型二	模型三	模型四	模型五	模型六
户主特征	年龄平方	-0.003* (0.002)	-0.003* (0.002)	-0.003* (0.002)	<0.001 (0.001)	<0.001 (0.001)	<0.001 (0.001)
	受教育年限	-0.008 (0.061)	-0.008 (0.061)	-0.015 (0.061)	-0.012 (0.030)	-0.011 (0.030)	-0.008 (0.030)
	健康状况	0.003 (0.166)	-0.021 (0.166)	-0.004 (0.166)	0.198** (0.080)	0.216*** (0.080)	0.202** (0.080)
耕作经营特征	劳均粮食种植面积	-0.329*** (0.045)	-0.327*** (0.045)	-0.334*** (0.045)	0.087*** (0.020)	0.085*** (0.020)	0.089*** (0.020)
	稻田地块数	0.050* (0.029)	0.051* (0.029)	0.052* (0.029)	0.027** (0.012)	0.027** (0.012)	0.028** (0.012)
	上年人均农业收入	0.537*** (0.199)	0.558*** (0.199)	0.527*** (0.199)	-0.048 (0.097)	-0.034 (0.097)	-0.052 (0.097)
	地理区位因素	-1.111** (0.519)	-1.094** (0.518)	-1.116** (0.519)	-0.845*** (0.251)	-0.854*** (0.250)	-0.845*** (0.251)
常数项		17.826*** (4.986)	17.719*** (4.979)	17.720*** (4.985)	0.585 (2.463)	0.485 (2.475)	0.667 (2.461)
F 值/LR 卡方值		10.53***	9.99***	9.86***	97.52***	103.31***	99.45***
校正后 R^2/Pseudo R^2		0.3499	0.3525	0.3507	0.2682	0.2722	0.2695

注：括号内为标准误；***、**和*分别表示在1%、5%和10%的统计水平上显著。

在加入了非农就业程度与老年务农户两个变量的交互项后，模型二的估计结果显示，交互项系数为负，且变量通过10%统计水平显著性检验。而且，相比于模型一，非农就业程度变量的系数绝对值变小，说明非农就业对家庭自投工的负向影响有一部分会通过务农劳动力老龄化表现出来，即务农劳动力老龄化加剧了非农就业程度对粮食生产造成的劳动力损失效应。此外，在加入了非农就业程度与农业基础设施状况变量的交互项后，模型三的估计结果显示，交互项系数为负，且在5%统计水平上显著。这说明农业基础设施状况较差加剧了非农就业的劳动力损失效应，使得农户显著减少粮食生产家庭自投工量。对于非农就业农户而言，农业基础设施状况较差可能导致他们选择粗放经营，大幅减少劳动投入，而不是像其他农户那样增加劳动投入，因为随着非农就业程度提高，非农就业户面临的家庭劳动力约束将越来越强。

户主特征中，户主年龄平方变量对农户家庭自投工的影响显著为负，户主年龄与家庭自投工量之间存在倒"U"形关系，进一步佐证了老年务农户变量对家庭自投工的负向影响。这表明家庭有老年成员务农的农户，其粮食生产自投工量少于那些有壮年成员务农的农户。耕作经营特征中，劳均粮食种植面积对农户粮食生产家庭自投工的影响显著为负，劳均粮食种植面积越大，农户自投工量越少。稻田地块数对家庭自投工的影响显著为正，稻田地块数越多，农户家庭自投工量越多。上年人均农业收入对农户粮食生产家庭自投工的影响为正，且在1%统计水平上显著。人均农业收入越高，农户粮食生产积极性越高，家庭自投工量相应的也越多。此外，地理区位因素变量的系数为负，且5%统计水平上显著，表明平原地区农户在粮食生产中的家庭自投工量显著少于岗地地区农户。

由于部分农户的雇工投入量为零，因此此处利用IV-Tobit方法估计粮食生产雇工投入模型。估计结果显示3个模型的整体拟合效果均较为理想。模型估计结果显示，非农就业程度变量对农户粮食生产雇工投入的影响为正，且在10%统计水平上显著，即非农就业程度越高，农户雇工投入量越多。这一结论再次验证了非农就业对农户造成的劳动力损失效应。模型四的估计结果显示，老年务农户变量和农业基础设施状况变量对农户的粮食生产雇工投入的影响均为正，且在5%统计水平上显著。这意味着务农劳动力老龄化、农业基础设施状况较差均使得农户提高了粮食生产的雇工投入量。在加入非农就业程度与老年务农户变量的交互项后，模型五的估计结果显示，交互项系数为正，且在5%统计水平上显著，说明非农就业程度对雇工投入的正向影响将因农户务农劳动力是否老龄化而存在显著差异。对于老年务农户而言，非农就业引致的雇工需求将高于其他农户。模型六的估计结果显示，非农就业程度与农业基础设施状况变量的交互项系数显著为正。这表明，在农业基础设施较差的地区，非农就业带来的劳动力损失效应会使农户缺乏足够的家庭成员参与粮食生产，从而使得他们雇用了更多劳动力。而如果农业基础设施状况较好，非农就业户的劳动力约束将得到改善，其雇工投入会相应地减少。

其他影响显著的变量中，劳均粮食种植面积与稻田地块数对农户雇工投入量的影响均显著为正，劳均粮食种植面积越大，稻田地块数越多，农户粮食生产的雇工投入量越多。此外，地理区位因素变量对雇工投入的影响显著为负，即平原地区农户在粮食生产中的雇工投入显著少于岗地地区农户。

3. 非农就业对农户粮食生产资金投入的影响

为了验证非农就业对农户粮食生产带来的收入效应，本节将资金性要素中的农资投入（未包含农机作业支出的其他物质费用）与农机作业支出分开检验。原因在于，两类现金支出对劳动的替代性存在差异，后者对劳动力具有更高的替代性。此外，本节依然分别在模型中加入了非农就业程度变量与老年务农户、农业基础设施状况变量的交互项，以考察非农就业对农户粮食生产农资投入的影响机制。

总体而言，农资投入方程的拟合效果较好，3 个方程均整体通过显著性检验（表 3.6）。估计结果显示，非农就业对农户粮食生产农资投入具有显著负向影响。这说明非农就业虽然提高了农户的非农收入，使得他们有充足的资金投入农业生产（收入效应），但同时也导致农业收入比例下降，农业生产的重要性随之下降，从而导致农户粮食生产积极性下降（"懈怠"效应），农资投入随非农就业程度提升显著减少，这一发现在一定程度上体现的是非农就业的"懈怠"效应。模型一的估计结果显示，老年务农户变量对农资投入的影响为负，但不显著；农业基础设施状况变量对农资投入的影响为正，但也不显著。不过，这些微弱的证据表明，务农劳动力老龄化可能会导致农户减少农资投入，而农业基础设施状况较差将导致农户投入较多的农资。在加入交互项后，模型二与模型三中的交互项变量同样不显著。

表 3.6　非农就业程度对农户粮食生产资金投入影响的 IV-OLS 回归分析结果　单位：元/亩

解释变量		农资投入			农机作业支出		
		模型一	模型二	模型三	模型四	模型五	模型六
非农就业程度		−84.437***	−75.717**	−83.275**	51.588***	61.077***	57.530***
		(27.792)	(34.465)	(33.132)	(13.021)	(16.137)	(15.517)
老年务农户		−7.758	−3.458	−7.771	9.505	2.700	9.568
		(14.784)	(30.075)	(14.796)	(6.926)	(14.082)	(6.930)
农业基础设施状况		4.907	5.242	6.457	−9.677**	−10.042**	−17.599**
		(9.914)	(9.951)	(25.975)	(4.645)	(4.660)	(8.501)
非农就业程度（老年务农户）		—	−21.051	—	—	22.907	—
			(49.144)			(23.011)	
非农就业程度（农业基础设施状况）		—	—	3.013	—	—	−15.396**
				(46.651)			(6.998)
户主特征	年龄	2.555	2.488	2.541	0.799	0.726	0.728
		(5.424)	(5.430)	(5.433)	(2.541)	(2.542)	(2.544)
	年龄平方	−0.029*	−0.029*	−0.029*	0.009	0.009	0.009
		(0.016)	(0.016)	(0.016)	(0.024)	(0.024)	(0.024)

解释变量		农资投入			农机作业支出		
		模型一	模型二	模型三	模型四	模型五	模型六
户主特征	受教育年限	1.839 (1.718)	1.837 (1.720)	1.828 (1.728)	0.047 (0.805)	0.044 (0.805)	−0.008 (0.809)
	健康状况	1.356* (0.733)	1.184* (0.616)	1.345* (0.670)	1.583* (0.899)	1.397* (0.731)	1.526* (0.816)
耕作经营特征	劳均粮食种植面积	−0.154 (1.279)	−0.141 (1.280)	−0.162 (1.286)	1.654*** (0.599)	1.639*** (0.600)	1.694*** (0.602)
	稻田地块数	−1.680** (0.812)	−1.678** (0.813)	−1.677** (0.814)	−0.143 (0.380)	−0.14 (0.380)	−0.13 (0.381)
	上年人均农业收入	1.269 (5.625)	1.417 (5.640)	1.255 (5.634)	3.374 (2.636)	3.535 (2.641)	3.300 (2.639)
	地理区位因素	81.065*** (14.677)	81.184*** (14.689)	81.058*** (14.689)	15.898** (6.877)	16.027** (6.878)	15.860** (6.880)
常数项		314.673** (141.082)	313.924** (141.183)	314.519** (141.212)	128.153* (66.100)	127.339* (66.106)	127.370* (66.136)
F 值		8.97***	8.28***	8.26***	5.19***	4.87***	4.83***
校正后 R^2		0.2720	0.2715	0.2712	0.3284	0.3272	0.3270

注：括号内为标准误；***、**和*分别表示在1%、5%和10%的统计水平上显著。

在农资投入方程中的其他变量中，户主年龄平方项变量显著为负，说明随着户主年龄增长，农户粮食生产的资金投入会先增后减。这与不同生命周期阶段，农户对农业生产的重视程度不同有关，中年时期的户主往往最为关注农业生产表现，因而他们的农资投入量最多，进入老年后，土地产出往往被视作基本生活保障的来源，相应地会减少农资投入。户主健康状况变量的系数为正，且在10%统计上显著，即户主健康状况越差，农户的农资投入越多。耕作经营特征变量中，稻田地块数对农户农资投入的影响显著为负，稻田地块数越多，农户每亩稻田的农资投入越少。地理区位因素变量的系数为正，且变量在1%统计水平上显著，说明平原地区农户粮食生产农资投入强度高于岗地地区的农户。

农机作业支出方程的估计结果显示，非农就业对农户粮食生产中的农机作业支出具有正向影响，且在1%统计水平上显著。这表明在非农就业的劳动力损失效应与收入效应的共同作用下，非农就业户显著提高了粮食生产中的农机作业支出，以替代损失的劳动力，而且农户的农机作业支出随着非农就业程度的提高而增长。模型四的估计结果显示，老年务农户变量对农机作业支出的影响为正，但不显著。农业基础设施状况变量对农机作业支出的影响显著为负，农业基础设施状况较差使得农户在粮食生产中的农机作业支出显著减少。也就是说，农业基础设施的不便利，在一定程度上限制了粮食生产的机械化程度。

在加入了非农就业程度与老年务农户变量的交互项后，模型五的估计结果显示，交互项系数虽为正，但该变量的影响并不显著。模型六的估计结果显示，非农就业程度与农业基础设施状况变量的交互项系数为负，且在 5%统计水平上显著。而且，相比于模型四，模型六中非农就业程度变量系数的绝对值变大，说明非农就业对农户农机作业支出影响的消极部分将通过农业基础设施状况条件的好坏表现出来，这意味着在农业基础设施状况不同的地区，非农就业对农户粮食生产农机作业支出的影响存在差异。如果农业基础设施状况较差，农业机械的应用将受到限制，非农就业带来的收入效应无法通过农机投入得到实现；如果农业基础设施较好，农业机械的应用较为便利，非农就业户将投入资金购买农机作业服务，替代劳动投入，能大大缓解农户因非农就业而受到的劳动力约束。

户主特征变量中，仅健康状况变量对农户粮食生产农机支出的影响显著，且系数为正，即户主健康状况越差，农户粮食生产的农机支出强度越高。耕作经营特征变量中，劳均粮食种植面积对农户粮食生产农机支出的影响显著为正，劳均粮食种植面积越大，农户农机支出越高。此外，研究还发现平原地区农户粮食生产的农机作业支出强度高于岗地地区农户。

4.非农就业对农户生产性资产投资的影响

农户对农业生产性资产投资是提高农业生产力，实现农业现代化的重要保障。本节将分析非农就业对农户生产性资产投资的影响。由于部分农户未进行农业生产性资产投资，即样本存在零点删失数据，因此本节利用 IV-Tobit 方法估计农户的生产性资产投资方程。类似地，本节依然在模型二与模型三中分别加入了非农就业程度与老年务农户和农业基础设施状况变量的交互项，考察后两者对非农就业影响农户生产性资产投资的作用机制，估计结果见表3.7。三个模型的估计结果均显示，非农就业对农户的生产性资产投资具有显著的正向影响，非农就业程度越高，农户的生产性资产投资越多。这说明非农就业的收入效应，放松了农户的资金约束，从而促使农户进行生产性资产投资。

表 3.7 非农就业程度对农户生产性资产投资影响的实证估计结果（IV-Tobit）

解释变量		模型一		模型二		模型三	
		系数	标准误	系数	标准误	系数	标准误
非农就业程度		14.376*	7.971	9.138*	5.439	19.051*	9.738
老年务农户		−0.231	4.250	−9.130	9.583	−0.213	4.244
农业基础设施状况		−1.643**	0.813	−1.782**	0.895	−4.491**	1.953
非农就业程度（老年务农户）		—	—	16.799	15.387	—	—
非农就业程度（农业基础设施状况）		—	—	—	—	−11.467**	5.460
户主特征	年龄	−0.821	1.576	−0.825	1.582	−0.812	1.577
	年龄平方	−0.015*	0.008	−0.012*	0.007	−0.013*	0.007
	受教育年限	0.370	0.475	0.387	0.476	0.321	0.478
	健康状况	−0.074	1.324	−0.067	1.330	−0.142	1.325
耕作经营特征	劳均粮食种植面积	1.011***	0.315	1.005***	0.315	0.975***	0.317
	稻田地块数	0.426**	0.195	0.424**	0.195	0.439**	0.195
	上年人均农业收入	3.264**	1.538	3.354**	1.541	3.330**	1.538
	地理区位因素	−20.439***	4.318	−20.369***	4.317	−20.536***	4.315
常数项		13.813	40.138	14.829	40.312	11.684	40.248
LR Chi^2		160.82***		162.04***		161.53***	
Pseudo R^2		0.3509		0.3513		0.3511	

***、**和*分别表示在 1%、5%和 10%的统计水平上显著。

模型一的估计结果显示，老年务农户变量对生产性资产投资影响为负，但不显著。农业基础设施状况变量对生产性资产投资有负向影响，且在 5%统计水平上显著，说明农业基础设施状况较差不利于农户进行生产性资产投资。模型二的估计结果显示，非农就业程度与老年务农户变量交互项的系数为正，但不显著。模型三的估计结果表明，非农就业程度与农业基础设施状况变量交互项对农户生产性资产投资的影响显著为负，这意味着如果农业基础设施状况较差，非农就业户的农业生产性资产投资将显著减少。相比于农业基础设施状况较好的地区，处于农业基础设施状况较差地区的非农就业户受到更强的约束，纵使农户拥有充足的资金购买农机具，但农业基础设施不配套以及家庭劳动力不足，使得非农就业户对生产性资产的投资难以实现。

户主特征中，年龄平方项的系数为负，且在 10%统计水平上显著，表明户主年龄与农户生产性资产投资之间存在倒"U"形关系。耕作经营特征中，劳均粮食种植面积、稻田地块数与上年人均农业收入对农户生产性资产投资的影响均显著为正。劳均粮食种植面积越大、稻田地块数越多、上年人均农业收入越高，农户生产性资产投资越多。此外，地理区位因素变量的系数为负，且在1%统计水平上显著，说明平原地区农户的生产性资产投资明显少于岗地地区。结合上一节地理区位因素对农机作业支出的正向作用可知，平原地区农业作业服务市场较为发达，使得农户更倾向于购买农机作业服务，而较少选择持有农机。

（五）生产投入对粮食产出的影响及非农就业的粮食产出效应

本部分是实证分析非农就业对粮食生产影响机理阶段性检验中的第二步，将在前面研究非农就业对农户粮食生产要素投入影响的基础上，进一步检验粮食生产投入对粮食产出的影响，从而系统性掌握非农就业对粮食生产影响的传导路径。此外，前面研究表明，非农就业户在粮食生产中存在显著的劳动力约束，他们因此调整生产投入策略，减少家庭自投工，增加雇工投入，并利用资金替代劳动力，但资金主要流向农机服务利用，对农资投入存在挤出效应。那么非农就业户生产投入策略的改变是否会对粮食产出造成影响呢？本书将从产出水平方面考察非农就业对粮食生产造成的影响，检验非农就业对农户粮食生产影响的综合效应。

在农业技术水平一定的条件下，粮食产出主要是由劳动投入，化肥、农药和种子等农资投入，以及农机投入等直接投入来决定的。本书所关注的非农就业则通过影响这些直接投入的配置方式而间接影响粮食产出。前面已验证了非农就业对这些直接投入的显著影响，因此怀疑非农就业会影响粮食产出是有根据的。基于此，本章将首先分析生产投入对农户粮食产出的影响，进而验证非农就业对农户粮食产出的影响。

1. 研究策略与模型设定

1）生产投入对粮食产出的影响

一般认为，粮食生产服从柯布-道格拉斯生产函数的形式：

$$Y = AH^{\alpha}L^{\beta}K^{\gamma}e^{\varepsilon} \tag{3.4}$$

式中，Y 为水稻总产出；H、L 和 K 分别为水稻种植面积、劳动投入与资金投入；α、β、γ 分别是各投入的弹性系数；A 为综合技术水平；e^{ε} 为随机干扰项。由前面的研究可知，非农就业对农户粮食生产中的家庭劳工投入与雇工投入，以及农资投入与农机作业支出的影响完全相反，因此这里将上述模型中的劳动投入

L 分为家庭劳工投入与雇工投入两类，将资金投入 K 分为农资投入与农机作业支出两类，以区分不同类别资金投入的报酬差异。在对式（3.4）进行对数转换后，本节最终采用的粮食生产函数形式如下：

$$\ln Y = \alpha + \beta_1 \ln land + \beta_2 \ln fam + \beta_3 \ln hire + \beta_4 \ln cash \\ + \beta_5 \ln mac + \beta_6 cons + \beta_7 location + \beta_8 weather + \varepsilon_i \tag{3.5}$$

式中，Y 为水稻总产出，land、fam、hire、cash、mac、cons 分别为水稻种植面积、家庭劳工投入、雇工投入、农资投入、农机作业支出以及生产保护性投入。需要说明的是，生产保护性投入为农户是否采取任何生产保护性措施的虚拟变量，未取对数。考虑到地理环境差异以及自然灾害的影响，原方程中还加入了两个外部环境变量，location 与 weather 分别为地理区位因素与自然灾害情况。其中，自然灾害情况变量的定义为水稻生产是否遭受了旱涝灾害，若遭受过自然灾害，则赋值"1"，若未遭受灾害，则赋值"0"。此外，由于部分农户未雇佣劳工，其雇工投入量为零，无法取对数。对此问题，学者采用的方法主要有两种：一种是给这些为零的观测值赋值一个较小的数，如 0.0001，然后取对数即可；另一种是给这些为零的观测值赋值 1 后取对数，然后在模型中再加入一个虚拟变量，若原变量为零，则该虚拟变量取值 0，若原变量大于零，则该虚拟变量取值 1。两种方法并无显著差别，不过第二种方法增加了自变量，会降低自由度，基于此，本书将采用第一种方法处理雇工变量。

2）非农就业对粮食产出的影响

依据前面分析，在对式（3.5）进行估计后，在模型中加入非农就业程度变量以及其他控制变量，检验非农就业对粮食产出的直接影响，采用的粮食生产函数形式如下：

$$\ln Y = \alpha + \beta_1 \ln land + \beta_2 \ln fam + \beta_3 \ln hire + \beta_4 \ln cash + \beta_5 \ln mac \\ + \beta_6 cons + \beta_7 location + \beta_8 weather + \sum_{i=9}^{n} \beta_i X_i + \varepsilon_i \tag{3.6}$$

式（3.6）中各变量含义与式（3.5）中相同。X 为非农就业程度变量以及除直接投入外的影响农户粮食生产表现的其他因素向量。

2. 变量选择与理论预期

本部分主要讨论的是模型（3.6）中除生产投入要素以外的其他因素变量。结合以往研究成果，这些变量主要包括家庭经营特征以及户主特征等变量。变量说明如下。

1）主要解释变量

（1）非农就业程度。为了直观了解非农就业对农户粮食生产的影响，首先在模型中加入了非农就业程度变量。需要注意的是，正如前面指出的，非农就业程度变量可能存在内生性问题，因此这里继续采用非农就业程度的拟合值作为非农就业程度实际值的代理变量。

（2）老年务农户。部分学者认为务农劳动力老龄化对粮食生产有负面作用，因为相比于青壮年劳动力，老年劳动力在体力与人力资本两个方面均存在弱势，不利于粮食生产[①]。但也有学者认为，由于生产决策趋同和农业机械"外包"服务的普及，老龄化农业并不是完全悲观的[②]。但不管如何，务农劳动力老龄化已是当前不争的事实，因此，本节还将加入非农就业程度与老年务农户变量的交互项，以考察务农劳动力老龄化对非农就业影响粮食生产的调节效应。

（3）农业基础设施状况。良好的农业基础设施状况是稳定粮食产量的重要保障[③]。较好的农业基础设施条件能大大缓解非农就业户受到的劳动力约束，因此本节除了考察农业基础设施条件对粮食生产的直接影响外，还将加入非农就业程度与农业基础设施状况变量的交互项，考察农业基础设施状况对非农就业影响粮食生产的调节作用。

2）家庭经营特征

（1）耕地细碎化。耕地细碎化不利于农户的生产资料投入，还增加了农户的投工量，不利于粮食产量[④]。因此，预期该变量对粮食产出的影响为负。

（2）上年人均农业收入。农业收入越高，农业生产对农户的重要性越高，那么他们对粮食种植过程的管理也将更加精细，预期该变量对粮食生产的影响为正。

（3）农业技术指导。农业技术信息的获取，不仅有利于农户及时恰当地应对粮食生产情况的变化，还有利于他们更新粮食生产技术，提高粮食生产效率，因此预期该变量对粮食生产的影响为正。

3）户主特征

家庭联产承包责任制决定了我国的农业生产基本上是以户为单位开展的，而户主往往是农业生产的主要决策者，这意味着他们的个体特征将对粮食生产产生重要影响。

① 李旻，赵连阁. 农业劳动力"老龄化"现象及其对农业生产的影响——基于辽宁省的实证分析 [J]. 农业经济问题，2009，（10）：12-18；李澜，李阳. 我国农业劳动力老龄化问题研究——基于全国第二次农业普查数据的分析 [J]. 农业经济问题，2009，（06）：61-66。

② 胡雪枝，钟甫宁. 农村人口老龄化对粮食生产的影响——基于农村固定观察点数据的分析 [J]. 中国农村经济，2012，（07）：29-39；郭晓鸣，左喆瑜. 基于老龄化视角的传统农区农户生产技术选择与技术效率分析——来自四川省富顺、安岳、中江3县的农户微观数据 [J]. 农业技术经济，2015，（01）：42-53。

③ 钱文荣，郑黎义. 劳动力外出务工对农户水稻生产的影响 [J]. 中国人口科学，2010，（05）：58-65。

④ 秦立建，张妮妮，蒋中一. 土地细碎化、劳动力转移与中国农户粮食生产——基于安徽省的调查 [J]. 农业技术经济，2011，（11）：16-23。

（1）年龄。户主年龄越大，粮食种植经验越丰富，但往往也更保守，可能不利于新技术的推广，因此该变量影响方向不确定。

（2）受教育年限。受教育年限是户主人力资本状况的重要指标，一般情况下，受教育年限越长，农民所掌握的生产技术水平越高，对新知识、新技术的学习能力、接受能力也更强，预期该变量对粮食生产的影响为正。

（3）健康状况。健康是人力资本的重要组成部分[①]。预期该变量对粮食生产的影响为负，因为户主健康状况恶化不仅会显著减少其个人的可劳动时间与劳动能力，还可能弱化其农业生产决策能力。

4）外部环境特征

（1）地理区位因素。粮食生长情况与自然环境条件密切相关，平原地区的气候、水文以及地理特征与岗地地区都存在不同之处，因此，在模型中加入地理区位因素，以控制外部环境条件的差异对粮食生产的影响。

（2）自然灾害情况。自然灾害是造成农业生产波动的主要原因，如旱灾会造成粮食大幅减产。

3. 变量描述性统计

因本部分的研究对象与前面相同，因此对各变量具体含义不再赘述。表 3.8 列出了各变量的描述性统计。

表 3.8　变量描述性统计

变量名称		定义与赋值	均值	标准差
粮食总产量		水稻总产出/千克	5 051.61	7 317.79
种植面积		水稻实际种植面积/亩	9.20	12.71
家庭劳工投入		水稻生产家庭成员劳动投入量/工	37.71	36.28
雇工投入		水稻生产雇佣劳工投入/工	5.25	16.62
农资投入		水稻生产化肥、农药与种子等农资支出/元	3 472.77	4 790.70
农机作业支出		水稻生产农机作业费用/元	1 478.34	1 925.04
生产保护性投入		若水稻生产采取了保护性投入=1；若未采取=0	0.48	0.50
主要解释变量	非农就业程度	拟合值（预测值）	0.53	0.21
	老年务农户	若全部务农劳动力年龄都大于60岁=1；其他=0	0.21	0.41
	农业基础设施状况	若村内农业基础设施条件较差=1；其他=0	0.39	0.49

① 赵忠. 我国农村人口的健康状况及影响因素 [J]. 管理世界，2006，（03）：78-85；苑会娜. 进城农民工的健康与收入——来自北京市农民工调查的证据 [J]. 管理世界，2009，（5）：56-66.

变量名称		定义与赋值	均值	标准差
家庭经营特征	耕地细碎化	水田面积/地块数/（块/亩）	1.55	1.80
	上年人均农业收入	≤1万元=1；1万~2万元=2；≥2万元=3	2.00	0.81
	农业技术指导	曾获得农业技术指导=1；未获得=0	0.46	0.50
户主特征	年龄	户主实际年龄/岁	52.95	9.23
	受教育年限	户主实际受教育年限/年	8.08	2.82
	健康状况	很好=1；好=2；一般=3；差=4；很差=5	2.85	1.54
外部环境特征	地理区位因素	平原地区=1；岗地地带=0	0.51	0.50
	自然灾害情况	若水稻生产遭受了自然灾害=1；若未遭受=0	0.26	0.44

4. 生产投入对粮食产出影响的估计结果

由于检验生产投入对粮食产出影响的最终目的，是考察生产投入策略因非农就业而改变的产出效应，因此，这里将样本农户按非农就业程度分组，分别估计不同非农就业程度农户的生产投入对粮食产出的影响，以此对比分析不同非农就业程度农户要素投入报酬的差异。

运用 Stata12.0 统计软件分别对纯农户、I 兼农户与 II 兼农户样本数据进行回归处理后，模型估计结果见表 3.9。模型估计结果表明，三个方程均通过显著性检验，校正后 R^2 都在 0.9 以上，说明各方程拟合效果均较好。

表 3.9　生产投入对农户粮食生产影响的估计结果

要素投入变量	纯农户		I 兼农户		II 兼农户	
	系数	标准误	系数	标准误	系数	标准误
种植面积	0.985***	0.051	0.984***	0.047	0.913***	0.041
家庭劳工投入	0.025**	0.017	0.037**	0.016	0.052**	0.023
雇工投入	−0.001	0.003	−0.003	0.002	−0.003	0.002
农资投入	0.061*	0.035	0.056*	0.030	0.004	0.025
农机作业支出	0.055	0.036	0.007	0.035	0.032**	0.015
生产保护性投入	0.054*	0.031	0.042*	0.023	0.034	0.024
地理区位因素	0.055	0.039	0.115***	0.032	0.064**	0.027
自然灾害情况	−0.198***	0.042	−0.224***	0.034	−0.222***	0.026
常数项	5.758***	0.310	5.846***	0.233	5.725***	0.227
校正后 R^2	0.9675		0.9575		0.9387	
F 统计值	515.78***		550.52***		726.23***	

***、**和*分别表示在 1%、5%和 10%的统计水平上显著。

在讨论各要素投入报酬之前，首先回顾一下不同非农就业程度农户的产出水平。从单产水平看，Ⅰ兼农户的单产水平最高，为552.43千克/亩，其次为纯农户，单产水平为533.21千克/亩，Ⅱ兼农户单产水平最低，为531.72千克/亩。从总产水平看，由于Ⅰ兼农户平均种植面积最大，其总产水平也最高，为7763.80千克，其次为Ⅰ兼农户，总产水平为6599.96千克，Ⅱ兼农户的种植面积最小，总产水平也最低，为2891.39千克。可以看出，不同非农就业程度农户的产出水平之间存在一定差异。下面将从要素投入报酬差异角度，分析各类农户产出差异的来源。

由各要素投入的产出弹性值可以看出，农户的粮食总产出水平主要受种植面积的影响，其中纯农户粮食种植面积产出弹性最高，在其他条件不变的情况下，纯农户种植面积每增加1%，粮食总产出增加0.985%；其次为Ⅰ兼农户，弹性系数为0.984；Ⅱ兼农户粮食种植面积的产出弹性系数最小，弹性系数为0.913。这表明，对于不同类型农户而言，扩大粮食种植面积所带来的产出效应是不同的。Ⅱ兼农户的粮食平均种植面积在三种类型农户中最低，从边际报酬递减规律看，其粮食种植面积的产出弹性应该最高，但实证结论并非如此，那么原因可能就主要在于非农就业造成的农户耕作管理粗放化的问题或者生产策略调整的问题。

从家庭劳工投入弹性看，非农就业程度越高，农户的家庭劳工投入弹性系数值越大。在其他条件不变的情况下，家庭劳工投入每增加1%，纯农户、Ⅰ兼农户与Ⅱ兼农户的粮食产出分别增加0.025%、0.037%与0.052%。这意味着，劳动力投入对样本地区的粮食产出仍然具有重要贡献，且不存在劳动投入过剩造成弹性系数为负的情况。Ⅱ兼农户家庭劳工投入产出弹性最高的主要原因在于，非农就业显著降低了他们的劳动投入强度，使得其劳动投入较为稀缺，进而引起劳动投入的边际产出更高。第一章的样本统计结果显示，纯农户的家庭劳工投入强度为7.28工/亩，而Ⅱ兼农户的家庭劳工投入强度为5.30工/亩。

雇工投入的弹性系数为负值，但未通过显著性检验。这一微弱证据显示，雇工投入虽然在一定程度上弥补了劳动投入不足的损失，但雇工无法对家庭劳工形成较为完美的替代，由于监督成本的存在，雇工投入还可能导致农户的粮食产量减少。

农资投入对农户粮食产出的影响为正，但仅在纯农户与Ⅰ兼农户样本中通过显著性检验。纯农户农资投入的产出弹性最高，在其他条件不变的情况下，纯农户的农资投入每增加1%，其粮食产出将增加0.061%。对纯农户而言，其农资投入的弹性系数值仅次于种植面积，这表明农资投入对于农户粮食产出具有重要贡献。

农机作业支出对农户粮食产出具有正向影响，但仅在Ⅱ兼农户中通过显著性检验。在其他条件不变的情况下，Ⅱ兼农户的农机作业支出每增加1%，其粮食产出将增加 0.032%。这表明，非农就业使得农户投入大量资金购买农机作业服务，显著地弥补了劳动力的损失效应，并对粮食生产产生了有利影响。

生产保护性投入对农户的粮食产出具有正向影响，但仅在纯农户与Ⅰ兼农户样本中通过显著性检验。这表明纯农户与Ⅰ兼农户中，采取了生产保护性投入的农户粮食产出明显高于未采取相关投入的农户，生产保护性投入对粮食产出有一定积极效应。

此外，地理区位因素与自然灾害情况对农户的粮食产出有显著影响。结果显示，平原地区农户的粮食产出显著高于岗地地区农户，而自然灾害则显著减少了农户的粮食产量。

最后，除生产保护性投入系数外，各投入要素系数相加可得样本农户的规模报酬。纯农户、Ⅰ兼农户与Ⅱ兼农户的规模报酬分别1.125、1.081与0.998，说明纯农户与Ⅰ兼农户的粮食生产处于规模报酬递增阶段，Ⅱ兼农户的粮食生产处于规模报酬递减阶段。

5. 非农就业粮食产出效应的估计结果

根据上述实证分析结果，非农就业对农户生产要素投入有显著影响，而这些生产要素投入又是影响粮食产出的主要因素，且生产投入策略改变，又使得不同非农就业程度农户的要素报酬差异较为明显，说明非农就业的确会影响农户的粮食产出。但各要素报酬的差异，以及非农就业对各要素影响方向的不一致，使得非农就业对农户粮食产出影响的净效应难以判断，而且这种影响的传导机制尚不得而知，因此本节将进一步分析，将非农就业程度变量以及其他相关因素纳入到模型中，即对式（3.6）进行回归分析。

利用Stata12.0软件对式（3.6）进行回归，具体结果见表3.10。与前面相同的是，本节首先对基础模型进行了估计，然后分别加入非农就业程度与老年务农户、农业基础设施状况变量的交互项，构成模型二、模型三，以考察务农劳动力老龄化与农业基础设施状况对非农就业影响粮食生产的调节作用。估计结果显示，三个模型的校正后 R^2 均超过 0.96，说明模型对样本农户粮食生产函数的拟合效果较好。

表 3.10　粮食生产函数的估计结果

解释变量		模型一		模型二		模型三	
		系数	标准误	系数	标准误	系数	标准误
要素投入变量	种植面积	0.918***	0.025	0.915***	0.025	0.919***	0.025
	家庭劳工投入	0.026*	0.014	0.026*	0.014	0.026*	0.014
	雇工投入	−0.001	0.001	−0.001	0.001	−0.001	0.001
	农资投入	0.006	0.015	0.006	0.015	0.005	0.015
	农机作业支出	0.042**	0.019	0.043**	0.019	0.042**	0.019
	生产保护性投入	0.029**	0.014	0.029**	0.014	0.029**	0.014
主要解释变量	非农就业程度	−0.079**	0.038	−0.070***	0.015	−0.058**	0.027
	老年务农户	−0.001	0.021	−0.002	0.043	−0.001	0.021
	农业基础设施状况	−0.028*	0.015	−0.031**	0.015	−0.017*	0.010
	非农就业程度*老年务农户	—	—	−0.037	0.073	—	—
	非农就业程度*农业基础设施状况	—	—	—	—	−0.013*	0.007
家庭经营特征	耕地细碎化	−0.007	0.005	−0.007	0.005	−0.007	0.005
	上年人均农业收入	0.034***	0.012	0.034***	0.012	0.033***	0.012
	农业技术指导	0.181***	0.016	0.178***	0.016	0.181***	0.016
户主特征	年龄	0.001	0.001	0.001	0.001	0.001	0.001
	受教育年限	0.023***	0.003	0.023***	0.003	0.023***	0.003
	健康状况	−0.012*	0.007	−0.013*	0.007	−0.012*	0.007
外部环境特征	地理区位因素	0.083***	0.024	0.082***	0.024	0.083***	0.024
	自然灾害情况	−0.153***	0.016	−0.152***	0.016	−0.153***	0.016
常数项		5.728***	0.144	5.726***	0.143	5.738***	0.144
校正后 R^2		0.9694		0.9695		0.9694	
F 统计值		1468.48***		1376.14***		1370.93***	

***、**和*分别表示在 1%、5%和 10%的统计水平上显著。

从模型一看，各要素投入对粮食生产的影响，与上一节的估计结果基本一致。土地产出弹性最高，种植面积每增加 1%，粮食产量将增加 0.918%。其次为农机作业支出的产出弹性，农机作业支出每增加 1%，粮食产量将增加 0.042%。家庭劳工投入每增加 1%，粮食产量将增加 0.026%。雇工投入变量的系数为负，农资投入变量的系数为正，但未通过显著性检验。除生产保护性投入系数外，各投入要素系数相加可得样本农户的规模报酬为 0.991，说明总体而言，样本农户的粮食生产处于规模报酬递减阶段。

模型一的结果显示，在控制其他因素的情况下，非农就业对农户粮食产量的贡献显著为负，非农就业程度越高，农户的粮食产量越低。这说明非农就业户生产投入策略的改变，显著降低了他们的粮食产量。此外，老年务农户变量的系数为负，但未通过显著性检验。农业基础设施状况变量对粮食产量的影响较大，农业基础设施状况较差的农户粮食产量平均比基础设施状况较好的农户低 2.8%。

在加入非农就业程度与老年务农户变量的交互项后，模型二的估计结果显示，交互项的系数为负，但未通过显著性检验，说明务农劳动力老龄化对非农就业影响粮食生产的调节效应并不明显。在加入非农就业程度与农业基础设施状况变量的交互项后，模型三的估计结果显示，交互项的系数为负，且在 10% 统计水平上显著，而非农就业程度变量的系数绝对值由 0.079 减至 0.058，表明非农就业对粮食生产作用中的部分消极效应会通过农业基础设施状况体现出来。农业基础设施状况是非农就业对粮食产出造成影响的重要传导因素。

从家庭经营特征看，上年人均农业收入水平对农户粮食生产的影响显著为正，农业收入水平每高一个等级，农户的粮食产量增加 3.4%。原因可能在于，农业收入越高，农户对粮食生产的重视程度越高，耕作管理也越精细。农业技术指导变量的系数为正，且在 1% 统计水平上显著，接受过农业技术指导的农户的粮食产出平均比未接受过技术指导的农户高出 18%，这表明技术推广在粮食生产中依然发挥着巨大作用。此外，耕地细碎化降低了农户的粮食产量，但其影响并不显著。

从户主特征看，户主受教育年限对粮食生产的影响显著为正，户主受教育年限每增加一年，粮食产量提高 2.3%；户主健康状况对粮食生产的影响显著为负，户主健康水平每下降一个等级，粮食产量下降 1.2%。这说明户主的人力资本状况对他们的生产决策有重要影响，较高的人力资本对保障粮食产出具有重要贡献。

外部环境特征中，地理区位因素变量对粮食生产的影响显著为正，平原地区农户的粮食产量平均比岗地地区农户的粮食产量高 8.3%。此外，自然灾害使得农户的粮食产出平均减产 15.3%，说明样本地区的粮食生产抗灾能力较弱，这与农业基础设施状况较差不无关系。

6. 进一步实证检验与讨论

上一节的研究表明，农业基础设施状况是非农就业影响农户粮食产出的重要调节因素，农业基础设施较差会加剧非农就业对粮食产出影响的负效应。但对于农业基础设施状况的好与差会造成要素投入报酬产生多大变化，以及在农业基础设施不同地区，非农就业对粮食产出的影响是否存在显著差异等问题，还有待进一步分析。

此外，虽然上一节发现非农就业会造成农户的粮食产出显著减少，而样本统计结果也显示，Ⅱ兼农户的粮食单产水平最低，不过样本统计结果还显示，Ⅰ兼农户的单产水平却高于纯农户和Ⅱ兼农户，这可能意味着随着非农就业程度提升，农户的粮食产出并非线性减少，两者之间可能存在非线性关系。

基于上述分析，本节将首先对比分析不同农业基础设施状况下，生产要素投入报酬以及非农就业影响效应的差异；其次，检验非农就业与农户粮食产出之间潜在的非线性关系。

1）不同农业基础设施状况下的生产投入报酬与非农就业效应

运用Stata12.0软件分别对农业基础设施状况较好与农业基础设施状况较差的样本农户的粮食生产函数进行回归分析，估计结果见表 3.11。两个模型均通过整体显著性检验，且校正后 R^2 大于 0.97，说明模型拟合效果较好。

表 3.11　不同农业基础设施状况下农户粮食生产函数的估计结果

解释变量		农业基础设施状况较差		农业基础设施状况较好	
		系数	标准误	系数	标准误
要素投入变量	种植面积	0.887***	0.044	0.971***	0.026
	家庭劳工投入	0.019*	0.011	0.021*	0.012
	雇工投入	<-0.001	0.002	-0.002	0.001
	农资投入	0.004	0.025	0.017	0.017
	农机作业支出	0.036*	0.020	0.081**	0.036
	生产保护性投入	0.029*	0.016	0.031*	0.017
主要解释变量	非农就业程度	-0.078*	0.043	-0.065	0.061
	老年务农户	-0.043	0.037	0.043*	0.022
家庭经营特征	耕地细碎化	-0.008	0.009	-0.007	0.006
	上年人均农业收入	0.025	0.022	0.025*	0.013
	农业技术指导	0.165***	0.031	0.157***	0.018
户主特征	年龄	0.001	0.002	0.001	0.001
	受教育年限	0.027***	0.005	0.019***	0.003
	健康状况	0.008	0.008	0.008	0.008
外部环境特征	地理区位因素	0.081**	0.041	0.021	0.027
	自然灾害情况	-0.178***	0.029	-0.126***	0.020

解释变量	农业基础设施状况较差		农业基础设施状况较好	
	系数	标准误	系数	标准误
常数项	5.553***	0.267	5.812***	0.150
校正后 R^2	0.9730		0.9750	
F 统计值	566.30***		931.67***	

***、**和*分别表示在 1%、5%和 10%的统计水平上显著。

在要素投入报酬方面，由表 3.11 的估计结果可知，两类样本农户的要素投入报酬存在显著差异。在其他条件不变的情况下，种植面积每增加 1%，农业基础设施状况较差的样本农户的粮食产量将增加 0.887%，而农业基础设施状况较好地区农户的粮食产出将增加 0.971%。这说明农业基础设施状况较好，能明显提高土地投入的边际报酬。

家庭劳动投入的弹性系数为正，且该变量在 10%统计水平上显著。不过，农业基础设施状况较差地区农户的家庭劳动投入的产出弹性同样小于农业基础设施状况较好地区的农户。在其他条件不变的情况下，家庭劳动投入每增加 1%，两类地区农户的粮食产出将分别增加 0.019%与 0.021%。这说明，农业基础设施状况将显著影响劳动投入效率，即使同样投入一个工，两类农户完成的农活进度可能存在较大差异，获得的边际产出报酬也相应地存在差距。

农机作业投入的产出报酬在两类农户中也存在明显差异。在其他条件不变的情况下，农机作业支出每增加 1%，农业基础设施状况较差的农户的粮食产出将增加 0.036%，不到农业基础设施状况较好的农户边际产出报酬的一半，后者将增加 0.081%。农业机械的应用在很大程度上受制于农业基础设施状况尤其是农田道路设施状况。农业基础设施状况较差将限制农业作业效率，影响粮食产出。

两个模型中，生产保护性投入变量对粮食产出的影响均显著为正。对于农业基础设施状况较差的农户，在其他条件不变的情况下，采取生产保护性投入措施将使得农户的粮食产出提高 2.9%，而对于农业设施状况较差的农户，产出报酬为 3.1%。说明农业基础设施状况也会对生产保护性投入的产出效应产生影响。

此外，雇工投入的产出弹性系数为负，农资投入的产出弹性系数为正，但两个变量均未通过显著性检验。

主要解释变量中，非农就业程度变量对农户粮食产出的影响为负，但仅在农业基础设施状况较差样本中显著。这一结果表明，虽然非农就业会给粮食产出带来负向影响，但农业基础设施状况的改善，将在一定程度上抵消这种负效应。虽然上一节中，老年务农户变量的系数为负，且不显著，但本节按农业基础设施状况分组回归后发现，老年务农户对农业基础设施状况较好的农户的粮食产出的影响显著为正。这说明，农业基础设施状况还会作用于务农劳动力老龄化的影响，较好的农业基础设施状况有助于发挥老年劳动力精耕细作的积极效应，减轻他们的体力消耗。

在其他影响因素中，值得一提的是外部环境特征的影响差异。地理区位因素仅对农业基础设施较差的农户的粮食产出有显著正向影响，对农业基础设施较好的农户的影响不显著。这说明，平原地区相对于岗地地区的粮食生产优势仅在农业基础设施较差的农户之间存在，而投资于农业基础设施建设将弥补这种地理因素带来的产出差距。自然灾害变量的系数在两类样本中分别为-0.178与-0.126，这表明农业基础设施状况的改善，将明显减轻自然灾害对粮食产量造成的损失。

2）非农就业与粮食产出之间非线性关系的检验

为了检验非农就业与农户粮食生产之间可能存在的非线性关系，下面将在基准模型中，加入非农就业程度变量的平方项，再次对粮食生产函数进行估计，结果见表3.12。模型整体通过显著性检验，校正后 R^2 为0.97，说明拟合效果较好。

从表3.12的估计结果可以看出，非农就业程度变量的一次项对农户粮食产出的影响显著为正，而非农就业程度变量平方项对农户粮食产出的影响为负，且在1%统计水平上显著，表明粮食产出随着非农就业程度的加深会呈现出先增加后减少的趋势，这意味着非农就业程度与农户的粮食产出之间存在倒"U"形关系。为此，我们将粮食产出对户的非农就业程度进行二次拟合，画出了两者的拟合曲线图，具体见图3.1。由图3.1可以发现，农户的粮食产量先随非农就业程度的加深而提高，在非农就业程度为0.5附近达到峰值，但之后便随着非农就业程度的继续提高而开始减少。

表3.12　粮食生产函数的再估计

解释变量		系数	标准误
要素投入变量	种植面积	0.923***	0.024
	家庭劳工投入	0.025*	0.014
	雇工投入	−0.001	0.001
	农资投入	0.006	0.015
	农机作业支出	0.038**	0.019
	生产保护性投入	0.029**	0.014

解释变量		系数	标准误
主要解释变量	非农就业程度	0.192**	0.079
	非农就业程度平方项	−0.335***	0.087
	老年务农户	−0.005	0.021
	农业基础设施状况	−0.034**	0.015
家庭经营特征	耕地细碎化	−0.006	0.005
	上年人均农业收入	0.031**	0.012
	农业技术指导	0.175***	0.016
户主特征	年龄	0.001	0.001
	受教育年限	0.024***	0.003
	健康状况	−0.014**	0.007
外部环境特征	地理区位因素	0.080***	0.023
	自然灾害情况	−0.147***	0.016
常数项		5.675***	0.143
调整后 R^2		0.9700	
F 统计值		1401.72***	

***、**和*分别表示在1%、5%和10%的统计水平上显著。

在非农就业之初，非农就业收入效应的积极作用大过劳动力损失效应的消极作用，表现为农户利用增加的非农收入提高农机作业支出，对损失的少部分劳动力进行替代，使得非农就业并未造成农户粮食生产的损失，甚至产生了一定的积极作用，而且这一阶段的非农收入比例并不高，农户对农业生产的"懈怠"态度并不严重；但随着非农就业程度的加深，农户的劳动力损失效应越来越大，尽管农户采取资金替代劳动的生产策略，但要素之间的替代是有限的，尤其是农业基础设施的不完善，大大地限制了收入效应的积极作用，而且随着非农收入比例越来越高，农业生产地位快速下降，农户越来越不重视粮食生产管理，最终导致非农就业给农户的粮食生产造成显著的损失。此外，其他变量的估计结果前面基准回归的结果基本相同，此处不再赘述。

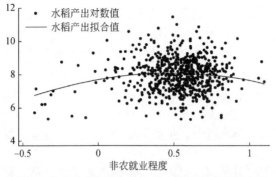

图 3.1　非农就业程度与农户粮食产出关系的拟合图

注：由于非农就业程度变量采用的是用工具变量法处理后的拟合值，故会存在部分负值的情况。

二、非农就业对粮食生产影响机理的综合再检验

上一节基于粮食生产过程，分别检验了非农就业对农户生产要素投入的影响，生产要素投入对粮食产出的影响，进而验证了非农就业对粮食生产的影响机理。但迄今为止，我们都是通过对单一方程的估计来揭示非农就业的劳动损失效应以及收入效应等。然而，农户的粮食生产劳动投入方程、资金投入方程以及生产性资产投资方程等各要素投入方程之间其实都存在相互联系，一个方程的解释变量往往也是另一个方程的被解释变量，也就是说不同要素投入之间存在相互影响，农户的生产要素投入是一个相互联系，或者说是同时决定的资源配置决策。因此，本节将建立联立方程组，进一步系统性地验证非农就业对粮食生产的影响机理。

估计联立方程组的方法一般有两类，"单一方程估计法"和"系统估计法"。其中，前者对联立方程组的每一个方程分别进行估计，缺点是忽略了各方程之间的联系；后者则将方程组作为一个系统进行联合估计，但是如果其中的某个方程估计得不准确，则可能影响系统中其他方程的估计。前者最为常见的是为二阶段最小二乘法（2SLS），后者最为常见的是三阶段最小二乘法（3SLS）。值得注意的是，若联立方程中包含内生解释变量，则 2SLS 分别估计每个方程是具有一致性的，但并非最有效率，因为其忽略了不同方程中扰动项之间可能存在的相关性，而 3SLS 则不存在这一问题，因此，此处采用 3SLS 进行估计最为合理。

（一）模型设定

考虑到各种投入决策之间可能存在的内生性问题，这里将农户的生产要素投入作为互相影响的内生变量，同时，与上一节相同，在各要素投入方程中还

选取了几类外生控制变量，包括户主特征、耕作经营特征等；在非农就业方程中除了新纳入的要素投入变量，还包括个体特征、农户家庭特征以及外部环境特征变量；在粮食产出方程中，则同时纳入了生产要素投入变量、非农就业变量以及其他外生控制变量，最终建立了如下联立方程组。

生产劳动投入=f（非农就业、生产资金投入、户主特征、耕作经营特征）

(3.7)

生产资金投入=f（非农就业、生产劳动投入、户主特征、耕作经营特征）

(3.8)

非农就业=f（生产劳动投入、生产资金投入、个体特征、农户家庭特征、
外部环境特征）

(3.9)

粮食产出=f（非农就业、生产劳动投入、生产资金投入、种植面积、
家庭经营特征、户主特征、外部环境特征）

(3.10)

需要说明的是，与上一节不同，为了考察非农就业对农户粮食生产要素投入影响的劳动损失总效应与收入增加总效应，本节将农户在粮食生产中的家庭劳工投入与雇工投入合并为生产劳动投入，将农资投入与农机作业支出合并为生产资金投入。此外，本节并未考虑农户对生产性固定资产的投资。

（二）结果讨论

从表 3.13 的粮食产出联立方程估计结果来看，非农就业对农户粮食生产的劳动投入与生产资金投入均具有负向影响，但仅对劳动投入的影响在1%统计水平上显著；生产资金投入与生产劳动投入之间存在显著的负向关系，即两者存在较强的替代效应；此外，生产劳动投入与生产资金投入均对非农就业产生了负向影响，但仅生产劳动投入的负向影响通过了5%统计水平上的显著性检验。从这些估计结果来看，生产劳动投入、生产资金投入以及非农就业之间的确存在相互影响，表明采用联立方程综合性验证非农就业对粮食生产的影响机理是十分必要的。

表 3.13　粮食产出联立方程估计结果一

变量	生产劳动投入	生产资金投入	非农就业	粮食产出
非农就业	−2.953*** (0.773)	−19.245 (12.636)	—	−0.128*** (0.036)
生产劳动投入	—	9.278*** (1.535)	−0.008** (0.004)	0.019*** (0.006)
生产资金投入	−0.008*** (0.001)	—	−0.002 (0.003)	0.056** (0.023)
其他变量	已控制	已控制	已控制	已控制

***、**和*分别表示在 1%、5%和10%的统计水平上显著；括号中为标准误。

表 3.13 的估计结果进一步确认了非农就业对农户粮食生产的劳动损失效应。由于此处的生产劳动投入是上一节中家庭劳工投入与雇工投入的总和，所以无法比较估计系数的大小。不过，这一结果说明，总体来看，非农就业对农户的粮食生产造成了较强的劳动力损失效应。另外，上一节我们发现非农就业对农资投入存在显著的负向影响，对农机作业支出存在显著的正向影响，但通过加总两项资金投入并采用联立方程组进行估计后，我们发现非农就业对生产资金投入存在负向影响。这表明，总体来看，在农户的粮食生产过程中，非农就业程度的加深会造成农户在一定程度上减少资金投入，不过这种影响并不显著。此外，估计结果显示，在采用联立方程进行估计后，非农就业对粮食产出影响的估计系数变得更高了，这意味着前面的单方程估计结果可能低估了非农就业的不利影响。

为了进一步检验农户务农劳动力老龄化对非农就业影响粮食生产的调节作用，我们在联立方程组中加入了非农就业程度与老年务农户的交互项，估计结果见表 3.14。结果表明，务农劳动力老龄化的确会加剧非农就业对粮食生产造成的劳动力损失效应，老年户会随着非农就业程度的加深而显著减少粮食生产中的劳动投入。与上一节的估计结果相似，劳动力老龄化并未显著作用于非农就业对农户粮食生产资金投入的影响。不仅如此，非农就业对农户粮食产出的负向影响也未因为务农劳动力的老龄化而发生显著变化。

表 3.14　粮食产出联立方程估计结果二

变量	生产劳动投入	生产资金投入	非农就业	粮食产出
非农就业程度	−1.018***	−11.704	—	−0.103***
	(0.682)	(10.915)		(0.019)
非农就业程度（老年务农户）	−2.572**	−5.436		−0.004
	(1.185)	(7.341)		(0.003)
生产劳动投入	—	8.019***	−0.007*	0.021***
		(2.226)	(0.004)	(0.007)
生产资金投入	−0.005***	—	−0.002	0.054**
	(0.001)		(0.002)	(0.022)
其他变量	已控制	已控制	已控制	已控制

***、**和*分别表示在1%、5%和10%的统计水平上显著；括号中为标准误。

表 3.15 汇报了加入非农就业程度与农业基础设施状况交互项后的联立方程估计结果。结果显示，农业基础设施状况较差的确会进一步加剧非农就业的劳动力损失效应。这一估计结果验证了农业基础设施状况对缓解农户劳动力约束的重要作用，表明非农就业农户的劳动力约束将因为农业基础设施状况较差而加剧，从总体上来说，农户会因此显著减少粮食生产中的劳动投入。此外，在

采用联立方程估计后，我们发现非农就业对农户粮食生产资金投入的不利影响将因为农业基础设施状况较差而加大，这意味着如果农业基础设施状况较差，非农就业户的生产资金投入会进一步降低。表 3.15 的估计结果还显示，农业基础设施状况也会对非农就业对粮食产出的影响发挥显著的调节效应。基础设施较差时，非农就业的不利影响会更高。

表 3.15　粮食产出联立方程估计结果三

变量	生产劳动投入	生产资金投入	非农就业	粮食产出
非农就业程度	-1.602*** （0.531）	-19.245 （12.636）	—	-0.098*** （0.029）
非农就业程度（农业基础设施状况）	-1.375*** （0.318）	-12.773** （5.968）	—	-0.025** （0.011）
生产劳动投入	—	7.605*** （2.107）	0.011** （0.005）	0.020*** （0.006）
生产资金投入	-0.007*** （0.002）	—	-0.001 （0.002）	0.057** （0.025）
其他变量	已控制	已控制	已控制	已控制

***、**和*分别表示在 1%、5%和 10%的统计水平上显著；括号中为标准误。

最后，为了确认非农就业与粮食产出之间的非线性关系，我们还在联立方程组的粮食产出方程中加入了非农就业程度的平方项。由表 3.16 的估计结果可知，非农就业与农户的粮食产出之间的确存在非线性关系，粮食产出水平随着农户非农就业程度的加深呈现出先升后降的趋势。综合来看，主要原因可能在于非农就业对粮食生产资金投入的复杂影响而导致非农就业与粮食产出之间未呈现出线性关系。结合上一节的研究结果可知，非农就业一方面会显著降低农户对粮食生产的农资投入，但另一方面，非农就业农户也会因为显著的劳动力损失效应而增加农机作业支出。两类生产资金投入的此消彼长其实也意味着农户在粮食生产中的要素配置发生了变化，化肥、农药等农资投入随非农就业程度的加深而减少，而机械化作业程度却随之不断提高。从表 3.9 生产投入对粮食产出影响的估计结果也可以看出，农资投入对粮食产出的影响仅在纯农户与 I 兼农户的估计方程中显著，而农机作业支出对粮食产出的影响则仅在 II 兼农户的估计方程中显著，这恰恰表明了两类要素投入在非农就业深化的不同阶段所发挥的作用变化。也正是在这种要素配置变化的过程中，非农就业与粮食产出之间呈现出了非线性关系。

表 3.16　粮食产出联立方程估计结果四

变量	生产劳动投入	生产资金投入	非农就业	粮食产出
非农就业程度	-2.787*** （0.702）	-17.386 （13.092）	—	0.157*** （0.049）
非农就业程度平方项	—	—	—	-0.319*** （0.112）
生产劳动投入	—	9.157*** （2.083）	-0.007** （0.003）	0.014*** （0.003）
生产资金投入	-0.008*** （0.002）	—	-0.003（0.003）	0.038* （0.021）
其他变量	已控制	已控制	已控制	已控制

***、**和*分别表示在 1%、5%和 10%的统计水平上显著；括号中为标准误。

三、本　章　小　结

本章首先利用工具变量法，对农户非农就业程度进行了回归分析，估计得到农户非农就业程度的拟合值，并将其作为非农就业的代理变量加入到随后的实证分析中；其次，通过分析非农就业对农户粮食生产土地、劳动、资金投入以及生产性资产投资的影响，验证非农就业对农户粮食生产带来的劳动力损失效应与收入效应，从而研究非农就业对粮食生产的影响机制。主要研究结论如下。

（1）非农就业对农户的土地转出行为具有显著的正向影响，而且这种影响会因务农劳动力是否老龄化或农业基础设施状况的好坏存在差异。其中，务农劳动力老龄化弱化了非农就业对农户转出部分土地的正向影响，因为老年劳动力的土地依赖性更高，而且他们的务农机会成本也更低。而农业基础设施状况较差，使得农户因非农就业受到较强的劳动力约束，从而加大了非农就业对农户土地转出的正向影响。

（2）非农就业对农户粮食生产家庭自投工的影响显著为负，对雇工投入的影响显著为正，验证了非农就业对农户粮食生产造成的劳动力损失效应。而且这种劳动力损失效应受到务农劳动力老龄化状况与农业基础设施状况的显著影响。如果家庭只有老年人务农或农业基础设施较差，非农就业户会显著减少家庭自投工，同时增加雇工投入。

（3）非农就业虽然提高了农户的收入水平，但对农户农资投入的影响却显著为负。不同的是，非农就业对农户农机作业支出的影响却显著为正。这表明收入效应的积极作用主要体现在增加劳动替代性较强的要素投入方面，对其他农资投入的影响体现的则是"懈怠"效应。但如果农业基础设施状况较差，农业机械的应用将受到限制，非农就业带来的收入效应的积极作用无法通过农机作业投入得到实现；如果农业基础设施状况较好，农业机械的应用较为便利，非农就业户则会通过加大农机作业支出，缓解劳动力约束。

（4）非农就业显著提高了农户的生产性资产投资，再次验证了非农就业收入效应的积极作用。不过，这种积极效应同样受到农业基础设施状况的显著影响。如果农业基础设施不配套，非农就业对生产性资产投资的积极作用将无法实现。

（5）生产策略的改变，使得不同非农就业程度农户要素投入的产出弹性存在明显差异。各类要素中，种植面积的产出弹性最高，但随非农就业程度的加深而降低；家庭劳工投入的产出弹性随非农就业程度的加深而提高。雇工投入在一定程度上对粮食生产造成了负向影响。农资投入对粮食生产具有重要贡献，尤其是对纯农户而言，其农资投入的产出弹性仅次于种植面积。农机作业支出对粮食产出具有积极作用，且这种积极效应在 II 兼农户中最为显著，因为他们的劳动力损失效应最大。生产保护性投入有助于提高农户的粮食产量，特别是对于纯农户与 I 兼农户，生产保护性投入的积极作用较为显著。

（6）在将非农就业程度变量纳入粮食生产函数后，回归结果显示非农就业对农户粮食产量的贡献显著为负，非农就业程度越高，农户的粮食产量越低。不过，进一步的估计结果显示，粮食产出随着非农就业程度的加深会呈现出先增加后减少的趋势，两者之间存在明显的倒"U"形关系。估计结果显示，非农就业程度为 50% 左右时，非农就业对农户粮食产出影响的积极效应达到峰值。这与在非农就业的不同阶段，资金与劳动投入要素的替代程度，以及农户对农业生产的"懈怠"程度不同有关。此外，农业基础设施的不完善，将显著加剧非农就业负效应凸显的进程。

（7）在不同农业基础设施状况条件下，农户的要素投入报酬以及非农就业对粮食生产影响的净效应均存在明显差异。相比于农业基础设施状况较差的农户，农业基础设施状况较好的农户的土地投入、家庭劳工投入、农机投入以及生产保护性投入的产出弹性都更高一些。农业基础设施状况较差明显地降低了生产投入的边际报酬。此外，非农就业对农户粮食产出的负向影响，仅在农业基础设施状况较差样本中显著，说明农业基础设施状况的改善，将在一定程度上抵消非农就业的负效应。较好的农业基础设施状况还有助于减轻老年劳动力的体力消耗，使得他们对粮食生产产生了积极作用。投资于农业基础设施建设将弥补地理因素带来的产出差距，并减轻自然灾害对粮食产量造成的损失。

（8）户主年龄、户主健康状况、劳均粮食种植面积、稻田地块数、人均农业收入以及地理区位因素对农户的生产要素投入均具有显著影响，但对不同特征要素投入的影响存在差异。

（9）在其他影响因素中，上年人均农业收入越高，农户的粮食产出越高；农业技术推广在粮食生产中依然发挥着巨大作用，能显著提高农户的粮食产量；耕地细碎化在一定程度上不利于粮食生产。人力资本因素对农户的粮食生产决策具有重要影响，较高的人力资本能显著提高粮食产出。此外，平原地区农户的粮食产出显著高于岗地地区；自然灾害使得农户的粮食产出平均减产 15.3%。

第四章
非农就业对粮食生产影响的效率
与风险效应

第三章的研究表明，非农就业改变了农户的劳动力与资金禀赋，促使他们调整生产策略，这虽然在非农就业之初有助于提高农户的粮食产出，但随着非农就业程度的加深，非农就业的负效应逐渐占据主导，最终对农户的粮食产出产生不利影响。上述研究强调的是非农就业对粮食生产最终"量"的影响，而未涉及生产策略改变后，要素投入水平与组合方式是否有效率，即未考虑粮食生产"质"的问题。长期以来，单纯依靠要素投入提高产量，片面强调高产的粮食安全目标，使得粗放式增长方式带来了诸多资源环境问题，显然难以持续，这使得减少生产资源浪费，提高粮食生产效率成为实现粮食生产可持续发展，保障我国口粮安全的现实选择。因此，检验非农就业对粮食生产的影响，还应该关注非农就业对粮食生产"质"的影响，即对粮食生产技术效率的影响。简单来说，技术效率[①]反映的是生产者用尽可能少的投入获取尽可能多的产出的能力。换言之，一个"低投入"的农户能比一个以"高投入"实现"高产出"的农户获得更高的技术效率水平，因为这个"高投入"的农户并未在其现有投入水平上尽可能接近其最大可能生产前沿[②]。可以看出，技术效率衡量的并非最终产出水平，而是生产者在一定的生产技术条件下的耕作管理水平，即对现有资源的综合利用能力。因此，从这个角度看，本章其实是从技术效率角度研究非农就业对农户粮食生产的长期影响，因为技术效率的提高是农业生产力不断提

---

① 农作物产量水平的差距不仅仅来源于要素投入强度变化带来的产出效应，还可能来自于农户耕作管理水平的差异（技术效率可以用于对这种管理水平进行测量）。抛开产出效应，那些以适量与适时的方式，投入较少要素并获得相应产出的农户的技术效率表现（即管理水平），也能比那些以使用较多要素为代价而获得较高产出的农户更好。尽管高投入的农户获得了较高产出，但并未实现其投入水平下的最大可能产出，即其离生产可能性前沿并不一定最近。这种因农业生产决策者能力或者说管理水平差异而造成农作物生产存在的潜在损失称作技术无效率导致的产出损失。而技术效率则可定义为产出水平的实际观测值与最大可能生产前沿产出值的比值。

② Mochebelele M T，Winter-Nelson A. Migrant labor and farm technical efficiency in Lesotho [J]．World Development，2000，（1）：143-153。

高的重要基础[①]。

非农就业对农户粮食生产技术效率的影响是多方面的。非农就业保障了农户的资金流动性，提高了农户的生产投入能力，使得他们能及时购买充足的生产资料，保证粮食生产顺利进行，但农户可能因此投入过量生产资料，造成要素投入冗余。而农户也可能因非农就业而无法及时提供足够的劳动力参与粮食耕作，使得粮食生产管理粗放化。特别是粮食生产种植对时间节点要求较高，若要素投入的"及时性"无法满足，将导致最终的产出表现大打折扣。不仅如此，非农收入水平的提高，还可能导致务农劳动力的农业生产积极性下降，产生学者所说的"搭便车"问题，这种生产态度的"懈怠"同样会导致农户的耕作管理水平下降。当然，如果资金能有效替代劳动，或者农户因非农收入提高而产生的"懈怠"问题并不是那么严重，那么非农就业同样可能改善农户的粮食生产管理水平，即提高农户的技术效率。

学者对我国农户粮食生产技术效率已展开了大量研究。但已有研究在测算农户的生产技术效率时较少考虑生产风险的存在以及农户对生产风险的响应。众所周知，生产者都是在不确定性条件下做出决策。粮食生产本身就面临着较高的自然风险，如天气变化、农业病虫害等，导致产出水平呈现出较高的波动性[②]。生产风险的存在不仅会影响粮食产量，也会影响农户的要素投入行为[③]。面对生产中的不确定性，农户将试图通过改变要素投入以减轻风险，因为他们基本上是风险规避型的[④]。然而，要素投入的改变可能会增加也可能会减少生产风险（产出波动）[⑤]。因此，如果生产风险对农户的粮食生产投入决策产生重要影响，那么农户的粮食生产技术效率表现也将发生显著的改变。这说明生产风险需要被纳入传统的技术效率分析框架。不仅如此，第三章的研究已经表明，非农就业改变了农户的资金与劳动力资源禀赋，这意味着，在面对自然风险时，非农就业户的要素投入调整策略会不同于纯农户。因此，非农就业如何影响农户的粮食生产风险是一个值得关注的问题。

此外，根据国家统计局农民工监测调查报告，伴随着各地城镇化、工业化

① 陈训波，武康平，贺炎林. 农地流转对农户生产率的影响——基于DEA方法的实证分析 [J]. 农业技术经济，2011，（08）：65-71.

② Villano R, Fleming E. Technical inefficiency and production risk in rice farming: evidence from central Luzon Philippines [J]. Asian Economic Journal, 2006, (1): 29-46; Tveteras R, Flaten O, Lien G. Production risk in multi-output industries: estimates from Norwegian dairy farms [J]. Applied Economics, 2011, (28): 4403-4414.

③ Bokusheva R. Production risk and technical inefficiency in Russian agriculture [J]. European Review of Agricultural Economics, 2006, (1): 93-118.

④ Tveteras R, Flaten O, Lien G. Production risk in multi-output industries: estimates from Norwegian dairy farms [J]. Applied Economics, 2011, (28): 4403-4414.

⑤ Just R E, Pope R D. Stochastic specification of production functions and economic implications [J]. Journal of Econometrics, 1978, (1): 67-86; Kumbhakar S C. Specification and estimation of production risk, risk preferences and technical efficiency [J]. American Journal of Agricultural Economics, 2002, (1): 8-22.

水平的快速提升，跨省流动农民工所占比例持续下降，农村劳动力非农就业分化趋势已逐渐显现，东部沿海城市不再是农村劳动力务工的唯一选择。以中小城市为重点、以率先放开中小城市和城镇户籍限制为突破口的新型城镇化战略，还将进一步提高中小城市与城镇对农村劳动力的吸引力，而这将加速农村劳动力非农就业模式的分化趋势，更多的农村劳动力可能会选择本地非农就业，甚至或将超过异地非农就业比例。那么，这两种不同模式的非农就业对农户的粮食生产效率的影响有何不同？如果本地非农就业对粮食生产效率造成了不利影响，那么就需要慎重考虑如何应对实施新型城镇化战略所带来的影响，而异地转移的影响又是否会区别于本地转移？甚少有学者对此进行研究。

再者，不同农作物生产特点存在较大差别，尤其是机械化对劳动的替代程度不同。例如，在江汉平原地区，粮食和棉花分别是最重要的粮食作物与经济作物，但粮食已基本上全部实现机械化收割，而棉花仍是人工采摘，对劳动者体力具有较高要求。这种种植特点的差异，会不会影响劳动力转移带来的劳动力损失效应与汇款收入效应，进而造成劳动力转移对农户生产技术效率的影响因作物而异？如果说这种差异确实存在，那么至少对粮食生产来说，应该更进一步因地制宜地推进农业机械化作业，提供更好的社会化服务以弥补农村劳动力的缺失。本章将对这些问题展开分析。

一、非农就业对粮食生产影响的效率与风险效应

（一）研究策略与模型设定

对农业生产技术效率的估计，学术界应用最为广泛的是生产前沿面方法。目前，生产前沿面方法的主流研究成果，主要有非参数和参数估计方法，前者以数据包络分析（data envelopment analysis，DEA）方法为代表，后者主要以随机前沿生产函数（stochastic frontier approach，SFA）方法为代表，两者各有优缺点。其中，非参数方法无须设定具体生产函数，但算法要求高，而参数估计方法具有经济理论基础，能同时估计生产函数与效率损失方程，反映出环境变量对技术效率的影响。本节将运用参数方法以估计农户的生产技术效率，同时估计外生变量对效率的冲击。随机前沿生产函数方法最早是由 Aigner 等[1]提

① Aigner D，Lovell C K，Schmidt P. Formulation and estimation of stochastic frontier production function models [J]. Journal of Econometrics，1977，（1）：21-37；Meeusen W，van den Broeck J. Efficiency estimation from Cobb-Douglas production functions with composed error [J]. International Economic Review，1977，18（2）：435-444。

出，其一般形式如下：

$$y_i = f(x_i; \beta) + \varepsilon_i \qquad (4.1)$$

式中，y_i 为第 i 个农户的粮食产出（$i=1, 2, \cdots, N$）；x_i 为投入要素向量；β 为待估参数向量；ε_i 为误差项，等于 $v_i - u_i$。其中，$v_i \sim N (0, \sigma_v^2)$ 为随机误差项，用以反映测量误差以及农户无法掌控的产出的随机变化；$u_i \sim N (0, \sigma_u^2)$ 为非负、独立的误差项，代表了农户的粮食产出离生产前沿的距离。因此，技术效率（techinical efficiency，TE）的定义为，实际产出与生产前沿上最大可能产出的比例。因此，第 i 个农户的技术效率可以表达为：$TE_i = \exp (-u_i)$。$\gamma = \sigma_u^2 / (\sigma_u^2 + \sigma_v^2)$ 则表示了残差中能被技术效率损失所解释的部分。

然而，上述随机前沿生产函数方程的定义有一个缺点，可能会严重限制其刻画生产技术的适用性。该随机前沿生产函数暗含的假设为，任何投入要素对产出的正向影响也会同时正向影响产出波动。Just 和 Pope 指出，这种假设在一些农业生产环境中并不一定站得住脚。例如，农药与灌溉的使用既能增加产量也能减少作物种植失败的风险[①]。因此，Just 和 Pope 提出了一个更加一般化的模型：

$$y_i = f(x_i; \beta) + \varepsilon_i = f(x_i; \beta) + g(z_i; \gamma)v_i \qquad (4.2)$$

式中，$f(x_i; \beta)$ 为确定性的生产方程，反映了要素投入对产出均值的影响；$g(x_i; \gamma)$ 为风险方程（risk function 或者 variance function），反映了要素投入对产出波动的影响；γ 为风险方程的参数向量；v_i 为误差项，服从标准正态分布；z_i 为生产风险的解释变量，可等同于要素投入变量 x_i。因此，要素投入 x_i 对预期产出和生产风险能够产生不同的影响，因为预期产出 $E(y) = f(x_i; \beta)$，生产风险 $V(y) = V(\varepsilon) = g^2(z_i; \gamma)$。投入要素 x_i 对生产风险的边际效应可能为正或负，也可能等于零。如果某种要素的边际风险效应为正（负），那么一个风险规避型的农户会比风险中立型的农户使用更少（更多）这种要素，而该要素可被称作风险增加型（减少）的要素[②]。为了估计农户的效率损失，Kumbhakar 提出了一个更加灵活的方法，将效率损失项包含在 Just and Pope 方程中，同时也可以估计效率损失的决定因素，方程形式如下[③]：

$$y_i = f(x_i; \beta) + g(z_i; \gamma)v_i + q(w_i; \delta)u_i \qquad (4.3)$$

式中，$q(w_i; \delta)$ 为效率损失方程，反映农户的社会经济特征与技术效率损失之间

① Just R E，Pope R D. Stochastic specification of production functions and economic implications [J]. Journal of Econometrics，1978，（1）：67-86。

② Tiedemann T，Latacz-Lohmann U. Production risk and technical efficiency in organic and conventional agriculture-the case of arable farms in Germany [J]. Journal of Agricultural Economics，2013，（1）：73-96。

③ Kumbhakar S C. Specification and estimation of production risk, risk preferences and technical efficiency[J]. American Journal of Agricultural Economics，2002，（1）：8-22。

的关系；w_i 为农户的社会经济特征变量；δ 为待估参数向量。这个方程对应于式（4.1）随机前沿生产函数的标准模型，但不同的是，式（4.3）的两个误差项均存在异方差性，即 $\sigma_{v_i}^2 = \exp(z_i; \gamma)$，$\sigma_{u_i}^2 = \exp(w_i; \delta)$。式（4.3）可运用一步式极大似然法估计出各项参数以及效率值，具体通过求解如下似然方程的最优解：

$$\ln L = \alpha - 0.5\sum_i \ln[\exp(w_i; \delta) + \exp(z_i; \gamma)] + \sum_i \ln \Phi \frac{-\varepsilon_i \lambda_i}{\sqrt{\exp(w_i; \delta) + \exp(z_i; \gamma)}}$$

$$-0.5\sum_i \frac{-\varepsilon_i^2}{\sqrt{\exp(w_i; \delta) + \exp(z_i; \gamma)}}$$

$$(4.4)$$

式中，$\varepsilon_i = v_i - u_i$；$\lambda_i = \sqrt{\exp(w_i; \delta)}/\sqrt{\exp(z_i; \gamma)}$；$\Phi$ 为标准正态分布。依据 Jondrow 等的研究，各农户的技术效率可通过 u_i 的条件分布测算得到[1]。对于模型（4.3）的具体形式。学者普遍采用的有两种，一种是柯布-道格拉斯方程，另一种是超越对数方程，本节首先假定生产前沿可能的形式为柯布-道格拉斯方程，在实证部分将通过似然比检验法确定最终的方程形式。基于柯布-道格拉斯生产方程，模型的具体形式可界定如下：

$$\begin{cases} \ln y_i = \beta_0 + \sum_{j=1}^{j} \ln x_{ij} + v_i - u_i \\ \sigma_{v_i}^2 = g\left(\prod_{j=1}^{j} z_j \gamma_j\right) \\ \sigma_{u_i}^2 = q\left(\prod_{k=1}^{k} w_k \delta_k\right) \end{cases} \quad (4.5)$$

式中，y_i 为第 i 个农户的粮食产出；x_{ij} 为第 i 个农户的第 j 种要素投入；z_j 为生产风险方程的解释变量；w_k 为效率损失方程的解释变量；γ_j 与 δ_k 分别为待估参数。式（4.5）中三个方程中的参数将利用最大似然法一步估计得到。

（二）变量选择与理论预期

1. 变量选择与预期

1）生产方程

生产方程纳入了粮食种植面积、家庭劳工投入、雇工投入、农资投入以及

———————
　① Jondrow J, Lovell C K, Materov I S, et al. On the estimation of technical inefficiency in the stochastic frontier production function model［J］. Journal of Econometrics，1982，（2）：233-238。

农机作业支出、生产保护性投入六个投入变量。由于这些变量含义与上一章相同，此处不再赘述。

2）技术效率损失方程

由于技术效率主要衡量的是农户的生产管理水平，所以农业生产决策者的人力资本水平以及农业生产经营外部条件是影响技术效率的主要因素。其中，人力资本因素主要包括：

（1）户主年龄。户主年龄对农户粮食生产技术效率的影响方向不确定。一方面，年龄反映了农民的生产经验，年龄越高，经验越丰富，越有利于提高农户的技术效率[1]。另一方面，年长的农民往往不愿意接受技术推广以及采纳新技术，这将阻碍技术效率的提高[2]。

（2）户主教育。较高的受教育程度往往意味着农民的知识水平较高，而且学习新技术的能力也更高，但也有学者指出，农民投入越多时间接受学校教育越可能投入较少时间学习种植管理以及学习新的耕作方式[3]。

（3）户主健康。健康是人力资本的重要组成部分，健康状况的恶化不仅会使得人们生产能力下降，还会影响他们的决策水平，从而造成生产效率的急剧下降[4]。

（4）农户社会地位。有家庭成员担任村干部的农户，其家庭人力资本水平往往较高，但村干部往往需要投入较多精力参与村集体事务管理，可能会导致农业生产管理不足。因而，该变量影响方向不确定。

（5）老年务农户。相比于青壮年劳动力，老龄劳动力往往存在体力资本的弱势，他们在田间耕作中可能会力不从心，导致效率损失。但农业机械的广泛应用以及老龄劳动力相对丰富的生产经验，也可能使得他们的效率损失并不明显。

此外，外部生产经营条件主要包括：

（1）信贷获得。信贷支持能够缓解农户的资金流动性限制，使得他们能及时购买生产要素以更有效地投入生产资源，预期该变量对农户粮食生产技术效率的影响为正[5]。

① Mariano M J，Villano R，Fleming E. Technical efficiency of rice farms in different agroclimatic zones in the Philippines：an application of a stochastic metafrontier model [J]. Asian Economic Journal，2011，（3）：245-269。

② Bravo Ureta B E，Pinheiro A E. Technical，economic，and allocative efficiency in peasant farming：evidence from the Dominican Republic [J]. The Developing Economies，1997，（1）：48-67。

③ Ma L，Feng S，Reidsma P，et al. Identifying entry points to improve fertilizer use efficiency in Taihu Basin，China [J]. Land Use Policy，2014，37（2）：52-59；Wouterse F. Migration and technical efficiency in cereal production：evidence from Burkina Faso [J]. Agricultural Economics，2010，（5）：385-395。

④ 赵忠. 我国农村人口的健康状况及影响因素 [J]. 管理世界，2006，（03）：78-85；苑会娜. 进城农民工的健康与收入——来自北京市农民工调查的证据 [J]. 管理世界，2009，（5）：56-66；Ulimwengu J. Farmers' health and agricultural productivity in rural Ethiopia [J]. African Journal of Agricultural and Resource Economics，2009，（2）：83-100。

⑤ Haji J. Production efficiency of smallholders' vegetable-dominated mixed farming system in eastern

（2）农业技术指导。农业技术推广能提供关于田间管理与农业生产新技术的有用信息。接受技术指导的农户可能在资源利用以及农作物生产方面比那些未接受过指导的农户更加有效率[1]。

（3）耕地细碎化。耕地细碎化会造成农户的效率损失，因为农户会因为在不同地块之间往来而花费额外的时间，同时，耕地细碎化也会给农户应用农机造成不便。

（4）农业基础设施。农业基础设施条件较差，意味着农业生产的进行将较为不便，农户会因此而浪费较多精力，也会比那些基础设施较好地区的农户投入更多的要素，从而造成生产管理水平的下降。

3）生产风险方程

与 Bokusheva、Villano 和 Fleming 以及 Gardebroek 等文献类似，我们同样将粮食生产的主要生产要素投入纳入生产风险方程中，以考察各要素投入变化对粮食产出波动的影响[2]。除了种植面积、家庭劳工投入、雇工投入、农资投入、农机作业支出以及生产保护性投入外，本书还在生产风险方程中纳入了两个外部环境条件变量，分别是自然灾害情况与地理区位因素。显然，自然灾害将显著加剧粮食产量波动，造成农户的粮食生产风险加大。不同地理区域的气候、水文以及地理特征存在较大差异，同样会影响粮食生产的稳定性。

2. 变量描述性统计

各变量的描述性统计见表4.1。由于部分变量已在第三章介绍过，此处不再赘述。从自然灾害情况看，不同类型农户受灾情况较为相近，受灾农户所占比例在 23%～30%，表明样本地区自然灾害情况较为严重。从信贷获得看，纯农户的借贷比例最高，有30%的纯农户在过去两年存在借贷行为，Ⅰ兼农户的比例为22%，Ⅱ兼农户的比例为26%。从农业技术指导看，纯农户接受农业技术推广的比例最高，为48%，Ⅰ兼农户为46%，Ⅱ兼农户比例最低，为43%。从耕地细碎化情况看，样本地区耕地细碎化程度较高，其中，纯农户所经营稻田，平均每亩为1.74块，Ⅰ兼农户为1.59块，Ⅱ兼农户为1.39块。从农业基础设

Ethiopia: a non-parametric approach [J]. Journal of African Economies, 2007, (1): 1-27.

[1] Karagiannis G, Tzouvelekas V, Xepapadeas A. Measuring irrigation water efficiency with a stochastic production frontier [J]. Environmental and Resource Economics, 2003, (1): 57-72; Watto M A, Mugera A. Measuring efficiency of cotton cultivation in Pakistan: a restricted production frontier study[J]. Journal of the Science of Food and Agriculture, 2014, (14): 3038-3045.

[2] Bokusheva R. Production risk and technical inefficiency in Russian agriculture [J]. European Review of Agricultural Economics, 2006, (1): 93-118; Villano R, Fleming E. Technical inefficiency and production risk in rice farming: evidence from central Luzon Philippines[J]. Asian Economic Journal, 2006, (1): 29-46; Gardebroek C, Chavez M D, Lansink A O. Analysing production technology and risk in organic and conventional dutch arable farming using panel data [J]. Journal of Agricultural Economics, 2010, (1): 60-75.

施状况看，纯农户的农业基础设施最差，50%的纯农户认为农业基础设施较差，其次为Ⅱ兼农户，比例为40%，Ⅰ兼农户的情况稍好一些，比例为33%，但总体来看，样本地区农业基础设施状况不容乐观。

表 4.1 变量描述性统计

变量名称	方程	纯农户	Ⅰ兼农户	Ⅱ兼农户
水稻总产量/千克	P	7 763.80	6 599.96	2 891.39
粮食种植面积/亩	P/R	13.94	11.93	5.41
家庭劳工投入/工	P/R	47.87	44.72	28.87
雇工投入/工	P/R	6.18	5.25	2.82
农资投入/元	P/R	5 107.29	4 661.54	2 011.83
农机作业支出/元	P/R	1 953.00	1 986.04	952.99
生产保护性投入/（0/1）	P/R	0.59	0.46	0.44
自然灾害情况/（0/1）	R	0.26	0.23	0.30
地理区域因素/（0/1）	R	0.52	0.56	0.46
户主年龄/岁	T	52.68	53.79	52.38
户主教育/年	T	8.11	8.00	8.13
户主健康/（1~5）	T	2.80	2.71	3.01
农户社会地位/（0/1）	T	0.20	0.18	0.27
老年务农户/（0/1）	T	0.20	0.22	0.20
信贷获得/（0/1）	T	0.30	0.22	0.26
农业技术指导/（0/1）	T	0.48	0.46	0.43
耕地细碎化/（块/亩）	T	1.74	1.59	1.39
农业基础设施/（0/1）	T	0.50	0.33	0.40

P 为生产方程；R 为生产风险方程；T 为技术效率损失方程。

第四章 影响的效率与风险效应 非农就业对粮食生产

107

（三）随机前沿生产函数估计结果

为了检验非农就业对农户粮食生产技术效率与生产风险的影响，我们依据农户的非农就业程度，分别估计了纯农户、Ⅰ兼农户与Ⅱ兼农户的技术效率与生产风险方程。如果发现农户的粮食生产技术效率随非农就业程度加深而下降，则意味着虽然非农就业的收入效应改善了农户的资金约束状况，但务农劳动力的损失，以及非农收入增加后农户可能存在的"懈怠"问题，使得农户未能或者难以及时、有效管理粮食生产,造成他们的粮食生产技术效率损失。反之,就表明非农就业有利于提高农户的管理水平,改善了他们的粮食生产技术效率。类似地,如果发现非农就业户的生产风险水平高于纯农户,则意味着非农就业带来的生产策略在一定程度上加剧了粮食生产波动。

为了确定模型的具体形式,我们首先利用似然比法对生产函数形式进行了检验。结果显示,似然比检验的 P 值分别为 0.6523、0.5871 与 0.6943,即三个模型均接受了柯布-道格拉斯方程形式优于超越对数方程形式的原假设。因此本书将采用柯布-道格拉斯生产函数方程进行实证分析。此外,似然比检验还分别在 1%统计水平上拒绝了无效率损失项的假设以及无生产风险项的假设,表明在估计随机生产前沿函数方程时,必须考虑农户的技术效率损失以及生产风险水平。

表 4.2 报告了纯农户、Ⅰ兼农户与Ⅱ兼农户随机生产前沿生产函数的极大似然估计结果。三个方程的卡方统计量分别为 5964.57、11 384.99 以及 13 106.23,都在 1%统计水平上显著,表明模型整体拟合效果较好。生产方程的估计结果与第三章结果相似,这里不再对其进行详细的解释。技术效率损失方程与生产风险方程的估计结果将在接下来部分分别解释。

表 4.2　不同非农就业程度农户随机前沿生产函数估计结果

	解释变量	纯农户		Ⅰ兼农户		Ⅱ兼农户	
		系数	标准误	系数	标准误	系数	标准误
生产方程	粮食种植面积	0.998***	0.035	0.989***	0.026	0.913***	0.028
	家庭劳工投入	0.035**	0.015	0.036**	0.016	0.051**	0.022
	雇工投入	-0.002*	0.001	-0.003**	0.001	-0.002**	0.001
	农资投入	0.021	0.018	0.031*	0.018	0.006	0.016
	农机作业支出	0.010	0.024	0.002	0.023	0.029**	0.013
	生产保护性投入	0.034**	0.016	0.022**	0.009	0.020	0.016
	常数项	6.347***	0.146	6.315***	0.149	6.156***	0.147
技术效率损失方程	户主年龄	-0.031	0.023	-0.045**	0.020	-0.014	0.023
	户主教育	-0.264***	0.084	-0.347***	0.068	-0.179***	0.067
	户主健康	0.150	0.114	0.149	0.100	0.066	0.119
	农户社会地位	1.087**	0.484	0.218	0.482	0.276	0.310
	老年务农户	0.374	0.509	0.356	0.521	0.050	0.436
	信贷获得	-1.939***	0.490	-1.657**	0.781	-0.903**	0.451

解释变量		纯农户		I 兼农户		II 兼农户	
		系数	标准误	系数	标准误	系数	标准误
技术效率损失方程	农业技术指导	-2.660***	0.958	-1.953***	0.484	-2.811***	0.443
	耕地细碎化	0.172	0.123	0.026	0.101	0.001	0.144
	农业基础设施	0.266	0.366	0.065	0.369	1.203***	0.288
	常数项	2.397*	1.443	2.792**	1.310	-2.740**	1.386
生产风险方程	粮食种植面积	-0.460	0.692	-0.067	0.478	-1.322***	0.441
	家庭劳工投入	-0.731**	0.308	-0.696**	0.279	-0.799***	0.293
	雇工投入	0.041	0.033	0.002	0.028	0.028	0.025
	农资投入	0.091	0.289	0.285	0.307	1.158***	0.306
	农机作业支出	-0.141	0.524	-0.984***	0.372	-0.554	0.408
	生产保护性投入	-0.568***	0.195	-0.157*	0.083	-0.235	0.304
	自然灾害情况	1.451***	0.499	1.148***	0.374	1.292***	0.435
	地理区域因素	0.335	0.383	0.085	0.292	1.056***	0.297
常数项		-5.437*	2.859	-0.623	2.519	-9.516***	2.545
似然对数值		110.01		143.72		140.63	
卡方统计值		5 964.57***		11 384.99***		13 106.23***	

***、**和*分别表示在 1%、5%和 10%的统计水平上显著。

（四）技术效率损失方程估计结果的解释

1.估计结果解释

首先需要说明的是，由于技术效率损失方程反映的是人力资本因素与外部环境条件对农户粮食生产技术效率损失的影响，因此该方程中解释变量系数若为负值，则表示该变量对技术效率有正向影响，若为正值，则表示该变量对技术效率有负向影响。

由表 4.2 的技术效率损失方程估计结果可知，在人力资本因素方面，户主年龄变量的系数为负，表明户主年龄变量对农户的粮食生产技术效率具有正向影响，但该变量仅在 I 兼农户中显著。这表明在 I 兼农户样本中，户主的种粮经验对改善他们的粮食耕作管理水平具有重要作用。户主教育变量对农户粮食生产技术效率的影响显著为正，说明投资于教育对于提升农户粮食耕作管理水平具有重要意义。农户社会地位变量仅对纯农户的粮食生产技术效率的影响显著为负。原因可能在于，与Ⅰ兼农户和Ⅱ兼农户不同，农业生产在纯农户的家庭经营活动中占据重要地位，但村干部的身份使得家庭核心成员将更多的精力花费在村集体事务上，而较少关注自家的农业生产情况，从而导致效率损失。户主健康变量与老年务农户变量对农户粮食生产技术效率的影响均为负，但都未通过显著性检验。

从外部环境条件看，信贷获得变量的系数为负，且在3个模型中分别通过1%、5%与10%的显著性检验，表明信贷获得对农户的技术效率产生了显著的积极影响。不过，这种积极效应的大小在不同非农就业程度农户之间存在差异：信贷获得对纯农户技术效率改善贡献最大，其次为Ⅰ兼农户，最后是Ⅱ兼农户。从前面的分析可知，信贷获得能显著改善农户的资金约束。对于样本农户而言，纯农户的资金约束最高，Ⅱ兼农户的资金约束最低，因而信贷获得对纯农户资金约束的缓解效应最明显，相应地，对他们效率的改善作用也最大。农业技术指导对样本农户粮食生产技术效率的影响显著为正，与预期相符，表明农业技术推广服务能显著提高农户的生产管理水平。农业基础设施变量的系数为正，与预期相符，即农业基础设施状况较差降低了农户的粮食生产技术效率水平。但该变量仅在Ⅱ兼农户中显著，这说明农业基础设施状况对Ⅱ兼农户的约束性最高，若农业基础设施状况较差，Ⅱ兼农户的劳动力损失问题将更加突出，从而限制了技术效率水平的提升。此外，耕地细碎化对农户粮食生产技术效率的影响为负，细碎化程度越高，农户技术效率越低，但该变量并不显著。

2. 技术效率分布

接下来讨论农户粮食生产技术效率估计结果。表4.3报告了不同非农就业程度农户粮食生产技术效率的分布情况。

表4.3　农户粮食生产技术效率分布

技术效率值	纯农户		Ⅰ兼农户		Ⅱ兼农户	
	频数/户	比例/%	频数/户	比例/%	频数/户	比例/%
<0.50	2	1.13	2	0.89	11	3.63
0.50～0.60	5	3.95	7	3.56	6	2.02
0.60～0.70	13	9.60	10	5.33	20	6.45
0.70～0.80	13	9.60	17	8.89	33	10.48
0.80～0.90	37	26.55	49	24.89	71	22.58
0.90～0.99	68	49.15	97	49.33	130	41.13

技术效率值	纯农户		Ⅰ兼农户		Ⅱ兼农户	
	频数/户	比例/%	频数/户	比例/%	频数/户	比例/%
1.00	0	0.00	14	7.11	43	13.71
总数	139		196		315	
平均值	0.860		0.882		0.874	
最小值	0.298		0.287		0.283	
最大值	0.992		1.000		1.000	

从效率分布情况看，Ⅱ兼农户技术效率分布在两端的比例最高，其中技术效率值小于 0.5 的农户占Ⅱ兼农户的 3.63%，而纯农户与Ⅰ兼农户的这一比例仅为 1.13%和 0.89%；Ⅱ兼农户中效率值为 1 的农户所占比例为 13.71%，而纯农户与Ⅰ兼农户的比例则分别为 0 与 7.11%。这说明非农就业程度的加深，Ⅱ兼农户内部的要素禀赋差异也被拉大，导致Ⅱ兼农户中存在部分农户技术效率表现极好，部分农户表现极差的情况。此外，纯农户中技术效率值低于 0.8 的农户比例最高，占比 24.28%，Ⅰ兼农户比例为 18.67，Ⅱ兼农户比例为 22.58%，这表明纯农户与Ⅱ兼农户中处于低效率水平的农户较多。

从效率均值看，纯农户技术效率均值最低，为 0.860，Ⅰ兼农户的技术效率均值最高，为 0.882，Ⅱ兼农户的技术效率均值为 0.874。t 检验结果显示，纯农户与Ⅰ兼农户的效率均值存在显著差别，但纯农户与Ⅱ兼农户之间，以及Ⅰ兼农户与Ⅱ兼农户之间的均值差异并不显著（表 4.4）。尽管Ⅱ兼农户与纯农户效率均值差异并不显著，但Ⅱ兼农户效率均值水平要高于纯农户，而Ⅰ兼农户的技术效率则显著高于纯农户，因此可以初步得出的结论是，非农就业收入效应的积极作用抵消了劳动力损失效应以及"懈怠"效应的消极作用，并且整体而言改善了农户粮食生产管理水平，提高了他们的技术效率水平。不过，从Ⅱ兼农户的技术效率均值比Ⅰ兼农户低的情况来看，随着非农就业程度的提高，农户的技术效率水平可能存在一个下降的趋势，收入进一步增加后的"懈怠"效应以及劳动力损失程度的进一步扩大都将导致农户的技术效率损失加大。

表 4.4　农户效率均值差异的 t 检验结果

原假设	t 值	P 值	结果
纯农户与Ⅰ兼农户效率均值无显著差别	−1.658	0.098	拒绝
纯农户与Ⅱ兼农户效率均值无显著差别	−0.098	0.325	接受
Ⅰ兼农户与Ⅱ兼农户效率均值无显著差别	0.621	0.535	接受

此外，基于产出导向的技术效率值反映的是实际观测产出水平与可行的最大可能产出水平的比值。也就是说，在保持现有投入水平不变的前提下，通过提高耕作管理水平，纯农户至少可以在其现有粮食产出水平上再提高14%的产量，Ⅰ兼农户的粮食产量则至少可以再提高11.8%，Ⅱ兼农户则可以再提高12.6%。这说明，通过提高农户生产管理水平，减少技术效率损失，以增加粮食产量的空间巨大。

（五）生产风险方程估计结果的解释

1. 估计结果解释

表 4.2 的生产风险方程部分报告了各投入要素、自然灾害情况和地理区域因素的生产风险弹性估计结果。粮食种植面积的系数为负，但仅对Ⅱ兼农户的生产风险影响显著。从弹性值看，Ⅱ兼农户的粮食种植面积每扩大 1%，粮食产出波动将减少 1.322%，也就是说，粮食种植面积对于Ⅱ兼农户而言是一种显著的风险减少型要素投入。尽管国外一些研究表明，耕地经营面积的扩大将导致农户的产出波动加大，因为经营规模较大的农户往往来不及应对突如其来的糟糕天气，尤其是在收成或栽种阶段[1]。不可否认，这些学者的观点有一定的道理，但他们研究的样本农户种植面积都至少在 100 公顷以上，因此规模过大造成的生产调整不及时等问题可能更为突出。对于本书的研究样本而言，问题可能更多发生在规模过小方面，因为他们的粮食种植面积平均值不到 10 亩，尤其是Ⅱ兼农户，其粮食种植面积均值仅为 5.4 亩。适当扩大种植规模，特别是对于Ⅱ兼农户而言，有助于他们稳定粮食产量。还有一个原因可能是种植面积的扩大也意味着地块数量的增多，进而会带来风险的分散，使得产出发生较大波动的可能性耕地。遗憾的是，尚未发现国内有相关研究可以用来对比分析研究结果。

家庭劳工投入的系数为负，且在三个模型中至少在 5%统计水平上显著，表明劳动投入对于粮食生产而言属于一种风险减少型要素投入。充足的劳动投入能减少粮食生产的波动性。一个直观的例子是，样本地区夏季多旱，如果没有足够的劳动投入以引水灌溉，农户的粮食生产将因缺水而遭受较大损失。家

① Bokusheva R. Production risk and technical inefficiency in Russian agriculture ［J］. European Review of Agricultural Economics，2006，（1）：93-118；Tiedemann T，Latacz-Lohmann U. Production risk and technical efficiency in organic and conventional agriculture - the case of arable farms in Germany ［J］. Journal of Agricultural Economics，2013，（1）：73-96.

庭劳工投入的风险减少效应对Ⅱ兼农户最显著，Ⅱ兼农户的劳动投入每增加1%，他们的粮食产出波动将减少 0.799%，这显然与他们的劳动力约束最强有直接关系。然而，雇工投入却具有风险增加效应，雇工投入的增加将加大农户粮食产量的波动，不过这种影响并不显著。

农资投入的系数为正，表明农资投入对于样本地区的粮食生产而言属于风险增加型要素投入。农资投入主要包含化肥、农药以及种子等支出。虽然化肥投入有利于提高产量，但样本地区过量施肥问题较为严重，反而造成土壤质量下降，粮食产出的不稳定性加大。此外，农药投入虽然有利于减少粮食产出损失，但农户往往并不是用农药预防病虫害的发生，而是在事后灭虫，这意味着损失可能已经发生。不过，农资投入的风险增加效应仅对Ⅱ兼农户显著。

农机作业支出的系数为负，即农业作业投入属于风险减少型要素投入。农机的使用将帮助农户缩短插秧、收割等环节的时间消耗，有利于减少粮食种植与收割遭受不利天气影响的可能性。农机作业的风险减少效应仅对Ⅰ兼农户显著。生产保护性投入变量的系数为负，且在纯农户与Ⅰ兼农户方程中通过显著性检验。这说明生产保护性投入有助于减轻粮食产出的波动，降低农户的生产风险。生产保护性投入能改善土壤质量，提高土地产出能力，进而有助于粮食产出的稳定。

此外，自然灾害因素对农户粮食生产风险的影响显著为正。自然灾害属于典型的风险增加型因素，特别是对粮食生产而言，旱涝灾情的发生都将造成粮食生产大幅减产。地理区域因素的系数为正，表明样本中平原地区农户粮食生产的风险高于岗地地区农户。

2. 生产风险分布

为了考察不同非农就业程度农户的生产风险水平，我们在估计完生产风险方程后，对农户生产风险水平也进行了测算，具体生产风险水平分布见表4.5。

表 4.5　农户粮食生产技术效率分布

生产风险值	纯农户		Ⅰ兼农户		Ⅱ兼农户	
	频数/户	比例/%	频数/户	比例/%	频数/户	比例/%
<0.01	93	66.67	114	58.22	23	7.26
0.01～0.02	24	17.51	51	26.22	10	3.23
0.02～0.05	18	12.99	22	11.11	111	35.08
0.05～0.10	4	2.82	8	4.00	150	47.58
0.10～0.15	0	0.00	1	0.44	22	6.85

生产风险值	纯农户		I 兼农户		II 兼农户	
	频数/户	比例/%	频数/户	比例/%	频数/户	比例/%
总数	139	100	196	100	315	100
平均值	0.011 9		0.013 2		0.056 9	
最小值	0.001 6		0.000 5		0.000 4	
最大值	0.074 4		0.137 4		0.146 2	

从生产风险水平分布看,纯农户与 I 兼农户的生产风险水平值主要分布在 0.02 以下,而 II 兼农户的生产风险水平值主要分布在 0.02 以上。其中,纯农户生产风险水平在 0.01 以下的占 66.67%,I 兼农户在该范围内的占 58.22%,而 II 兼农户中仅有 7.26% 农户生产风险水平在 0.01 以下。在高风险水平一端,纯农户仅有 2.82% 的农户生产风险水平超过 0.05,I 兼农户该比例为 4.44%,而 II 兼农户的比例高达 54.43%。这表明 II 兼农户与纯农户和 I 兼农户之间的生产风险水平差异较为显著。

从生产风险水平均值看,纯农户生产风险水平最低,为 0.0119,I 兼农户的生产风险水平为 0.0132,II 兼农户的生产风险水平最高为 0.0569。t 检验结果显示,纯农户、I 兼农户分别与 II 兼农户的生产风险水平均值存在显著差别,但纯农户与 I 兼农户之间的差别并不显著(表 4.6)。这表明,非农就业的收入效应虽然增强了农户的风险应对能力,但劳动力损失效应使得农户面临的农业生产风险加大。因为农业生产中的适时调整策略,也就是为应对自然、市场风险而适时调整要素投入以减少生产波动的策略,不仅受农户的经济状况或者说经济承受能力的影响,还显著受到农户的劳动力资源状况的约束。而且非农就业显著改变了农户的资源禀赋,使得农户调整了要素投入水平与组合方式,而要素投入的增加或减少又对生产风险有着加剧或弱化效应,从而使得不同非农就业程度农户的生产风险水平存在明显差异。

表 4.6 农户生产风险水平均值差异的 t 检验结果

原假设	t 值	P 值	结果
纯农户与 I 兼农户生产风险水平均值无显著差别	0.442	0.658	接受
纯农户与 II 兼农户生产风险水平均值无显著差别	−15.026	0.000	拒绝
I 兼农户与 II 兼农户生产风险水平均值无显著差别	−14.500	0.000	拒绝

（六）非农就业程度对粮食生产技术效率与生产风险影响的再估计

前面通过对比分析纯农户、Ⅰ兼农户与Ⅱ兼农户的技术效率水平值，得出了非农就业有利于改善农户的粮食生产技术效率水平的结论，但随着非农就业程度的进一步加深，农户的粮食生产技术效率存在下降趋势。此外，上述研究还发现，Ⅱ兼农户的粮食生产风险水平显著高于纯农户与Ⅰ兼农户的生产风险水平。下面将通过更直接的方法进一步验证这些结论，即将非农就业程度变量直接纳入到技术效率损失方程与生产风险方程中，通过系数估计的方法，考察非农就业程度对农户粮食生产技术效率与生产风险的影响。

为了检验非农就业程度与农户粮食生产技术效率与生产风险水平之间可能存在的非线性关系，我们还在技术效率损失方程与生产风险方程中加入了非农就业程度变量的平方项构成了2个模型，具体估计结果见表4.7。

表 4.7　非农就业对农户粮食生产技术效率与生产风险影响的再估计结果

解释变量		模型一		模型二	
		系数	标准误	系数	标准误
生产方程	粮食种植面积	0.913^{***}	0.016	0.913^{***}	0.016
	家庭劳工投入	0.030^{***}	0.009	0.029^{***}	0.008
	雇工投入	-0.002^{***}	<0.001	-0.002^{***}	<0.001
	农资投入	0.025^{**}	0.010	0.023^{**}	0.010
	农机作业支出	0.026^{*}	0.013	0.028^{**}	0.013
	生产保护性投入	0.021^{**}	0.009	0.022^{**}	0.009
	常数项	6.222^{***}	0.087	6.213^{***}	0.087
技术效率损失方程	非农就业程度	-0.288	0.387	-0.839	0.738
	非农就业程度平方项	—		1.681^{*}	0.910
	户主年龄	-0.025^{**}	0.012	-0.030^{**}	0.012
	户主教育	-0.257^{***}	0.039	-0.258^{***}	0.038
	户主健康	0.152^{**}	0.062	0.137^{**}	0.063
	农户社会地位	0.510^{**}	0.225	0.429^{*}	0.237
	老年务农户	0.203	0.273	0.143	0.273
	信贷获得	-2.642^{***}	0.356	-2.533^{***}	0.373
	农业技术指导	-2.307^{***}	0.303	-2.424^{***}	0.318

解释变量		模型一		模型二	
		系数	标准误	系数	标准误
技术效率损失方程	耕地细碎化	0.048	0.055	0.027	0.055
	农业基础设施	0.387**	0.171	0.374**	0.174
	常数项	−0.062	0.721	0.322	0.754
生产风险方程	非农就业程度	1.065**	0.509	4.459**	1.884
	非农就业程度平方项	—	—	3.709	2.846
	粮食种植面积	−0.643**	0.282	−0.604**	0.279
	家庭劳工投入	−0.403**	0.162	−0.403**	0.158
	雇工投入	0.023	0.015	0.023	0.015
	农资投入	0.434***	0.166	0.443***	0.159
	农机作业支出	−0.587***	0.218	−0.694***	0.227
	生产保护性投入	−0.246**	0.123	−0.239**	0.114
	自然灾害情况	0.964***	0.254	1.015***	0.257
	地理区域因素	0.639***	0.190	0.584***	0.187
常数项		−5.460***	1.487	−5.454***	1.496
似然对数值		365.41		361.59	
卡方统计值		36 008.02***		33 604.33***	

***、**和*分别表示在1%、5%和10%的统计水平上显著。

从技术效率损失方程看,仅有微弱证明非农就业有助于改善农户的粮食生产技术效率水平,因为模型一中,虽然非农就业程度变量的系数为负,但该变量未通过显著性检验。模型二的结果显示,非农就业程度变量平方项的系数为正,且该变量在10%统计水平上显著,表明非农就业程度与农户的粮食生产技术效率损失之间存在"U"形关系,换言之,非农就业程度与农户的粮食生产技术效率水平之间存在倒"U"形关系。这一发现验证了前面的结论,即Ⅰ兼农户的技术效率最高,Ⅱ兼农户次之,纯农户技术效率水平最低。这意味着,非农就业在一定程度上有助于提高农户的粮食生产技术效率水平,但随着非农就业程度的加深,这种积极效应将逐步被非农就业的消极效应所抵消,直至造成农户的技术效率损失。由图4.1可以清晰看出,农户粮食生产技术效率的峰值大多集中在中等非农就业程度附近,技术效率拟合曲线呈现出两端下弯的倒"U"形形状。

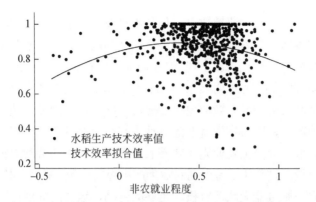

图 4.1 非农就业程度与农户粮食生产技术效率关系的拟合图

注：由于非农就业程度变量采用的是用工具变量法处理后的拟合值，故会存在部分负值的情况。

从生产风险方程看，模型一中非农就业程度变量的系数为正，且在 5%统计水平上显著，这表明非农就业户的粮食生产风险显著高于纯农户，且随着非农就业程度的加深，农户的粮食生产风险也随之变大。模型二的估计结果显示，非农就业变量的二次项系数虽为正，但该变量未通过显著性检验，说明非农就业与农户的粮食生产风险之间并不存在明显的非线性关系。这从图 4.2 可以看出，在非农就业程度拟合值为 0 之前，生产风险水平随非农就业程度提高有微弱的下降趋势，但在之后，则一直呈上涨趋势。

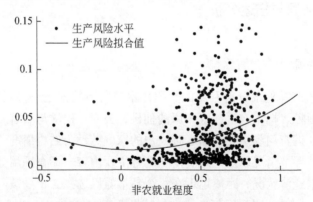

图 4.2 非农就业程度与农户粮食生产风险关系的拟合图

注：由于非农就业程度变量采用的是用工具变量法处理后的拟合值，故会存在部分负值的情况。

二、不同模式非农就业对粮食生产效率的影响

由前面对已有研究的回顾可以发现，学者就非农就业与粮食生产效率之间

的关系已经取得了丰富的研究成果。但是不难发现，学者一般将非农就业视为同质的，而较少考虑到本地就业与异地就业之间的差异。虽然陈素琼和张广胜将非农就业区分为第一代与新生代，但他们未考虑到非农就业距离远近的差异，且其结论发现代际差异并不明显①。一般而言，本地就业的非农收入要低于异地就业，相应地其带来的收入效应也可能要低一些，但异地就业造成的劳动力损失要大于本地就业，因为本地就业的劳动力往往会兼顾农业生产，其回家务农的交通成本较低，而异地就业则意味着农户存在长时间的劳动力损失，农忙返家的机会成本较高，尤其是考虑到农业生产中经常出现"抢种、抢收"的情况，异地就业的农户则可能无法及时投入足够的劳动，这些差异使得二者对农户技术效率的影响存在不确定性。不仅如此，学者较少关注的问题是不同作物生产要素之间的替代性存在差异。对于机械化程度高的作物而言，汇款收入效应能有效弥补劳动力损失，而对于劳动投入要求高的作物，往往只能通过增加化肥、农药的投入来弥补，但这些要素的投入同样需要相应的劳动投入，而且存在边际效应递减问题。因此，作物种植特点的差异同样可能会造成本地就业与异地就业的影响存在差异。基于此，我们在比较不同类型农户技术效率的差异的基础上，进一步分析不同模式非农就业对农户技术效率的影响，并研究这种影响是否因作物不同而存在差异。

（一）数据来源与描述分析

1. 数据来源

不同于本书其他部分所利用的数据，本节所用数据是来自课题组于 2013 年 8 月对我国粮、棉主产区江汉平原的仙桃、公安、松滋与石首 4 县市种植户的抽样调查。调查问卷主要涵盖了种植户的家庭劳动力结构情况、家庭经营状况、作物种植环节情况以及土地利用状况等主要内容。调查采用分层随机抽样的方法，根据经济状况、距离远近在每个县市随机选择 3 个乡镇，在每个乡镇随机抽取 3～4 个村，最后在每个样本村随机调查 10 户农户，共调查样本户 370 户，有效问卷达 368 份。考虑到早稻、晚稻与中稻在种植环节的投入水平存在较大差别，为了保证投入产出分析的可比性，本节仅保留了种植中稻的农户样本，共计 334 户，其中有 185 户农户种植了棉花。

---

① 陈素琼，张广胜. 农村劳动力转移对水稻生产技术效率的影响：存在代际差异吗——基于辽宁省的调查 [J]. 农业技术经济，2012，（12）：31-38。

2. 变量描述分析

表 4.8 报告了本节研究所采用的各变量的统计特征，由于变量的选择与前面章节相似，在此不再赘述。

表4.8　变量说明及描述性统计

变量名称		变量说明	水稻		棉花	
			均值	标准差	均值	标准差
种植投入	种植面积	实际播种面积/公顷	0.66	0.77	0.46	0.57
	化肥费用	化肥总支出/元	1 917.08	2 856.99	1 358.41	1 526.61
	农药费用	农药总支出/元	1 323.31	1 838.50	1 005.27	1 440.91
	机械费用	自有与租用机械费用/元	1 705.78	2 086.93	345.34	521.28
	劳动投入	生产各环节投工总量/工	37.23	57.51	117.85	86.54
种植产出	总产量	实际产出总量/千克	5 839.15	6 926.95	1 586.33	1 796.58
非农就业	本地就业	家庭成员本省非农就业人数/人	0.40	0.85	0.44	0.89
	异地就业	家庭成员外省非农就业人数/人	0.95	1.08	0.96	1.10
农户劳动力特征	户主年龄	户主实际年龄/岁	53.17	9.05	53.22	9.14
	户主受教育年限	受教育年数/年	7.89	2.92	7.69	2.87
	户主健康状况	1=很好；2=好；3=一般；4=差；5=很差	1.73	1.07	1.71	1.09
	务农女性比例	务农劳动力中女性比例	0.46	0.20	0.47	0.17
	务农老年比例	务农劳动力中老年比例	0.26	0.39	0.26	0.40
家庭经营特征	人均耕地面积	人均经营耕地面积/（公顷/人）	0.25	0.27	0.27	0.28
	农业收入比例	农业收入占家庭收入比例	0.47	0.33	0.50	0.32
	是否租入耕地	1=是；0=否	0.25	0.43	0.32	0.46
	是否持有农业机械	1=是；0=否	0.43	0.51	0.42	0.49
外部环境特征	是否接受过技术培训	1=是；0=否	0.51	0.50	0.48	0.50
	贷款是否困难	1=困难；0=不困难	0.49	0.50	2.44	1.15
	村到镇上的距离	村委会到镇政府距离/公里	5.55	3.41	5.71	3.25
地区虚拟变量	是否为地区二	公安县=1；其他县市=0	0.26	0.44	0.31	0.46
	是否为地区三	松滋市=1；其他县市=0	0.21	0.41	0.09	0.29
	是否为地区四	石首市=1；其他县市=0	0.23	0.42	0.27	0.44

（二）农户生产技术效率测算与影响因素分析

1. 模型选择

在研究农户生产技术效率影响因素时，学者常借助 DEA-Tobit 两步法进行分析，即首先运用 DEA 模型准确测算农户的技术效率，再利用 Tobit 模型重点考察其他变量对技术效率的影响①。类似地，我们将首先运用 DEA 模型测算农户的水稻、棉花生产技术效率，再利用 Tobit 模型分析不同模式非农就业对农户效率的影响。考虑到其他学者已经对 DEA-Tobit 两步法进行过详细介绍，这里仅作简要说明。

1）DEA 方法

上一节我们运用参数方法对农户的粮食生产技术效率进行了测算，本节我们将运用非参数 DEA 方法进行估计，它避免了参数方法的多种限制，如需预先对模型进行设定等，而且，DEA 方法更侧重对观测个体的考察，而不是样本平均值，因而它在对各观测个体的效率测度方面更具优势。需要说明的是，运用 DEA 方法测度出的农户生产技术效率，是各决策单元（样本农户）的相对效率。此外，当所有决策单元以最优规模进行生产时，适合采用规模报酬不变（CRS）形式，而在不完全竞争市场中，决策单元往往不能以最优规模运作，更适用于规模报酬可变（VRS）的情况，考虑到我国农业生产的实际情况，我们将采用 VRS 模型。再者，农户在生产过程中所能控制与调整的，通常只有生产要素的投入量，而无法自由调整产出，所以本节选用了投入导向模型。基于上述考虑，我们将采用基于投入导向的 VRS 模型，测度样本农户的技术效率，指标取值区间为（0，1］，数值越大表示效率越高。

2）Tobit 模型

考虑到将采用的因变量即农户技术效率的取值范围被限制为 0~1，若直接运用 OLS 方法将该效率值对非农就业变量以及其他环境变量进行回归分析，则无法得到一致估计。因而，我们将采用适用于受限被解释变量的双边截断的 Tobit 模型进行研究，其表达式为

---

① 许朗，黄莺. 农业灌溉用水效率及其影响因素分析——基于安徽省蒙城县的实地调查. 资源科学，2012，（01）：105-113。

$$Y^* = \beta^{\mathrm{T}} X_i + \varepsilon_i$$
$$Y = Y^*, \quad 若 Y^* \in (0,1]$$
$$Y = 0, \quad 若 Y^* \in (-\infty, 0) \tag{4.6}$$
$$Y = 1, \quad 若 Y^* \in (1, +\infty)$$

式中，Y 为因变量，即农户的水稻、棉花生产技术效率；X_i 为非农就业变量，以及其他环境变量；β^{T} 为待估计系数转置矩阵；ε_i 为随机误差项；Y^* 为潜变量。

2. 效率测算

在测算农户水稻和棉花生产技术效率时，采用的投入指标主要包括水稻和棉花的种植面积、化肥费用、农药费用、机械费用以及劳动投入 5 个指标，产出指标分别采用的是水稻和棉花的总产量。运用 MaxDEA5.2 软件，基于投入导向的 VRS 模型，分别测算出农户的水稻生产技术效率与棉花生产技术效率分布，结果见表 4.9。

表 4.9　农户水稻与棉花生产技术效率均值与分布

品种	效率均值	效率分布/户				
		0≤TE≤0.2	0.2<TE≤0.4	0.4<TE≤0.6	0.6<TE≤0.8	0.8<TE≤1.0
水稻	0.799 3	0	1	33	127	173
棉花	0.410 8	48	65	32	14	26

从表 4.9 可知，样本农户的水稻种植技术效率为 0.7993，即存在 20.07% 的效率损失；棉花种植技术效率均值仅为 0.4108，说明农户的棉花种植还有 58.92% 的效率提升空间。从二者的效率分布来看，农户的水稻种植效率主要集中在 0～1 的右侧，大于 0.6 的农户比例达到 89.8%；而棉花种植效率主要集中在左侧，小于 0.6 的农户比例达到 78.3%。因此，有必要进一步分析哪些因素影响了农户的农业生产技术效率。

根据非农就业人数，对样本农户进行分类后，各类别效率均值见表 4.10。

表 4.10　不同就业人数农户水稻和棉花生产技术效率均值

非农就业人数	水稻		棉花	
	本地就业	异地就业	本地就业	异地就业
0 人	0.787 6	0.787 6	0.436 3	0.436 3
1 人	0.834 9	0.793 1	0.401 5	0.340 6
2 人	0.834 1	0.792 7	0.389 1	0.409 6
≥3 人	0.822 9	0.801 2	0.406 0	0.362 0

在所有种植水稻的样本农户中，无非农就业成员农户的水稻生产技术效率最低，均值为 0.7876，随着本地就业人数的增多，水稻生产技术效率存在下降趋势，而异地就业人数≥3 人的农户，其效率均值要高于就业了 1 人或 2 人的农户。不同的是，棉花种植户中，无就业成员的农户效率均值要高于其他农户。相对于无就业成员的农户，其他存在非农就业农户的棉花种植技术效率均有一定程度的下降，而且这一趋势随着异地就业人数的增多更加明显。不过，对于就业对水稻、棉花生产技术效率的影响效应则需要进一步实证分析。

3. 影响因素分析

运用 Stata12.0 软件分别对农户种植水稻和棉花技术效率的影响因素进行双边截断的 Tobit 回归分析，估计结果见表 4.11。

表 4.11　水稻与棉花生产技术效率的影响因素回归分析结果

解释变量	水稻生产技术效率		棉花生产技术效率	
	系数值	t 值	系数值	t 值
本地就业	0.0276**	2.2167	0.0148	0.5322
异地就业	0.0165*	1.8214	−0.0329*	−1.6731
户主年龄	−0.0031***	−2.6032	−0.0019***	−2.7012
户主受教育年限	−0.0029	−0.8527	−0.0015	−0.2034
户主健康状况	−0.0189**	−2.1329	−0.0299*	−1.6856
务农女性比例	0.0913**	2.1034	−0.1131	−0.9056
务农老年比例	0.0123	0.4279	−0.0801	−1.2951
人均耕地面积	0.0039*	1.7625	0.0103*	1.7862
农业收入比例	0.0653**	2.0243	0.1821**	2.3059
是否租入耕地	0.0239	1.1576	0.1731	1.4243
是否持有农业机械	0.0317*	1.7992	0.1017	1.5108
是否接受过技术培训	0.0278*	1.6573	0.0152**	2.3044
贷款是否困难	−0.0035	1.4263	−0.0035	0.7286
村到镇上的距离	−0.0029**	−2.0279	−0.0046*	−1.6731
是否为地区二	−0.0032	−0.1187	−0.0428	−0.6857
是否为地区三	−0.0527**	−2.0152	0.1401*	1.6621
是否为地区四	−0.0701***	−2.6639	0.1952***	3.0175
常数项	0.9259***	10.0351	0.4052*	1.9238
检验统计量 χ^2	72.15***		57.38***	

*、**、***分别表示10%、5%、1%的显著性水平。

1）就业变量的影响

非农就业变量中，本地就业和异地就业均对农户的水稻生产技术效率产生了显著的正向作用，二者分别通过了 5% 与 10% 水平的显著性检验。这说明对于水稻生产而言，尽管劳动力本地就业和异地就业均对水稻生产造成一定程度的劳动力损失，但带来的汇款收入提高了农户可用资金，尤其是水稻种植过程中耕地、插秧以及收割环节的机械化应用程度大幅提高，使得通过非农收入购买机械服务能有效弥补劳动力损失，而且同时减少了水稻这类大田作物原本已冗余的劳动力，因此有利于生产技术效率的提高。

对于棉花生产，劳动力本地就业对农户棉花生产技术效率具有正向影响，但不显著，而异地就业却造成了显著的负向影响。需要说明的是，在样本地区，棉花种植需要较高的劳动投入，而且机械化程度不高。实地调查中也发现农户仅在耕地环节使用机械，栽培以及采摘等环节全部使用人工，这使得就业的汇款收入效应未能弥补其造成的劳动力损失，尤其是异地就业造成劳动力的长期损失，使得农户无法投入足够与及时的劳动，对棉田进行管理与耕作，进而造成了显著的负效应。本地就业虽然存在相似的问题，但本地就业的劳动力往往会兼顾农业生产，因而其带来的劳动力损失效应要弱一些，这可能是其未造成显著影响的主要原因。

2）农户劳动力特征变量的影响

户主年龄对农户的水稻、棉花生产技术效率均产生了负向影响，且通过 1% 显著性水平检验，表明在其他条件不变的情况下，户主年龄越高，越不利于农户农业生产技术效率的提高。这可能是因为年龄高的户主往往因为身体变差、学习能力变弱以及风险规避意识增强等因素，对技术效率的提升造成不利影响。户主受教育年限影响不显著，这可能与耕作决策具有外部性有较大关系，邻里之间的相互影响，使得农作物种植决策对户主自身的人力资本要求并不高。户主健康状况对水稻、棉花生产技术效率造成负作用，分别在 5% 和 10% 水平上显著。这表明户主身体条件越差，农户的技术效率损失越大，健康状况的恶化不仅会带来户主身体资本的损失，同时也会影响户主的决策能力。务农女性比例仅对水稻生产技术效率产生了显著的正向作用，该变量的作用方向与预期相反。这说明相对于男性劳动力，家庭中女性种粮人数比例的提高反而减少了技术效率的损失，原因可能主要在于女性劳动力对于农业生产管理的更为细致，以及机械化使得水稻生产对劳动力身体条件的要求大幅降低有关。此外，务农老年比例对水稻、棉花生产技术效率的影响均不显著。

3）家庭经营特征变量的影响

人均耕地面积对农户水稻、棉花生产技术效率的影响显著为正，且通过了

10%水平的显著性检验,这表明提高耕地经营规模能显著降低农户农业生产技术效率损失。农业收入比例对两种作物的影响均在 5%水平上正向显著,这意味着农业生产对农户的重要性越高,农户对耕作的管理投入越多,对种植技术效率的正向作用越明显。是否租入耕地变量的影响为正,但在统计上不显著,这可能与江汉平原地区土地流转形式尚未规范化有关,调查发现发生了土地流转的农户中,85%的农户采用口头协议的方式进行流转,而未签订任何合同,流转期限也大多未具体限定,这显然会削弱租入户的投入积极性。此外,农机持有变量对农户的水稻和棉花生产技术效率的影响为正,但仅对水稻的影响通过显著性检验,这与两种作物农业机械化程度不同有关。水稻种植的机械化程度比棉花更高,农业机械所起的作业更大,农户持有农机将显著提高他们的田间作业效率。尽管那些未持有农机的农户可通过购买农机服务的方式来解决农机投入问题,但在农忙季节,农机服务往往存在"排队等待"现象,这无疑将造成农户无法及时耕地、插秧、收割等问题,进而导致效率下降。

4)外部环境特征变量的影响

接受技术培训显著地提高了农户的水稻和棉花生产技术效率,这说明对农户进行技术指导和培训有助于提高农户技术效率。贷款是否困难变量对农户的技术效率表现的影响为负,但未通过显著性检验,这可能与农户对农村正规金融依赖性不高相关,调查中发现样本户的借款行为大多是通过亲戚朋友完成的。村到镇上距离的远近对农户水稻、棉花生产技术效率造成了显著影响,距离越远,造成的效率损失越高。

此外,地区虚拟变量中,松滋市和石首市对水稻生产技术效率造成显著负向影响,但是对棉花生产技术效率的提升具有显著正向作用,这可能与各地对水稻和棉花种植的重视程度不同有关。

由上述结论可知,在农村劳动力大量非农就业的背景下,进一步提高农业生产技术效率,以加速实现农业现代化的关键是,遵循"因地制宜、分类指导"的原则,大力提高各地农业机械化水平,加快实现农业生产全程机械化。对于江汉平原地区的水稻生产而言,当前亟待提高的是机械插秧这一薄弱环节,通过技术示范和对用工、用时以及收成等方面的对比促进农户水稻插秧观念的改变,进而提高水稻耕种收综合机械化水平。对于该地区的棉花生产,尤其需要推广的是机械采摘技术,通过缩小棉花品种范围、指导棉花标准化种植等方式降低采棉机械应用障碍,同时通过鼓励农户实行棉花机械采摘试点,以及发放设备采购补贴等方法引导农户提高棉花种植机械化程度。此外,采用多种方式对农户进行技术培训和指导,在传统培训班基础上,增加对手机短信、网络媒体以及广播等现代信息传播渠道的应用,发挥其信息传播及时、受众面广以及

非农就业对粮食生产的影响研究——机理、效应与对策

互动性强的优点，提升农户解决农业生产难题的能力，进而提高农户种植技术水平。再者，为农地的适度规模经营创造条件，引导农户进行规模化、标准化种植，提高农户种植的规模效率；引导土地流转方式的规范化，保障流入户投资权益，提高规模经营户生产投资的积极性；增加对小型农田水利设施、机耕路等公共产品的投资，提高农户耕作效率。

三、本章小结

本章基于扩展的随机生产前沿函数分析框架，在风险存在的条件下，从技术效率视角考察了非农就业对农户粮食生产的影响，同时实证研究了非农就业对农户粮食生产风险的影响以及不同模式非农就业对粮食生产效率影响的差异。主要研究结论如下。

（1）由于当前我国农村要素市场发育尚不完善，非农就业有助于缓解农户面临的资金约束，为改善农户的粮食生产管理水平提供重要保障，但非农收入的提高同时还存在"懈怠"效应，导致农户的生产管理向粗放化转变。从本章的实证研究结果看，样本地区农户的非农就业在一定程度上有助于提高他们的粮食生产技术效率水平，收入效应的积极作用超过其"懈怠"效应以及劳动力损失效应的消极影响，表现为非农就业户的技术效率水平高于纯农户。但非农就业的这种积极效应，会随着非农就业程度的加深而被弱化，在非农就业程度上升到一定程度后，非农生产经营活动将成为农户生产经营的重心，务农劳动力的损失效应也变得更加明显，直至超过收入效应的积极作用，进而表现为非农就业户的粮食生产技术效率水平下降。进一步实证检验结果显示，非农就业程度与农户的粮食生产技术效率水平之间存在显著的倒"U"形关系。

（2）自然风险的存在，使得农户需要及时调整生产策略，减少或追加要素投入，以稳定粮食产出。而这种生产策略的调整不仅受到农户经济状况的约束，还受到农户劳动力资源状况的限制。非农就业虽然显著改善了农户的经济状况，保障了农户及时投入要素的资金来源，但务农劳动力的损失则对农户的适时调整策略造成更加显著的消极影响。因为对于粮食生产而言，自然灾害的发生往往具有不可预期性、突发性，这就意味着及时而充足的劳动投入往往比资金保障更加重要。实证检验结果显示，非农就业户的粮食生产风险水平显著高于纯农户，且随着非农就业程度的加深，农户的粮食生产风险水平值也显著变高。

（3）人力资本因素与外部环境条件因素均对农户的粮食生产技术效率有显著影响。其中，人力资本因素中，户主年龄、户主受教育程度与农户的技术效率水平呈正相关关系；户主健康状况以及农户的社会政治地位与农户的粮食生产技术效率呈显著的负相关关系。外部环境条件因素中，信贷获得与农业技术指导均显著提高了农户的粮食生产技术效率；农业基础设施状况较差则显著降低了农户的粮食生产技术效率。此外，这些因素对不同非农就业程度农户技术效率的影响存在差异，如信贷获得对纯农户技术效率的正向影响最大，农业基础设施状况对Ⅱ兼农户技术效率的负向效应最高。

（4）要素投入变化是影响农户粮食生产风险的重要因素。其中，粮食种植面积的扩大、劳动投入与农业作业支出的增加均有助于降低农户的粮食生产风险。但农资投入则属于风险增加型要素投入，农资投入的增加将造成农户粮食生产风险加大。此外，样本地区的自然灾害显著加大了农户的粮食生产风险，而平原地区的粮食生产风险则高于岗地地区。

（5）不同模式非农就业对农业生产技术效率的影响存在差异，且这种影响因作物不同而异。具体而言，本地就业和异地就业均对农户水稻生产技术效率产生了显著的正向作用；异地就业对样本农户棉花生产技术效率造成了显著的负向影响，而本地就业的正向影响不显著。造成上述差异的主要原因在于，本地非农就业与异地非农就业造成的劳动力损失效应不同，而不同作物的机械化程度也存在较大区别，使得收入效应对劳动力损失的弥补程度不同，进而造成不同模式非农就业的影响存在差异，同时对不同作物的影响也存在差异。

第五章
非农就业对粮食生产影响的环境效应

过去三十多年间，高投入、高消耗的农业生产极大程度上满足了中国日益增长的农产品需求，但与此同时也造成了严重的环境污染。据《第一次全国污染源普查公报》，农业面源污染已成为继工业污染后的主要污染源。报告显示，2007年度农业化学需氧量（COD）排放达到1324万吨，占全部排放量的43.7%；农业总氮（TN）与总磷（TP）排放更分别占排放总量的57.2%与67.3%。与工业污染不同，农业面源污染没有明确的排污口，治理难度更大。事实上，中国政府在20世纪90年代后期已全面启动农业面源污染治理工作，"十二五"规划更明确提出农业COD、TN和TP分别减排8%、10%和10%的约束性目标。然而，农业生产至今依然表现出较粗放的特征，农业增长与资源、环境之间的矛盾越来越尖锐，已成为中国实现可持续发展所面临的严峻挑战。

此外，土壤是人类赖以生存和发展的物质基础，然而当前我国土壤质量退化问题日益突出，严重威胁国家粮食安全。据2009年全国耕地质量监测结果显示，在东北黑土区，耕地土壤有机质含量与30年前相比降幅达31%，黑土层已由开垦初期的80～100厘米下降至20～30厘米，而南方土壤酸化、华北耕层变浅、西北耕地盐渍化等问题同样十分严重。针对这些问题，政府近年来不断提高投入力度，仅2012年，中央财政就安排土壤有机质提升补贴项目资金8亿元，用于推广应用土壤改良技术。然而，保护土壤质量是一项重大工程，仅有政府的参与不足以解决问题，因为农户才是耕地的直接使用者，在土壤保护中扮演着重要角色，农户的耕地利用行为，如化肥农药使用、土壤培肥、耕作制度选择等将直接对土壤质量产生重大影响[1]。尽管农户普遍认为保护土壤质量意义重大，但很多农户同时也认为保护耕地是政府的责任，这种认知往往导致

127

---

[1] 陈美球，冯黎妮，周丙娟，等.农户耕地保护性投入意愿的实证分析[J].中国农村观察，2008，（05）：23-29；陈美球，周丙娟，邓爱珍，等.当前农户耕地保护积极性的现状分析与思考[J].中国人口·资源与环境，2007，（1）：114-118。

农户忽视对耕地采取保护性利用[①]。对于此，有学者认为主要原因在于耕地产权主体的模糊，导致土壤保护缺乏真正的执行主体，同时造成农户对于保护土壤存在"搭便车"心理，影响了农户增加保护性投入的积极性，最终导致土壤板结、农田肥力下降和有毒物质残留在农田中，而这又迫使农户不得不逐年增加化肥农药投入量，形成恶性循环现象[②]。

从已有文献来看，农户作为粮食可持续生产的关键性主体，其认知与行为决策是近年来学术界关注的热点问题，但尚存有待深入研究之处，特别是大多学者将农户视为一个整体，较少考虑农户的异质性。近年来，农村劳动力持续从农业流向非农产业，农户家庭资源禀赋发生了较大改变，不同类型农户的粮食生产策略也因此存在显著差别，这势必会对农户的可持续生产行为带来冲击。例如，有学者研究发现家庭收入、来源及其结构、种粮比较收益低等因素对农户的可持续生产行为具有重要影响[③]。此外，赵华甫等调查发现，纯农户与兼业户在土地利用方面存在差异，纯农户不计环境代价追求高产出，兼业户倾向于粗放利用而不放弃土地[④]。这意味着，非农就业对粮食生产的影响可能并不仅仅局限于产出水平的高低，还有可能会带来一些环境效应，如过量施肥或者减少农田生态环境管理措施等。基于此，本章将从农户的化肥利用与可持续生产行为两个维度考察非农就业对粮食生产影响的环境效应。

一、非农就业对农户粮食生产环境有害型要素投入的影响

正如上述章节的分析结果表明，非农就业导致农户的资源禀赋发生改变，并因此而调整了资源配置策略，如减少农业劳动投入以及降低农业生产资金投

---

① 郑纪芳，史建民. 保护耕地与农户的认知度：462 个样本 [J]．改革，2008，（12）：82 -86；赵华甫，张凤荣，姜广辉，等. 基于农户调查的北京郊区耕地保护困境分析 [J]．中国土地科学，2008，22（3）：28-33；蔡银莺，叶昱婷，汤芳，等. 不同群体对基本农田保护的认知及意愿分析 [J]．华中农业大学学报（社会科学版），2010，59（4）：74-80。

② 郭春华.我国耕地保护的主体行为及其对策建议 [J].现代经济探讨，2005，（3）：28-31；黄贤金，濮励杰，周锋，等.长江三角洲地区耕地总量动态平衡政策目标实现的可能性分析 [J].自然资源学报，2002，17（6）：670-676；崔新蕾，蔡银莺，张安录.农户参与保护农田生态环境意愿的影响因素实证分析 [J].水土保持通报，2011，（05）：125-130。

③ 孙海兵. 农户对耕地外部效益支付意愿的实证分析 [J]．中国农业资源与区划，2010，（8）：7-11；陈志刚，黄贤金，卢艳霞，等. 农户耕地保护补偿意愿及其影响机理研究 [J]．中国土地科学，2009，（6）：20-26；陈秧，刘彦随，李裕瑞. 基于农户生产决策视角的耕地保护经济补偿标准测算 [J]．中国土地科学，2010，（4）：4-8。

④ 赵华甫，张凤荣，姜广辉，等.基于农户调查的北京郊区耕地保护困境分析 [J].中国土地科学，2008，（03）：28-33。

入等，这其实也会进一步使得农户的耕作方式发生改变。一些学者的研究也发现，非农就业程度的提高将造成农户的农业生产积极性降低，转而种植土地密集型作物，并因此投入更多化肥以弥补劳动的损失[①]。这意味着，耕作方式的改变也可能会带来一些环境负效应[②]。例如，如果非农就业导致农户增加使用化肥和农药以替代劳动，那么非农就业规模的扩大势必会造成农业面源污染问题的加重。虽然前面已经证实，非农就业提高了农户的收入水平，但对农户农资投入的影响却显著为负，不过这一结论并无法得知非农就业与环境有害型投入品使用量之间的关系。因此，本章将进一步通过考察非农就业与农户化肥投入之间的关系以分析非农就业对粮食生产影响的环境效应，并对可能存在的化肥减量空间展开讨论。

选择以化肥为例分析非农就业的环境效应，主要原因在于我国农业生产正面临着严重的环境约束，大量使用的化肥农药已经对农业生产可持续性造成了严重后果[③]。统计资料显示，我国每公顷耕地的化肥用量约为 400 千克，是世界平均水平的每公顷 100 千克的三倍之多。过量使用的化肥残留在土壤中，并带来一系列环境问题，如土壤板结与水体污染等[④]。不仅如此，还有研究表明，过量使用化肥也会对农产品质量产生影响，进而对人类健康带来不利影响[⑤]。正是在这种背景下，化肥减量已经成为国家绿色发展战略的重要行动之一。

关于非农就业与化肥利用两者关系的研究并不多，有部分研究探讨了非农

① Miluka J, Carletto G, Davis B, et al. The vanishing farms? The impact of international migration on Albanian family farming [J]. Journal of Development Studies, 2010, (46): 140-161; de Brauw A. Seasonal migration and agricultural production in Vietnam [J]. Journal of Development Studies, 2010, (46): 114-139; Ebenstein A, Zhang J, McMillan M S. Chemical Fertilizer and Migration in China. Cambridge: NBER Working Paper No. w17245, 2010。

② Phimister E, Roberts D. The effect of off-farm work on the intensity of agricultural production [J]. Environmental and Resource Economics, 2006, (34): 493-515。

③ Chen M, Chen J, Sun F. Agricultural phosphorus flow and its environmental impacts in China [J]. Science of the Total Environment, 2008, 405 (1): 140-152; Ju X T, Xing G X, Chen X P, et al.Reducing environmental risk by improving N management in intensive Chinese agricultural systems. Proceedings of the National Academy of Sciences, 2009, 106 (9): 3041-3046; Wang Z, Zhou J, Loaiciga H, et al. A DPSIR model for ecological security assessment through indicator screening: a case study at Dianchi Lake in China [J]. Plos One, 2015, 10 (6): e0131732; Huang J, Xu C C, Ridoutt B G, et al.Nitrogen and phosphorus losses and eutrophication potential associated with fertilizer application to cropland in China [J]. Journal of Cleaner Production, 2017, (159): 171-179。

④ Ju X T, Xing G X, Chen X P, et al.Reducing environmental risk by improving N management in intensive Chinese agricultural systems. Proceedings of the National Academy of Sciences, 2009, 106 (19): 8077; Wu Y. Chemical fertilizer use efficiency and its determinants in China's farming sector [J]. China Agricultural Economic Review, 2011, (3): 117-130; Ma L, Feng S, Reidsma P, et al.Identifying entry points to improve fertilizer use efficiency in Taihu Basin, China [J]. Land Use Policy, 2014, (37): 52-59。

⑤ Townsend A R, Howarth R W, Bazzaz F A, et al.Human health effects of a changing global nitrogen cycle [J]. Frontiers in Ecology and the Environment, 2003, (1): 240-246; Liu C W, Sung Y, Chen B C, et al.Effects of nitrogen fertilizers on the growth and nitrate content of lettuce (Lactuca sativa L.) [J]. International Journal of Environmental Research and Public Health, 2014, 11 (4): 4427-4440。

就业对农户化肥使用强度的影响，但并未取得一致性结论[①]。例如，Maertens研究发现存在非农就业的农户倾向于使用更多的化肥，而 Chang 和 Mishra 的研究则表明，参与非农就业的农户，他们的化肥使用强度更低一些。另外还有部分学者将研究进一步拓展至测度农户的化肥利用效率表现，但这些研究缺乏对非农就业及其对化肥利用效率影响的探讨。通过效率测算，我们不仅能发现非农就业农户与纯农户在化肥利用效率表现上的差异，还能估计并比较不同类型农户在不影响粮食产出情况下的化肥可减量空间。如果说非农就业农户的化肥利用效率更高一些，那么可能说明在一定程度上非农就业是有利于化肥减量的，即非农就业是有助于降低粮食生产的环境负效应的。当然，这种推论还需要进一步验证。因此，本节将以化肥利用为例，通过效率测算的方式评估非农就业对农户粮食生产影响的环境效应。

（一）基于 DEA sub-vector 模型的化肥利用效率测度方式

在前面的章节中，本书已经分别利用 SFA 方法与非参数的 DEA 方法测算了农户的生产效率，两种方法对于效率的测算各有其优势，此处不再赘述两种方法的比较，且大量实证研究表明两种方法的研究结果具有较高的相关性[②]。因此，出于便捷性的考虑，本节将采用 DEA 方法测算化肥利用效率及其减量空间，以下对 DEA 和 DEA sub-vector 模型进行简要介绍：

$$\mathrm{Min}_{(\lambda_{j_o},\ \theta_{j_o})}\theta_{j_o}$$

Subject to:
$$\left.\begin{cases} \sum_{j=1}^{n}Y_j\lambda_j \geqslant y_{j_o} \\ \sum_{j=1}^{n}X_j\lambda_j \leqslant \theta x_{j_o} \\ \sum_{j=1}^{n}I\lambda_j =1,\ \lambda_j \geqslant 0 \end{cases}\right\} \qquad (5.1)$$

---

① Lamb R L. Fertilizer use, risk, and off-farm labor markets in the semi-arid tropics of India [J]. American Journal of Agricultural Economic, 2003, (85): 359-371; Phimister E, Roberts D. The effect of off-farm work on the intensity of agricultural production [J]. Environmental and Resource Economics, 2006, (34): 493-515; Maertens M. Horticulture exports, agroindustrialization, and farm-nonfarm linkages with the smallholder farm sector: evidence from Senegal[J]. Agricultural Economics, 2009, (40): 219-229; Chang H, Mishra A K. Chemical usage in production agriculture: do crop insurance and off-farm work play a part[J]. Journal of Environmental Management, 2012, (105): 76-82.

② Alene A D, Zeller M. Technology adoption and farmer efficiency in multiple crops production in eastern Ethiopia: a comparison of parametric and nonparametric distance functions [J]. Agricultural Economics Review, 2005, (6): 5-17; Thiam A, Bravo-Ureta B E, Rivas T E. Technical efficiency in developing country agriculture: a meta-analysis [J]. Agricultural Economics, 2001, (25): 235-243; Wadud A, White B. Farm household efficiency in Bangladesh: a comparison of stochastic frontier and DEA methods [J]. Applied Economics, 2000, (32): 1665-1673.

上述 DEA 模型中，y_{j_o} 与 x_{j_o} 为农户 j_o 的产出与要素投入量；Y_j 为全部 n 个农户产出的 $n \times 1$ 向量；X_j 为全部 n 个农户 m 种投入要素的 $n \times m$ 矩阵；I 是 $n \times 1$ 的单位向量；λ_j 为权重向量。$\left[\sum_{j=1}^{n} I \lambda_j = 1 \right]$ 为规模报酬可变情况下的测算技术效率的凸性限制。

方程（5.1）定义的 DEA 模型测量的是（x_{j_o}，y_{j_o}）之间的径向距离，也就是农户 j_o 离已有生产集合效率边界的距离。然而，这个模型并不允许在生产边界内非径向缩减某种要素投入。

图 5.1 显示了技术效率（径向缩减要素投入）与 sub-vector 要素投入效率（非径向缩减要素投入）两种概念的异同。假定农户 A、B、C、D、E 与 F 都使用两种要素投入 X_1 与 X_2（如化肥与劳动），生产一种产品（如粮食）。那么，位于生产效率边界上的 B、C、D、E、F 便是最佳实践者，即效率最高。这些效率最高的农户的要素投入的线性组合便定义了能包络所有其他样本农户的生产前沿。农户 A 的生产是缺乏效率的，因为其并未位于生产前沿上。农户 A 两种投入要素 X_1 和 X_2 向生产前沿径向缩减后投影于 A^a 点，那么农户 A 相对于其他位于效率前沿上的农户 B、C、D、E、F 的技术效率就等于 OA^a/OA。而农户 A 的 sub-vector 效率，如本节需要测算的化肥利用效率，则可以在保持 X_2 投入以及水稻产出不变前提下，通过缩减 X_1（化肥）至 A^b 来估计。因此，农户 A 的要素 X_1（化肥）的 sub-vector 效率的计算公式则为 $O'A^b/O'A$。用以估计某一要

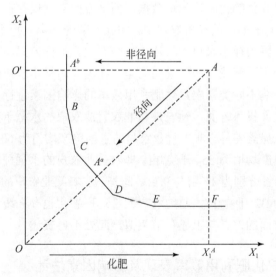

图 5.1　技术效率与 sub-vector 效率图示

素投入效率的 sub-vector DEA 模型也可以表示如下：

$$\text{Min}_{(\theta^f, \lambda)} \theta^f$$

$$\text{Subject to：} \begin{cases} \sum_{j=1}^{n} Y_j \lambda_j \geq y_{j_o} \\ \sum_{j=1}^{n} X_{m-f,j} \lambda_j \leq x_{j_o} \\ \sum_{j=1}^{n} X_{f,j} \lambda_j \leq \theta^f x_{j_o} \\ \sum_{j=1}^{n} I \lambda_j = 1, \lambda_j \geq 0 \end{cases} \quad (5.2)$$

式中，θ^f 为农户 j_o 化肥投入（f）的可能的减量空间。其中，第 1 个、第 4 个、第 5 个限制条件与式（5.1）相同。不过，第 2 个限制条件排除了要素 f，第 3 个限制条件仅仅涵盖了要素 f。最后，估计得到的 θ^f 取值位于 0～1。若取值 1，则意味着该农户的化肥利用不存在效率损失；若取值小于 1，则意味着该农户的化肥利用存在效率损失。

（二）样本选择与变量描述分析

由于本节需要测算农户的化肥利用效率，这意味着对农户要素投入数据的要求更高，需要具体的化肥投入量数据，而这方面数据仅存在于江汉平原（仙桃、公安、松滋与石首）的样本农户中，因此本节的样本农户不同于前面章节，仅选择了江汉平原的样本农户，共计 334 个农户。抽样方式与访谈方法与前述章节相同，此处不再赘述。需要说明的是，在测算出样本农户的化肥利用效率后，本节还对影响不同类别农户化肥利用效率的影响因素进行了分析。

在农户的生产投入方面，纯农户与非农就业农户的水稻单产、种植面积以及化肥投入存在显著差异。非农就业农户的水稻单产均值为 604 千克/亩，显著高于纯农户的单产均值为 554 千克/亩。非农就业农户的水稻种植面积也要高于那些纯农户，两者分别为 11 亩与 9 亩。此外，非农就业农户的化肥投入量（氮磷钾折纯量）为 32 千克/亩，与纯农户的 35 千克/亩也存在统计差异。两类农户在其他因素方面的差异与上述章节类似，此处不再赘述。

（三）不同农户化肥利用效率表现及影响因素估计

利用 DEA sub-vector 方法对农户的化肥利用效率进行估计，结果见表 5.1。

由表 5.1 可知，纯农户种植水稻的化肥利用效率均值仅为 0.23，而非农就业农户的化肥利用效率也不高，仅为 0.42，这表明样本农户的化肥利用存在较高的效率损失。从样本农户的化肥利用效率分布可以发现，仅 4.5% 的纯农户与 14.7% 的非农就业农户的效率得分为 1，即这些农户位于生产前沿上。此外，我们还可以发现，约 66% 的纯农户与 49% 的非农就业农户的化肥利用效率还不到 0.2 的水平。以往文献中也有相近的估计结果，譬如 Wu 和 Ma 等同样利用中国部分地区的谷物种植农户数据，研究得出样本农户的化肥利用效率均值分别为 0.33 和 0.25[①]。从相近的估计结果可以得知，当前农户的粮食生产过程中存在严重的过量施肥问题。对于本节的样本农户而言，通过估算可知，在调查的水稻生产季节，纯农户共计过量使用了 48 769 千克化肥，非农就业农户过量使用了 28 112 千克化肥。

利用 Kruskal-Wallis（K-W）检验，我们发现两类农户的化肥利用效率在 1% 统计水平上显著存在差距。也就是说，存在非农就业的农户其化肥利用效率要比那些纯农户更高。一个较为可信的解释是，相比于非农就业农户，纯农户对水稻生产的依赖性较高，会倾向于投入更多的化肥以刺激产出，从而获得更高的收入。Gasson 曾发现非农收入能够使得农户以一种更可持续与环境友好的方式来耕种[②]。这一观点其实支持了我们的研究发现，非农就业农户的化肥利用强度更低一些，或者说更适量一些，也可以说他们对于适时购买与施用化肥以增加化肥投入边际产品的能力更高一些。

表 5.1 不同样本农户化肥利用效率分布

化肥利用效率	纯农户		非农就业	
	样本数/户	占比/%	样本数/户	占比/%
<0.1	42	21.2	9	6.6
0.1~0.2	89	44.9	40	29.4
0.2~0.3	31	15.7	18	13.2
0.3~0.4	12	6.1	13	9.6
0.4~0.5	5	2.5	11	8.1
0.5~0.6	3	1.5	9	6.6
0.6~0.7	2	1.0	10	7.4
0.7~0.8	4	2.0	3	2.2

① Wu Y. Chemical fertilizer use efficiency and its determinants in China's farming sector[J]. China Agricultural Economic Review, 2011,（3）: 117-130; Ma L, Feng S, Reidsma P, et al. Identifying entry points to improve fertilizer use efficiency in Taihu Basin, China [J] . Land Use Policy, 2014,（37）: 52-59.
② Gasson R. The Economics of Part Time Farming [M] . London: Longman Group UK Limited, 1988.

化肥利用效率	纯农户		非农就业	
	样本数/户	占比/%	样本数/户	占比/%
0.8~0.9	0	0.0	0	0.0
0.9~0.99	1	0.5	3	2.2
1.0	9	4.5	20	14.7
全部	198	100	136	100
均值	0.23		0.42	
标准误	0.219		0.312	
最小值	0.052		0.068	
最大值	1		1	

为了进一步挖掘非农就业与农户化肥利用效率之间的关系，我们将非农就业农户依据其家庭成员非农工作的天数进行四分位数分组①。由表 5.2 可知，不同分位组别之间的化肥利用效率存在显著的变化，并且随着非农工作天数的增长而呈现出倒"U"形的变化趋势，其中第 2 分位的化肥利用效率最高。同样，我们利用 Kruskal-Wallis（K-W）方法检验了不同小组之间效率均值的差异，发现各小组之间的效率均值至少在 10%统计水平上存在显著差异。这一结果表明，尽管非农就业会与更高的化肥利用效率相关联，但效率水平并不必然随着农户非农就业天数的增长而增加。显然，农户投入越多的时间于非农工作，相应地在粮食种植中的时间投入也会越少。在非农工作时间较低时，这种劳动力损失效应能够被非农就业的收入效应所弥补，但一旦非农工作的天数继续增长，那么其农业劳动的损失效应可能无法被弥补，进而会对粮食生产造成冲击。在这种情况下，非农就业农户会使用更多的生产资源以弥补劳动力缺失造成的损失（如增加化肥用量）。不仅如此，随着非农就业时间的大幅增加，农户也很难及时对农业生产条件的变化做出响应。

表 5.2　非农就业天数与样本农户化肥利用效率

非农就业天数	化肥利用效率
1st（>0 and ≤125）	0.32（0.298）
2nd（>125 and ≤210）	0.55（0.315）
3rd（>210 and ≤300）	0.40（0.288）
4th（>300 and ≤325）	0.38（0.305）

注：括号内为标准差。

① 其中，工作天数小于 125 天的为第 1 组，工作天数大于或等于 125 天但小于或等于 210 天的为第 2 组，大于 210 天但小于或等于 300 天的为第 3 组，大于 300 天但小于或等于 325 天的为第 4 组。

为了给农户化肥减量政策的实施提供参考依据，我们进一步利用 Tobit 模型对两类样本农户的化肥利用效率分别进行回归分析，估计结果见表5.3。由表5.3可见，户主年龄对农户的化肥利用效率并无显著影响，而户主的受教育程度则显著地影响了农户的化肥利用效率，受教育程度越高，农户的化肥利用效率水平越高。不过，有趣的是，我们发现户主受教育程度对农户化肥利用效率的影响比家庭中受过初等教育的成年人数变量的影响更高。这可能意味着作为家庭生产经营决策者的户主，其受教育水平要比其他成员在影响家庭耕作表现方面更为重要。

户主的环境知识对农户的化肥利用效率存在显著的正向影响。Han 等认为农户对化肥环境效应的认知水平能够影响他们的化肥施用行为[1]。因为农户有关过量施肥可能带来的环境负效应的知识可能会帮助他们重视生产过程中的环境管理并减少化学用品的投入。

土地细碎化对化肥利用效率的影响并不显著。原因可能主要在于地块数量的增多会使得不同农户具有不同的化肥投入响应。例如，部分农户可能会因为在不同地块之间辗转造成的劳动与交通成本较高而减少化肥施用次数或者用量，而另一部分农户同样可能会因为这些原因选择过量施用化肥，如将剩余的化肥都施在同一块田地中，这在部分文献中已有相关报道。因此，土地细碎化对农户化肥利用效率的影响可能较为复杂。

农业机械对农户化肥利用效率的影响显著为正。随着大量农村青壮年劳动力向非农产业转移，农业机械对于农户的农业生产而言愈发重要。这就不难理解农业机械的正向影响了，因为农业机械能够帮助农户更加及时有效地实施耕作管理，如施肥、灌溉等。这从农业机械对纯农户和非农就业农户化肥利用效率影响的估计系数差异也可以看出，对非农就业农户的影响更高一些，因为他们的劳动缺失更严重一些。因而，相应的农业机械所能发挥的作用也会更大。

表 5.3　样本农户化肥利用效率的影响因素分析

变量		化肥利用效率			
		纯农户		非农就业农户	
		系数	标准误	系数	标准误
人力资本特征	户主年龄	−0.002	0.001	−0.003	0.003
	户主受教育程度	0.012**	0.005	0.031***	0.011

① Han H, Zhao L. Farmers' character and behavior of fertilizer application: evidence from a survey of Xinxiang county, Henan province, China [J]. Agricultural Sciences in China, 2009, (8): 1238-1245; Ma L, Feng S, Reidsma P, et al.Identifying entry points to improve fertilizer use efficiency in Taihu Basin, China [J]. Land Use Policy, 2014, (37): 52-59。

变量		化肥利用效率			
		纯农户		非农就业农户	
		系数	标准误	系数	标准误
人力资本特征	受过初等教育的成年人数	0.008	0.009	0.026*	0.015
	环境知识	0.071**	0.028	0.125**	0.055
农业生产特征	土地细碎化	0.003	0.004	0.002	0.005
	农业机械	0.077***	0.026	0.218***	0.049
	环境灾害	−0.002	0.030	−0.029	0.046
政策因素	推广服务	0.121***	0.029	0.087*	0.052
	信贷获得	0.096***	0.029	0.085**	0.046
地区虚拟变量	公安	−0.041	0.035	0.078	0.055
	松滋	−0.077**	0.033	−0.029	0.059
	石首	−0.021	0.035	0.022	0.061
常数项		0.112	0.117	−0.061	0.174
对数似然比		61.589		−8.046	

*、**、***分别表示在10%、5%、1%统计水平上显著。

　　推广服务对农户化肥利用效率产生了显著的正向影响,接受过推广服务的农户,其化肥利用效率会明显高于那些未接受过相关服务的农户。这说明生产技术信息的推广对于提高农户生产资源利用效率而言是十分重要的。此外,研究还发现信贷获得也对农户的化肥利用效率具有显著作用,而且在纯农户方面的作用更高。这说明信贷获得通过缓解农户的资金约束,提高农户的生产应对能力,进而对于提高农户的化肥利用水平产生了积极影响。

　　通过以上研究我们可以发现,样本地区农户的化肥过量施用问题较为严重,而非农就业可以在一定程度上提高农户的化肥利用效率,也就是说非农就业对粮食生产而言存在部分环境正效应。不过,需要注意的是,这种积极影响并不是必然的,会随着农户非农就业程度的提高而逐渐弱化,甚至可能会进一步导致农户的化肥利用效率低于那些纯农户,带来环境负效应。因此,对于政策制定者而言,当前尤为重要的是思考如何削减环境非农就业对粮食生产环境影响的负效应,巩固并提升其带来的正效应。考虑到农户是政策实施的最终执行者,他们的生产行为是决定农业生产是否可持续,决定生产过程是否具有正向环境效应的关键,本章下一节将通过研究非农就业对农户粮食可持续生产行为的影响,从农户行为角度考察非农就业对粮食生产的环境效应。

二、非农就业对农户粮食可持续生产行为的影响

本章以粮食种植户的耕地质量保护行为为例，从可持续生产行为视角考察非农就业对粮食生产影响的环境效应。在粮食生产的资源环境约束问题日益突出的现实背景下，一味强调高产出而忽视生产可持续性问题，显然是与农业可持续发展道路相背离的。"民以食为天，食以地为本"，耕地是人类赖以生存和发展的物质基础。耕地质量对于以不足世界10%耕地养活世界22%人口的中国而言，其重要性不言而喻，然而高投入、高产出和高资源环境代价的农业增长模式导致中国耕地质量退化问题日益突出。养分贫瘠化、盐渍化、酸化和侵蚀流失等耕地质量退化问题，已严重威胁国家粮食安全。其中，作为反映耕地质量的重要指标，中国耕地的土壤表层有机质含量已下降至欧美发达国家的25%~40%[1]。而且，随着工业化、城镇化进程的加快，人地矛盾将愈发突出，耕地数量在今后一段时间内还将继续减少[2]。这意味着，在耕地资源持续减少而人口数量不断增加的背景下，如果不能解决耕地质量问题，势必将威胁国家粮食安全。但是，当前耕地保护整体效果不容乐观，尤其是耕地质量呈现了总体下降趋势[3]。因此，在资源环境硬约束的背景下，如何实施耕地质量保护与提升行动，遏制耕地质量下降势头，已成为中国保障口粮有效供给，提升农业可持续发展能力迫在眉睫的课题，也是政府部门和理论界共同关注的一个热点问题。

2005年以来，推广测土配方施肥、秸秆还田以及施用有机肥等耕地质量提升项目连续被写入中央1号文件。中央财政2006年启动了土壤有机质提升试点补贴项目，并逐年扩大补贴规模。截至2012年，中央财政共投入补贴资金16亿元，项目覆盖面积近8000万亩，在提升耕地质量、改善生态环境等方面发挥了重要作用。然而，改善耕地质量是一项重大工程，仅有政府的参与不足以解决问题。作为耕地的直接使用者，农户是耕地质量保护最为重要的行为主体之一，农户对耕地质量的保护行为，直接决定耕地质量改善工程能否顺利进行，进而影响中国的口粮未来能否得到保障。但随着时代变迁与经济社会发展，农户非农就业程度不断加深，农业生产地位随之下降，传统精耕细作的农耕方式逐渐变得粗放化，一些保护性耕作环节逐渐被放弃或者被农业化学用品的投入

---

① Fan M, Shen J, Yuan L, et al. Improving crop productivity and resource use efficiency to ensure food security and environmental quality in China [J]. Journal of Experimental Botany, 2012, (1): 13-24。

② 许恒周，郭玉燕，吴冠岑. 农民分化对耕地利用效率的影响——基于农户调查数据的实证分析 [J]. 中国农村经济，2012，(06): 31-39; 刘涛，曲福田，金晶，等. 土地细碎化、土地流转对农户土地利用效率的影响 [J]. 资源科学，2008，(10): 1511-1516。

③ 陈美球，吴月红，刘桃菊. 基于农户行为的我国耕地保护研究与展望 [J]. 南京农业大学学报（社会科学版），2012，(3): 66-72。

替代。虽然对于非农就业与农户可持续生产行为之间的关系，已引起社会各界的广泛关注，但相关研究仍然较为缺乏。因此，以粮食种植农户的耕地质量保护性投入为例，考察农户的可持续生产行为，检验非农就业对粮食生产应的环境效应，对于改善稻田土壤质量，保障粮食可持续生产具有重要意义。

不同于以往文献大多是以特定的某项技术或措施为例，本节并未局限于某一特定保护性技术或措施的采纳，因为耕地质量保护与提升是一项系统工程，需要多种技术或措施的配合，局限于个别技术或措施的需求意愿或使用行为分析，可能无法全面反映农户的可持续生产行为。依据可持续生产措施的劳动与资金需求特点，我们将农户采取的相关措施分为劳动偏向型与资金偏向型两类，因为不同可持续生产措施之间存在着明显差异。例如，修整农田水渠、使用农家肥等需要耗费大量劳工，具有较强的劳动偏向特点，而施用商品有机肥、使用机械化秸秆还田等则具有明显的资金偏向特点。这种差异可能导致农户可持续生产行为存在异质性，因为不同非农就业程度农户的劳动力与资金禀赋状况存在差异。鉴于此，本节在现有研究的基础上，利用粮食种植农户调查数据，重点分析三个问题：第一，不同非农就业程度下农户可持续生产行为与偏向是否存在差异？第二，影响农户可持续生产行为的因素有哪些，非农就业是否为关键因素之一？第三，若非农就业存在影响，那么其影响是否会因可持续生产措施的劳动与资金偏向不同而存在异质性？

（一）样本农户粮食可持续生产特征

研究所指的可持续生产措施，是指根据对耕地质量的影响，农户在耕地利用过程中采取的有利于耕地质量保持或提升的生产措施，如秸秆还田、种植绿肥、施用农家肥、商品有机肥、测土配方施肥与施用石灰、石膏等土壤调理剂等增加土壤有机质与改良土壤结构的措施，以及整修水渠、回收农膜、土地平整与深松耕地等提高土壤保水、保土和保肥能力，减少土壤板结的措施。其中，相较于维持基本生产的耕作措施，种植绿肥、施用农家肥、施用石灰等土壤调理剂、整修水渠、回收农膜等措施需要农户额外投工投劳，属于劳动偏向型措施。相对而言，秸秆还田在样本地区基本是通过大型农机在收割同时将秸秆粉碎直接还田进行，农户只需要购买相应服务即可，因此属于资金偏向型措施。类似地，购买使用商品有机肥、测土配方施肥、土地平整以及深松耕地等都属于资金偏向型措施。

调查发现，样本地区农户采用的可持续生产措施主要有秸秆还田、施用商品有机肥、整修水渠、施用农家肥、测土配方施肥、回收地膜与深松耕地等。

虽然在某种程度上，农户秸秆还田可能是出于地方管制的原因，但农户依然具有多种选择处理秸秆，如调查发现部分农户选择以出售、喂养牲畜与用作燃料等方式处理秸秆，我们还发现虽然各地政府都对秸秆焚烧有监管，但依然有部分农户表示对秸秆采取就地焚烧处理，因而可将实施秸秆还田视作农户保护耕地质量的主动行为。在将农户的可持续生产行为，即上述耕地质量保护措施的采取行为，按非农就业程度不同进行分类整理后发现，样本农户进行可持续生产的比例随着非农就业程度的加深而降低。具体而言，在不同类型农户中，纯农户进行可持续生产的比例最高，达到该类农户的58.99%，其次为Ⅰ兼农户，所占比例为45.92%，Ⅱ兼农户采取可持续生产措施的比例最低，为44.44%（表5.4）。

表 5.4　不同非农就业程度农户可持续生产措施采纳行为　　　　单位：%

非农就业类型	是否进行了可持续生产		可持续生产类型	
	是	否	劳动偏向型	资金偏向型
纯农户	58.99	41.01	28.78	48.20
Ⅰ兼农户	45.92	54.08	24.49	35.20
Ⅱ兼农户	44.44	55.56	15.87	42.54

注：样本中存在部分农户同时采取劳动偏向型措施与资金偏向型措施的情况。

此外，调查还显示，各类农户均倾向于采取资金偏向型措施，而较少采用劳动偏向型措施，这与当前农业生产实际是相符合的。随着非农就业机会增多，农民的务农机会成本越来越高，农村"请工难""换工难"现象时有发生，农业生产大量环节逐渐被广泛应用的机械替代；与此同时，随着农村劳动力老龄化趋势的加剧，农业劳动者的体力状况呈弱化趋势，劳动强度高的耕作措施逐渐被放弃，而省工或能通过购买外包服务等方式实现的耕作方式则成为农户的首选。因此，农户倾向选择资金偏向型措施。不过，不同非农就业程度农户对两类可持续生产措施的选择具有明显的异质性。农户采取劳动偏向型措施的比例随着非农就业程度的提高而降低，分别占纯农户、Ⅰ兼农户和Ⅱ兼农户的28.78%、24.49%和15.87%。然而，尽管纯农户进行资金偏向型措施的比例依然最高，达到48.20%，但Ⅰ兼农户的比例最低，为35.20%，Ⅱ兼农户的比例则居中，为42.54%。这种变化可能与Ⅰ兼农户和Ⅱ兼农户在农业生产中的资金对劳动可替代程度不同有关。不过，整体而言，非农就业户中采取可持续生产措施的比例低于纯农户。

（二）理论分析与模型设定

1.理论分析

农户的可持续生产行为受到多重因素的综合影响。依据农户行为理论，并借鉴国内外学者相关研究成果，通过对样本农户的实地调研分析，除非农就业变量外，本节将影响农户可持续生产行为的因素归纳为农户特征变量、耕作条件变量，以及信息认知变量三类，并重点分析非农就业的影响。

1）非农就业变量

非农就业对农户粮食可持续生产行为的影响是本章重点分析内容。作为农业生产的微观单元，农户的集体决策与行为实际上就是农户充分利用其资源禀赋，进行生产、消费与闲暇决策，实现农户所有成员联合福利最大化的过程。而农户非农就业是农户依据自身资源禀赋对家庭劳动力在农业生产与非农生产之间重新配置的结果。务农机会成本上涨，将不可避免导致农户减少其家庭成员的农业劳动投入时间，或者直接转移部分劳动力至非农产业。进一步地，这种务农劳动力减损效应会使得农户减少其在耕地质量保护与提升方面的劳动投入，而仅仅投入以维持基本生产的必要劳动。施用农家肥与人工除草的等耕作措施的大幅度减少，以及除草剂与化肥投入的大量增加则是一个很好的例证，因为后者的使用会大量节省农户的劳动投入。因此，从这个角度看，非农就业对农户的可持续生产行为具有不利影响。

另外，非农经营活动的增加会大幅提高农户的收入水平，农民的收入水平越高，对耕地保护的投入能力越高，则农户进行生产性保护投入可能性也越大，如农作物秸秆的机械化还田与深松耕地都需要及时投入资金以保证农业生产的顺利[1]。从这个角度看，非农就业的收入效应有助于农户的可持续生产行为。但农户的具体行为决策不仅与其行为能力有关，往往还取决于其主观态度。而已有研究表明，相对于经济条件较好、农户非农收入较高的地区，在经济条件较差、耕地经营是农户主要收入来源的地区，农户的耕地保护意识相对要强些[2]。在农户非农就业之初，农业是农民收入的唯一来源，耕地则是他们的安身立命之本，农民具有较高的耕地质量保护意识。但随着非农就业程度的加深，"种地不划算"逐渐成为农民不愿意对耕地进行保护性投入的主要原因，农户虽更有

① 陈美球, 邓爱珍, 周丙娟, 等. 不同群体农民耕地保护心态的实证研究 [J]. 中国软科学, 2005, (09)：16-22.
② 毕继业, 朱道林, 王秀芬. 耕地保护中农户行为国内研究综述 [J]. 中国土地科学, 2010, (11)：77-81.

能力进行保护性投入，但他们的积极性已不高，意识也相对淡薄。因而，从这个角度来讲，非农就业对农户的可持续生产行为则具有不利影响。因此，总体而言，非农就业对农户可持续生产行为的影响在理论上难以确定，尚待实证检验。

2）农户特征

该类变量包括户主年龄、受教育年限、健康状况、是否为老年务农户、农户社会政治地位以及农户劳动力数量六个变量。一般认为，年龄低的农民对于可持续生产的接受程度要高于年龄稍长的农民，但年龄高同时又意味着务农经验丰富，也耐于吃苦，采用施用农家肥这类"脏活、累活"的可能性反而更高，因此户主年龄、是否为老年务农户对农户可持续生产行为的影响方向不确定[①]。受教育程度高的农户往往更易于接受新知识，对耕地质量保护的认知度以及对耕地质量改良技术的应用能力也要高于受教育程度低的农户，因而采取可持续生产措施的可能性更高[②]。可持续生产往往需要消耗一定的劳动，预期户主身体健康越差，进行相关投入的可能性越小。村干部往往担负着耕地质量保护的宣传、带头作用，因而预期农户社会政治地位会提高农户采取可持续生产措施的可能性。最后，可持续生产措施的采纳与否在一定程度上取决于农户是否有足够的劳动力支持，因此预期劳动力越多的农户进行可持续生产的可能性越高[③]。

3）耕作经营特征

该类变量包括劳均粮食种植面积、稻田地块数、农业基础设施状况、上年人均农业收入以及地理区位因素五个变量。劳均粮食种植面积越大，稻田地块数量越多，农户进行可持续生产的成本可能越大，如运输有机肥、农家肥，修整水渠的投入等都更高，因而农户采取可持续生产措施的可能性越小[④]。但较大的耕地经营规模同时也意味着生产保护性投入容易获得规模效应，农户对耕地的重视程度也更高，对耕地质量保护的积极性相应更高，因此也存在提高农户进行可持续生产的可能性[⑤]。农业基础设施状况较好有利于农业机械的应用，便于农户进行机械化秸秆还田、土地平整、深松耕地以及运输耕地质量改良物资等，能节省农户的劳动投入，因而预期影响为正。农业收入越高，农户越有对

---

① 褚彩虹，冯淑怡，张蔚文. 农户采用环境友好型农业技术行为的实证分析——以有机肥与测土配方施肥技术为例[J]. 中国农村经济，2012，（03）：68-77。

② 马贤磊. 现阶段农地产权制度对农户土壤保护性投资影响的实证分析——以丘陵地区水稻生产为例[J]. 中国农村经济，2009，（10）：31-41。

③ 陈美球，冯黎妮，周丙娟，等. 农户耕地保护性投入意愿的实证分析[J]. 中国农村观察，2008，（05）：23-29。

④ 褚彩虹，冯淑怡，张蔚文. 农户采用环境友好型农业技术行为的实证分析——以有机肥与测土配方施肥技术为例[J]. 中国农村经济，2012，（03）：68-77。

⑤ 陈美球，冯黎妮，周丙娟，等. 农户耕地保护性投入意愿的实证分析[J]. 中国农村观察，2008，（05）：23-29。

耕地进行保护的积极性，预期上年人均农业收入对农户的可持续生产的影响为正。平原地区的农业生产条件一般要优于岗地地区，而且相关可持续生产措施的实施也较为便利，因此预期地理区位因素对农户可持续生产的影响为正。

4）信息认知特征

获得正确且充分的信息，是农户形成耕地质量保护意识并有效采取可持续生产行为的重要前提。本节预期，农户认识到过量施用化肥对耕地质量的危害、感知到耕地质量的退化问题，均有助于提高农户进行可持续生产的可能性；若农户认为耕地质量保护主要责任人是自己，则其进行可持续生产的可能性更大；曾经接受过农业技术指导的农户，往往了解更多科学种田知识，预期采取可持续生产措施的可能性更高。

需要说明的是，上述分析并未区分各变量对劳动偏向型与资金偏向型可持续生产措施采纳的影响可能存在的差异。不过可以预期的是，各变量对两类措施采纳的影响差异与其对农户劳动力与资金可用程度的影响有关。例如，劳动力数较多的农户，更能满足可持续生产的劳动需求，形成劳动对资金投入的替代，那么其采用劳动偏向型措施的可能性更大，相应地采用资金偏向型措施的可能性则相对要小。

2. 模型选择

针对 3 个可持续生产行为变量，"是否采取可持续生产措施""是否采取劳动偏向型生产措施""是否采取资金偏向型生产措施"，本节设定了 3 个模型分别检验。由于农户是否采取可持续生产措施（y）属于典型的二分类离散变量，较为常用的方法是运用 Probit 和 Logistic 等二元选择模型进行分析，两种方法在估计结果方面并无明显差异。本节选用了 Probit 回归模型进行实证分析，农户进行可持续生产（$y=1$）的概率可表示为

$$P(y=1 \mid X) = \Phi(\beta_0 + X'\beta + \varepsilon) \tag{5.3}$$

式中，β_0 为截距项；X 为前面所讨论的各自变量向量；β 为各自变量的待估系数向量；ε 为随机扰动项。由于该模型为非线性模型，不能满足最小二乘法估计的前提条件，故采用最大似然法进行估计。

3. 变量描述

上文理论分析中所选取的各变量的定义与描述性统计分析结果如表 5.5 所示。由于大多数变量在其他章节已描述分析过，此处不再赘述。

表 5.5 变量定义及描述性统计

	变量	定义与赋值	均值	标准差
被解释变量	是否采取可持续生产措施	采取了任何一种可持续生产措施=1；未采取=0	0.480	0.500
	是否采取劳动偏向型措施	采取了劳动偏向型可持续生产措施=1；未采取=0	0.212	0.409
	是否采取资金偏向型措施	采取了资金偏向型可持续生产措施=1；未采取=0	0.415	0.493
解释变量	非农就业程度变量	拟合值（预测值）	0.53	0.21
农户特征变量	户主年龄	实际年龄（岁）	52.95	9.23
	户主受教育年限	实际受教育年限（年）	8.08	2.82
	户主健康状况	很好=1；好=2；一般=3；差=4；很差=5	2.85	1.54
	老年务农户	若全部务农劳动力年龄都大于 60 岁=1；其他=0	0.21	0.41
	农户社会政治地位	若家庭成员中有村干部=1；若没有=0	0.22	0.41
	农户劳动力总数	参加劳动的家庭成员数（人数）	3.36	1.32
耕作条件变量	劳均粮食种植面积	家庭实际经营的耕地面积/家庭劳动力数（亩/人）	4.92	6.90
	稻田地块数	农户种植的稻田的地块数量（块）	7.31	7.91
	上年人均农业收入	≤1 万元=1；1 万~2 万元=2；≥2 万元=3	2.00	0.81
	农业基础设施状况	村内农业基础设施条件若较差=1；其他=0	0.40	0.49
	地理区位因素	平原地区=1；岗地地带=0	0.51	0.50
信息认知变量	过量施肥危害认知	了解化肥过量施用对耕地质量的危害=1；不了解=0	0.56	0.50
	耕地质量退化感知	意识到耕地质量存在退化问题=1；未意识到=0	0.402	0.49
	耕地质量保护责任人认知	认为自己是耕地质量保护主要责任人=1；其他=0	0.312	0.46
	农业技术指导	曾获得农业技术指导=1；未获得=0	0.460	0.50

（三）非农就业对农户粮食可持续生产的影响

为了验证非农就业对农户粮食可持续生产影响的传导机制，本节在实证模型中，同样分别加入了非农就业程度与老年务农户、农业基础设施状况两个变量的交互项，估计结果见表5.6。三个模型的估计结果均显示，非农就业对农户粮食可持续生产具有负向影响，且均在·1%统计水平上显著。主要原因在于，当农户的主要收入来源从农业生产转向非农活动后，他们经营耕地更多是以满足口粮自给自足为目的，而不再追求高产出，自然更不会关注耕地生产力与可持续利用，可持续生产的积极性也因此不高。当然，这也与农户内部劳动力在农业与非农之间重新配置有关，务农劳动力的缺乏导致农户疏忽或放弃对耕地的管理。

表 5.6　非农就业程度对农户粮食可持续生产行为影响的实证估计结果

解释变量		模型一		模型二		模型三	
		系数	标准误	系数	标准误	系数	标准误
非农就业程度		-1.365***	0.346	-1.386***	0.425	-1.572***	0.410
老年务农户		-0.156*	0.084	-0.180*	0.103	-0.153*	0.090
农业基础设施状况		-0.087**	0.043	-0.088**	0.041	-0.352**	0.168
非农就业程度（老年务农户）		—	—	-0.048*	0.026	—	—
非农就业程度（农业基础设施状况）		—	—	—	—	-0.512**	0.233
农户特征	户主年龄	-0.053	0.060	-0.053	0.060	-0.051	0.060
	户主受教育年限	0.034***	0.012	0.034***	0.013	0.036***	0.013
	户主健康状况	-0.029	0.053	-0.029	0.053	-0.031	0.053
	农户社会政治地位	0.261*	0.136	0.262*	0.137	0.265*	0.136
	农户劳动力总数	0.014	0.050	0.014	0.050	0.013	0.050
耕作经营特征	劳均粮食种植面积	-0.018*	0.011	-0.018*	0.011	-0.019*	0.011
	稻田地块数	-0.003	0.010	-0.003	0.010	-0.003	0.010
	上年人均农业收入	0.012**	0.006	0.011**	0.005	0.016**	0.007
	地理区位因素	-0.116	0.176	-0.116	0.176	-0.115	0.176
信息认知特征	过量施肥危害认知	0.296***	0.111	0.295***	0.111	0.301***	0.111
	耕地质量退化感知	0.410***	0.109	0.410***	0.109	0.419***	0.110
	耕地质量保护责任认知	0.301**	0.129	0.301**	0.129	0.300**	0.129
	农业技术指导	0.476***	0.125	0.475***	0.126	0.480***	0.126
常数项		1.008	1.506	1.015	1.509	1.059	1.509
对数似然值		-389.06		-389.05		-388.60	
卡方检验值		121.94***		121.94***		122.85***	

***、**和*分别表示在 1%、5%和 10%的统计水平上显著。

　　模型一的估计结果显示，老年务农户与农业基础设施状况变量对农户粮食可持续生产的影响均显著为负。这表明务农劳动力老龄化或农业基础设施状况较差显著降低了农户进行可持续生产的可能性。务农劳动力老龄化意味着劳动力的体力下降，这可能使得他们难以承受可持续生产所需要的劳动量，因为较多可持续生产措施都需要耗费一定量的劳动。类似地，如果农业基础设施状况较差，较多可持续生产措施的实施都将十分不便，农户的投入成本将大幅增加，从而使得农户采取相关措施的可能性降低。

在加入非农就业程度与老年务农户变量的交互项后，模型二的估计结果显示，交互项的系数为负，且在10%统计水平上显著，表明非农就业对农户粮食可持续生产的影响会因务农劳动力是否老龄化而存在差异。如果农户尚有青壮年家庭成员务农，非农就业虽然造成一定程度的劳动力损失效应，但青壮年务农劳动力仍然拥有足够的体力资本投入额外的劳动对粮食生产进行可持续生产。如果农户家中只有老年成员务农，非农就业造成的劳动力损失效应将通过劳动力的老龄化而放大，使得农户放弃可持续生产。

在加入非农就业程度与农业基础设施状况变量的交互项后，模型三的估计结果显示，交互项的系数为负，且在5%统计水平上显著，意味着农业基础设施状况也是非农就业影响农户粮食可持续生产的重要传导路径。在农业基础设施较好的村庄，非农就业户的劳动力约束将得到较大程度的放松，基础设施的便利性将使得进行可持续生产较少受到劳动力约束限制。在农业基础设施状况较差的村庄，非农就业户将缺乏足够的劳动力参与维持基本生产外的可持续生产。

农户特征变量中，户主受教育年限对农户粮食可持续生产具有正向影响，且在1%统计水平上显著，与预期相符。这表明，户主受教育年限越高，农户进行可持续生产的概率越高。调查发现，受教育年限高的农民对耕地质量保护重要性的认识要普遍高于受教育年限低的农民，而且他们往往更乐于尝试新技术、新方法，也表示对于一般的新技术、新方法都能很快上手。社会政治地位对农户粮食可持续生产具有正向影响，且在5%统计水平上显著，与预期相符。这是由村干部在实施耕地质量保护与提升行动中的特殊地位所决定的。在耕地质量保护措施宣传、推广中，村干部往往是以政府基层代表的身份肩负带头、示范作用，而一些限制性政策也大多是要求村干部带头贯彻的。因此，村干部身份会显著提高农户粮食可持续生产的可能性。

耕作经营特征中，劳均粮食种植面积对农户粮食可持续生产的影响显著为负。劳均负担耕地面积越高，单位面积上可投入的劳工就越少，那么农户进行可持续生产的可能性则越小。调查中发现，种植面积大一些的农户常常表示"种这么多地，施化肥都忙不过来，哪里顾得上再去弄农家肥"。由此可见，在机械化程度一定的前提下，土地经营面积扩大后，劳动力数量不足的制约将凸显，进而影响农户的可持续生产行为决策。上年人均农业收入对农户粮食可持续生产的影响显著为正，人均农业收入水平越高，农户进行可持续生产的可能性越大。

信息认知特征中，过量施肥危害认知、耕地质量退化感知以及耕地质量保护责任认知变量对农户粮食可持续生产的影响均显著为正，与预期相符。这说明正确而全面的信息认知是农户采取可持续生产的重要前提。了解过量施肥对土壤危害以及意识到耕地质量存在退化问题的农户，往往已具有一定的生态环境保护意识，因而他们参与耕地质量保护的可能性更高。认为自己是耕地保护主体的农户更具有保护耕地质量的责任意识，他们采取可持续生产措施的主动性也要高于其他农户，进行可持续生产的概率要比其他农户高。不过调查发现仅有31.2%的农户认为耕地应由种田人自己去保护。

（四）非农就业对劳动偏向型可持续生产的影响

考虑到不同类型可持续生产措施之间存在差异，在将农户采取的可持续生产措施分为劳动偏向型与资金偏向型后，本节首先分析非农就业对农户劳动偏向型可持续生产的影响，估计结果见表5.7。可以发现，三个模型均显示非农就业对农户采取劳动偏向型可持续生产的影响为负，且在1%统计水平上显著。这表明，非农就业程度越高，农户采取劳动偏向型可持续生产的可能性越小。正如上文概念界定部分所指出的，劳动偏向型措施主要是指相较于维持基本生产的耕作措施，种植绿肥、施用农家肥、整修水渠、回收农膜等需要农户投入额外劳动的可持续生产措施。而非农就业对农户的粮食生产已造成显著的劳动力损失效应，这使得农户在投入劳动以维持基本生产外，很难再增加劳动投入进行可持续生产。另外，非农就业带来的收入效应中的消极部分，使得农户不再重视农业生产，从而忽视对可持续生产的重视。

表5.7　非农就业对劳动偏向型可持续生产影响的实证估计结果

解释变量		模型一		模型二		模型三	
		系数	标准误	系数	标准误	系数	标准误
非农就业程度		-1.839***	0.411	-1.477***	0.522	-1.778***	0.474
老年务农户		-0.212***	0.071	-0.873***	0.291	-0.213***	0.078
农业基础设施状况		-0.358**	0.141	-0.391***	0.142	-0.282**	0.143
非农就业程度（老年务农户）		—	—	-0.362**	0.182	—	—
非农就业程度（农业基础设施状况）		—	—	—	—	-0.165**	0.083
农户特征	户主年龄	-0.079	0.073	-0.085	0.074	-0.079	0.073
	户主受教育年限	0.056**	0.027	0.057**	0.027	0.055**	0.027
	户主健康状况	-0.007	0.065	-0.020	0.065	-0.006	0.065
	农户社会政治地位	0.211	0.160	0.261	0.163	0.209	0.160
	农户劳动力总数	0.074	0.065	0.082	0.066	0.074	0.065

解释变量		模型一		模型二		模型三	
		系数	标准误	系数	标准误	系数	标准误
耕作经营特征	劳均水稻种植面积	-0.027^{**}	0.013	-0.028^{**}	0.013	-0.028^{**}	0.012
	稻田地块数	-0.018^{*}	0.011	-0.018^{*}	0.011	-0.018^{*}	0.011
	上年人均农业收入	0.079	0.097	0.093	0.098	0.076	0.098
	地理区位因素	0.814^{***}	0.216	0.824^{***}	0.217	0.815^{***}	0.216
信息认知变量	过量施肥危害认知	0.435^{***}	0.147	0.429^{***}	0.147	0.434^{***}	0.147
	耕地质量退化感知	0.541^{***}	0.131	0.545^{***}	0.132	0.539^{***}	0.131
	耕地质量保护责任认知	0.555^{***}	0.152	0.578^{***}	0.153	0.556^{***}	0.152
	农业技术指导	0.105	0.156	0.076	0.157	0.105	0.156
常数项		-3.456^{*}	1.838	-3.366^{*}	1.853	-3.464^{*}	1.838
对数似然值		-248.67		-246.55		-248.63	
卡方检验值		174.76^{***}		178.99^{***}		174.83^{***}	

***、**和*分别表示在1%、5%和10%的统计水平上显著。

模型一的估计结果显示，老年务农户变量的系数为负，且在1%统计水平上显著。这表明务农劳动力老龄化会显著降低农户采取劳动偏向型可持续生产的可能性。正如上节所指出的，劳动者体力资本因老龄化下降，对于老年劳动力而言，他们采取劳动耗费型措施的难度将显著高于青壮年劳动力，因而他们采取劳动偏向型措施的可能性更低。农业基础设施状况变量对劳动偏向型可持续生产的影响为负，且在5%统计水平上显著，说明农业基础设施状况较差显著降低了农户采取劳动偏向型措施的可能性。一些土壤改良措施需要耗费大量劳动，而劳动力缺乏与老龄化使得这些措施的实施对农业基础设施依赖性很高，如机耕路的缺乏大大增加了农户运送相关物资到田间地头的难度，从而降低了农户采取可持续生产措施的可能性。

在加入了非农就业程度与老年务农户变量、农业基础设施状况变量的交互项后，模型二与模型三的估计结果显示，两个交互项系数均为负，且分别在1%和5%统计水平上显著，这说明务农劳动力老龄化与农业基础设施状况是非农就业影响农户采取劳动偏向型可持续生产的重要传导因素。务农劳动力老龄化或农业基础设施状况较差，都将大大提高农户因非农就业而受到的劳动力约束限制，提高了劳动力损失效应的影响，从而显著降低了非农就业户采取劳动偏向型措施的可能性。

耕作经营特征变量中，劳均水稻种植面积变量对农户采取劳动偏向型可持续生产措施的影响显著为负。相比于劳均种植面积小的农户，劳均种植面积较大的农户每个劳动力的劳动负担更大，他们再增加额外的劳动以进行可持续生产的可能性显然会更小。稻田地块数变量对劳动偏向型措施采纳的影响显著为负，地块数越多，采取劳动偏向投入的可能性越小。地理区位因素变量的系数为正，且变量在 1%统计水平上显著，说明平原地区农户采取劳动偏向型可持续生产措施的可能性大于岗地地区农户，这可能与平原地区劳动偏向型措施的实施较为便利有关。

此外，除农业技术指导外，其他 3 个信息认知变量对农户劳动偏向型可持续生产的影响均显著为正，此处不再赘述。

（五）非农就业对资金偏向型可持续生产的影响

本节实证检验了非农就业对农户采取资金偏向型可持续生产的影响，估计结果见表 5.8。可以发现，非农就业程度变量对资金偏向型可持续生产的影响为负，但在三个模型中均未通过显著性检验。这说明非农就业对资金偏向型措施采纳的负效应并未随非农就业程度加深而显著增强，虽然非农就业带来的劳动力损失效应以及收入效应中的消极部分降低了农户采取资金偏向型措施的可能性，但非农就业程度的加深意味着农户会投入更多劳动至非农活动，相应地获得更多的非农收入，那么他们采取资金偏向型措施的能力也更高。

表 5.8 非农就业对资金偏向型可持续生产影响的实证估计结果

解释变量		模型一		模型二		模型三	
		系数	标准误	系数	标准误	系数	标准误
非农就业程度		-0.474	0.354	-0.695	0.433	-0.464	0.417
老年务农户		-0.059	0.168	-0.324	0.344	-0.059	0.168
农业基础设施状况		-0.050	0.115	-0.060	0.115	-0.037	0.304
非农就业程度（老年务农户）		—		-0.508	0.576	—	
非农就业程度（农业基础设施状况）		—		—		-0.025	0.540
农户特征	户主年龄	0.020	0.062	0.020	0.062	0.020	0.062
	户主受教育年限	0.084***	0.023	0.084***	0.023	0.084***	0.023
	户主健康状况	-0.016	0.057	-0.011	0.057	-0.016	0.057
	农户社会政治地位	0.122*	0.067	0.141*	0.074	0.122*	0.067
	农户劳动力总数	0.034	0.051	0.032	0.051	0.034	0.051

解释变量		模型一		模型二		模型三	
		系数	标准误	系数	标准误	系数	标准误
耕作经营特征	劳均水稻种植面积	0.021**	0.010	0.021**	0.010	0.021**	0.010
	稻田地块数	−0.017	0.013	−0.017	0.013	−0.017	0.013
	上年人均农业收入	0.047	0.081	0.049	0.081	0.047	0.081
	地理区位因素	−0.986***	0.191	−0.984***	0.191	−0.986***	0.191
信息认知变量	过量施肥危害认知	0.575***	0.117	0.572***	0.117	0.575***	0.117
	耕地质量退化感知	0.352***	0.114	0.349***	0.114	0.352***	0.114
	耕地质量保护责任认知	0.306**	0.131	0.313**	0.131	0.306**	0.131
	农业技术指导	0.404***	0.132	0.395***	0.133	0.404***	0.132
常数项		−1.383	1.553	−1.294	1.560	−1.386	1.555
对数似然值		−363.97		−363.58		−363.97	
卡方检验值		154.44***		155.22***		154.44***	

***、**和*分别表示在1%、5%和10%的统计水平上显著。

老年务农户变量、农业基础设施状况变量以及它们与非农就业程度变量的交互项的系数均为负，但都未通过显著性检验。农户特征中，户主教育和农户社会政治地位变量对农户进行资金偏向型可持续生产的影响均显著为正。

有意思的是，耕地经营特征中，劳均水稻种植面积变量对农户的资金偏向型可持续生产的影响显著为正，也就是说劳均水稻种植面积越大，农户采取资金偏向型措施的可能性越大。而前面的研究结果显示，劳均水稻种植面积对劳动偏向型措施采纳的影响显著为负。这说明，农户劳动力紧张程度越高，或者说家庭成员农活负担越重，采用资金偏向型可持续生产的可能性越大，而采用劳动偏向型措施的可能性越小。此外，地理区位因素变量对资金偏向型措施采纳的影响显著为负，说明平原地区农户采取资金偏向型措施的可能性小于岗地地区农户。

信息认知变量中，除了上两节发现的过量施肥危害认知、耕地质量退化感知以及耕地质量保护责任认知变量的影响显著外，本节还发现农业技术指导变量对农户采取资金偏向型措施的影响显著为正，这可能与资金偏向型措施采纳对人力资本要求更高有关，如测土配方施肥则需要农户至少能了解氮磷钾配比知识。农业技术指导不仅有助于提高农户对耕作技术、农业信息等知识的了解，在技术指导过程中的信息传播还能帮助农户形成正确的耕地利用观念，提高他们进行可持续生产的可能性。

不过，需要进一步讨论的是，非农就业与农户采取资金偏向型可持续生产的关系可能并非线性。结合表 5.4 可知，纯农户中采取资金偏向措施的农户所占比例为 48.20%，I 兼农户的比例下降为 35.20%，而 II 兼农户的比例却又增至 42.54%。为此，本节在模型中加入非农就业程度变量的平方项，重新估计非农就业对农户资金偏向型可持续生产的影响，模型估计结果见表 5.9。可以发现，非农就业程度平方项系数为负，且在10%统计水平上显著，这意味着非农就业对农户的资金偏向型措施采纳的负效应存在先增后减的趋势。这是由不同程度非农就业的劳动力损失效应与收入增加效应不同而造成的。非农就业程度越高，收入效应的积极作用越大，对劳动力损失效应与收入效应与消极作用的抵消程度也会越高，从而减弱了非农就业对资金偏向型措施采纳的负效应，从而造成非农就业与资金偏向型措施采纳之间存在倒"U"形关系。

表 5.9　非农就业与资金偏向型可持续生产关系的再检验

解释变量		系数	标准误
非农就业程度		−0.195	0.640
非农就业程度平方项		−0.735*	0.386
老年务农户		−0.046	0.168
农业基础设施状况		−0.068	0.116
农户特征	户主年龄	0.018	0.062
	户主受教育年限	0.085***	0.023
	户主健康状况	−0.012	0.057
	农户社会政治地位	0.161*	0.090
	农户劳动力总数	0.037	0.051
耕作经营特征	劳均水稻种植面积	0.023**	0.010
	稻田地块数	−0.019	0.015
	上年人均农业收入	0.054	0.081
	地理区位因素	−0.995***	0.191
信息认知变量	过量施肥危害认知	0.575***	0.117
	耕地质量退化感知	0.349***	0.114
	耕地质量保护责任认知	0.312**	0.131
	农业技术指导	0.385***	0.133
常数项		−1.445	1.557
对数似然值		−363.19	
卡方检验值		156.00***	

***、**和*分别表示在1%、5%和10%的统计水平上显著。

三、本章小结

本章从资源环境可持续视角研究了非农就业对粮食生产影响的环境效应。首先，以农户的化肥利用为例，研究了非农就业对农户粮食生产环境有害性要素投入的影响，考察了不同类型农户粮食生产中化肥利用的效率与存在的减量空间，并进一步实证检验了非农就业与农户化肥利用效率之间的关系；其次，对比分析了不同非农就业程度农户可持续生产行为的差异，实证检验了非农就业对农户粮食可持续生产的影响及其作用机制，并考察了非农就业对劳动偏向型与资金偏向型可持续生产影响的差异。主要研究结论如下。

（1）样本农户在粮食生产中存在较为严重的化肥过量使用问题。近66%的纯农户与50%的非农就业农户的化肥利用效率低于20%。通过对化肥减量空间的估计，我们发现样本农户在调查的水稻种植期间，纯农户共计过量使用了 48 769 千克的化肥，而非农就业农户则过量使用了 28 112 千克的化肥。

（2）非农就业可以在一定程度上提高农户的化肥利用效率，即非农就业对粮食生产而言存在部分环境正效应。不过，这种环境正效应会随着农户非农就业程度的提高而逐渐弱化，甚至会带来环境负效应。因此，对于政策制定者而言，当前尤为重要的是思考如何削减环境非农就业对粮食生产环境影响的负效应，巩固并提升其带来的正效应。

（3）农户采取可持续生产的比例随着非农就业程度的加深而降低，纯农户、Ⅰ兼农户与Ⅱ兼农户相应比例分别为58.99%、45.92%、44.44%，但不同类型农户采取资金偏向型可持续生产的比例均高于劳动偏向型措施。

（4）非农就业对农户粮食可持续生产的影响显著为负，非农就业程度越高，农户进行相关投入的可能性越低。从可持续生产措施类别差异看，非农就业对劳动偏向型可持续生产的影响显著为负，非农就业程度越高，农户采取劳动偏向型可持续生产措施的可能性越低。收入效应的存在，使得非农就业对资金偏向型可持续生产的影响虽然为负，但未通过显著性检验。不过，在加入了非农就业程度平方项后，实证发现非农就业与农户采取资金偏向型措施之间存在倒"U"形关系。

（5）务农劳动力是否老龄化与农业基础设施状况是非农就业对农户粮食可持续生产影响的重要调节因素。如果家庭中务农劳动力均为老年人或所在村庄农业基础设施较差，非农就业户将受到较强的劳动力约束，他们缺乏足够的劳动力参与维持基本生产外的可持续生产，从而使得非农就业对农户的可持续生产产生明显的负向作用。这种调节机制对于农户采取劳动偏向型措施的影响更大，因为这种投入的劳动耗费量更高。

（6）户主受教育年限、农户社会政治地位、人均农业收入水平以及农民的信息认知特征对农户粮食可持续生产的影响均显著为正。劳均粮食种植面积对劳动偏向型可持续生产的影响显著为负，但对资金偏向型可持续生产的影响显著为正。稻田地块数对劳动偏向型可持续生产的影响也显著为负。

第六章
研究总结、启示及政策建议

近几十年来，我国农村劳动力大量非农就业，但非农就业并未显著地促进农业生产专业化进程的加快，而是使得农户经营兼业化特征愈来愈明显。在非农就业成为农户的一种常态化生产经营方式的背景下，非农就业会给我国农业生产特别是粮食生产带来何种影响一直是学界关注和争论的焦点。本书主要基于新经济劳动力转移理论，在构建非农就业对粮食生产影响的理论框架的基础上，利用实地调研农户数据，在微观层面对该问题展开了较为全面的研究。本书不同于以往研究中仅仅从积极与消极两个方面简单概括非农就业对粮食生产的影响，并将非农就业对粮食生产影响的中间过程视作"黑箱"的做法，而是沿着对农户粮食种植全过程检验的思路，从多个视角考察非农就业所导致的资源禀赋改变对农户粮食生产影响的作用机制及其效应。此外，非农就业对粮食生产的影响并不仅仅表现为产出的变化，还会在农户的粮食生产技术效率水平与生产风险水平等方面得到体现，而且非农就业还会给粮食生产带来环境效应。基于此，本书主要考察了以下几个问题：非农就业对粮食生产的影响机制、非农就业对农户粮食生产投入决策的影响、非农就业对粮食生产影响的产出效应、技术效率与风险效应以及非农就业对粮食生产影响的环境效应。

总体而言，在较大程度上，非农就业带来的收入效应不足以弥补其带来的劳动损失效应，而且还受到外部环境条件与内部人力资本约束，对粮食生产造成了一定程度的不利影响。不过，进一步研究发现，非农就业与农户的粮食产量、生产技术效率以及环境效应之间均存在显著的倒"U"形关系，主要原因在于非农就业的收入效应能在一定程度上抵消甚至超过上述不利影响，但资金对劳动力的替代弹性显著地受到外部条件的制约，尤其是农业基础设施薄弱将显著加剧非农就业负效应凸显的进程，从而使得非农就业程度进一步加深后，非农就业最终对粮食生产造成了不利影响。但值得注意的是，非农就业对粮食生产风险具有显著的负效应，加剧了粮食产出的波动，两者之间并不存在非线性关系。此外，非农就业对粮食生产的环境效应也较为显著。因此，总体来说，虽然非农就业对粮食生产的负效应应引起警惕，但不必过于担忧。当前的问题并不在于如何阻止非农就业继续深化，而在于如何适应非农就业这种常态化的农户家庭分工方式，满足非农就业对农业生产和经营提出的新要求，为农民提供更好的农业基础设施与农业生产社会化服务，充分发挥非农就业给农户带来的资金优势。

一、主 要 结 论

（1）从生产要素投入角度看，非农就业导致农户转出土地的概率加大，并使得农户显著地采取了"资金替代劳动"的生产策略，而务农劳动力状况与农业基础设施状况将显著制约农户的生产策略调整。

非农就业带来的劳动力损失以及非农收入比例上升将导致农户转出部分土地。在农业基础设施状况较差的村庄，非农就业户面临的劳动力约束较强，他们转出部分土地的概率较高；而在农业基础设施状况较好的村庄，农业生产较为便利，非农就业户面临的劳动力约束并不显著，因而他们转出部分土地的概率较低。农村老龄劳动力对土地的依赖性较高，而且他们的务农机会成本也较低，使得务农劳动力老龄化降低了非农就业户的土地转出概率。非农就业的劳动力损失效应在非农就业对粮食生产家庭自投工的显著负向影响以及对雇工投入的显著正向影响两个方面得到验证。但劳动力损失效应显著地受到务农劳动力老龄化与农业基础设施状况的影响。若家庭只有老年人务农或农业基础设施状况较差，非农就业对粮食生产家庭自投工的负效应以及对雇工投入的正效应将更加显著。面对劳动力约束，非农就业的收入效应使得农户倾向于将资金投入在对劳动替代性更强的要素上。非农就业对种子、化肥、农药等农资投入的影响显著为负，但对农机作业以及农业生产性资产等劳动替代性较强的要素投入的影响却显著为正。前者反映了非农就业导致的农户生产积极性下降的消极作用，即"懈怠"效应，后者则体现了非农就业的收入效应的积极作用。不过，这种积极作用显著受制于农业基础设施状况，因为如果农业基础设施不配套，农业机械的应用将受到限制。

（2）从生产投入报酬看，不同非农就业程度农户之间不仅生产投入的要素报酬存在明显差异，而且规模报酬也存在差距，但农业基础设施投资将显著提高生产投入的要素报酬。

除雇工投入的产出弹性为负外，其余要素投入均对粮食产出具有正效应。种植面积的产出弹性最高，但随非农就业程度加深而降低，而家庭劳工投入的产出弹性却随非农就业程度的加深而提高。农资投入报酬在纯农户中最高，而农机作业支出报酬在Ⅱ兼农户中最高，这与不同类型农户资金与劳动稀缺性程度不同有关。此外，生产保护性投入对纯农户与Ⅰ兼农户粮食产出的积极作用较为显著。纯农户与Ⅰ兼农户的粮食生产处于规模报酬递增阶段，而Ⅱ兼农户的粮食生产则处于规模报酬递减阶段。这说明纯农户与Ⅰ兼农户的粮食生产经营规模仍有较大提高空间，而Ⅱ兼农户的经营规模如果再扩大，将无法获得同等比例的报酬。这显然与不同类型农户的粮食生产投入策略存在差距有关。农业基础设施较好的农户的土地投入、家庭劳工投入、农机投入以及生产保护性投入的产出弹性都更高一些。而且较好的农业基础设施状况有助于减轻老龄劳动力的体力消耗，使得他们对粮食生产发挥积极作用。此外，投资于农业基础设施建设还将弥补地理因素带来的产出差距，并减轻自然灾害对粮食产量造成的损失。

（3）虽然非农就业在一定程度下有助于提高农户的粮食产出，但非农就业程度的加深将显著减少农户的粮食产出水平，两者之间存在倒"U"形关系，而且农业基础设施状况较差将显著加剧非农就业负效应凸显的进程。

在一定水平下，非农就业的收入效应有助于农户增加农机作业支出以及生产性资产投资，从而对提高粮食生产力具有积极作用。但非农就业显著减少了农户的家庭劳动投入，增加了雇工投入，而家庭劳工投入对粮食产出具有显著的积极作用，雇工投入则具有负向作用，这意味着非农就业的劳动力损失效应将对粮食产出产生显著的负向影响。非农就业通过作用于生产保护性投入也产生了相似的影响。因此，随着非农就业程度的加深，收入效应将无法抵消劳动力损失效应，而且农户对农业生产的"懈怠"程度也将越来越高，进而导致粮食产出随着非农就业程度的加深而呈现出先增加后减少的趋势，两者之间存在明显的倒"U"形关系。估计结果还显示，当农户的非农就业程度为50%左右时，非农就业对农户粮食产出的贡献达到峰值。此外，农业基础设施的不完善，将显著加剧非农就业负效应凸显的进程。这是因为农业基础设施较差将使得非农就业户的劳动力约束问题更加突出。

（4）非农就业仅在一定程度下改善了农户粮食生产的耕作管理水平，非农就业程度的加深将导致生产管理粗放化，进而造成非农就业与农户的粮食生产技术效率之间存在显著的倒"U"形关系；通过提高技术效率而实现粮食增产的空间巨大。

非农就业的收入效应虽有助于缓解农户面临的资金约束，进而改善农户的粮食生产管理水平，但同时还存在的"懈怠"效应，会随着非农就业程度加深而增大，导致农户的生产管理向粗放化转变。因为在非农就业程度上升到一定程度后，非农生产经营活动将成为农户生产经营的重心，务农劳动力的损失效应也变得更加明显。在三种效应的共同作用下，农户的粮食生产技术效率水平随非农就业程度的加深先增后降。此外，不同非农就业程度农户的粮食生产技术效率水平显示，在保持现有投入水平不变的前提下，通过提高耕作管理水平，纯农户至少可以在其现有粮食产出水平上再提高14%的产量，Ⅰ兼农户的粮食产量则至少可以再提高 11.8%，Ⅱ兼农户则可以再提高 12.6%。这说明，通过提高农户生产管理水平，减少技术效率损失，以增加粮食产量的空间巨大。

（5）自然风险的不可预期性以及劳动力的约束，决定了非农就业显著不利于粮食生产稳定，非农就业程度越高，农户的粮食产出波动越大，即生产风险水平越高。

虽然从收入效应的积极作用看，可以推断出非农就业有助于减轻农户的粮食生产风险，因为非农就业显著提高了农户的农机作业支出，而农机作业支出属于风险减少型要素投入，但农户的劳动投入同样也属于风险减少型要素投入，这又意味着非农就业的劳动力损失效应将增加农户的粮食生产风险。面对生产风险，农户需要及时调整生产投入策略来减轻粮食生产波动。但生产策略的调整不仅受到农户经济状况的约束，更受到农户劳动力资源状况的限制。非农就业虽然显著改善了农户的经济状况，保障了农户及时投入要素的资金来源，但务农劳动力的损失则对农户的适时调整策略造成更加显著的消极影响。对于粮食生产而言，自然灾害的发生往往具有不可预期性、突发性，这就意味着及时而充足的劳动投入往往比资金保障更加重要。因而，非农就业程度的加深显著地加大了农户的粮食生产风险水平。

（6）从环境效应角度看，非农就业可以在一定程度上提高农户的化肥利用效率，存在部分环境正效应，但这种环境正效应会随着农户非农就业程度的提高而逐渐弱化，甚至会带来环境负效应；从农户可持续生产行为来看，非农就业程度越高，农户采取可持续生产措施的概率越低，而且非农就业对劳动偏向型与资金偏向型可持续生产措施采纳的影响存在差异。

务农机会成本上涨与非农收入比例的提升，不可避免导致农户减少粮食生产耕地质量保护方面的劳动投入，造成非农就业对农户的可持续生产产生不利影响的局面。农户采取可持续生产的比例随着非农就业程度的加深而降低，但不同类型农户采取资金偏向型可持续生产措施的比例均高于劳动偏向型措施。实证结果验证了非农就业对农户可持续生产的显著负向影响，非农就业程度越高，农户采取可持续生产的可能性越低。此外，非农就业对不同偏向型可持续生产的影响存在异质性。在劳动力约束的影响下，非农就业对劳动偏向型可持续生产的影响显著为负。而收入效应的积极作用，使得非农就业虽有助于农户增加资金偏向型可持续生产，但非农收入比例越高，同时也意味着劳动力损失也会越大，而且生产"懈怠"的可能性也越高，进而造成农户采取资金偏向型措施的可能性降低，两者之间最终呈现出倒"U"形关系。非农就业对农户可持续生产的作用显著受到务农劳动力与农业基础设施状况的影响。务农劳动力老龄化与农业基础设施状况较差将显著加大非农就业户的劳动力约束，进而导致他们减少采取维持基本生产外的可持续生产措施。

二、政策启示

基于上述主要结论以及各章节小结中的一些有益结论可以得出如下几点政策上的启示。

（1）从保障粮食生产要素投入角度看，由于农户能够通过调整耕地经营规模与要素投入结构来适应非农就业对劳动力的需求，并利用非农经营收入反哺粮食生产，短期内非农就业程度加深并不会对粮食生产造成严重影响，甚至有助于粮食产量的增加，因此不应因非农就业造成农业劳动力损失而干预农村劳动力向非农产业的持续转移。但农业基础设施状况对"资金替代劳动"策略的显著约束带给我们的政策启示是，应加快改变农村地区农田机耕路、农田水利等基础设施供给严重不足的现状，避免因农业基础设施配套不完善而导致资金对劳动力替代弹性低，造成农户劳动力约束较高的局面，将非农就业劳动力损失效应的影响降至最低。此外，加快土地整理进度，降低耕地细碎化程度，同样有助于保障农户的粮食生产投入。

（2）从保障粮食产量的角度看，应警惕非农就业对农户粮食生产造成的不利影响，但对此也不必过于担心。因为研究结果显示，在农户家庭成员中超过一半劳动力参与非农生产活动后，非农就业对粮食产出的不利影响才开始显现，而在此之前，非农就业对粮食生产具有显著贡献。因此，应将非农就业视为一种常态，关注如何适应这一变化趋势，研究如何更好地满足非农就业对粮食生产提出的新要求，采取相应措施提高非农就业对粮食产出的积极作用，延缓非农就业负效应凸显进程。例如，大力发展农业生产社会化体系，以专业化、市场化的生产服务，通过代耕、代种、代管、代收等方式解决非农就业户劳动投入不足、生产"懈怠"问题；积极培育农村土地流转市场，为生产经营规模扩大创造条件，特别是引导土地从Ⅱ兼农户向纯农户与Ⅰ兼农户流转，促进纯农户与Ⅰ兼农户采取适度规模经营，将有助于粮食产量的提高，避免农户因非农就业程度较高造成粮食产出损失。与此同时，应进一步完善农业基础设施建设，因为农业基础设施投资不仅能提高粮食生产中各类投入要素的报酬，减轻自然灾害对粮食生产造成的损失，更重要的是，能减轻非农就业户的劳动力约束强度，进而减缓非农就业负效应的凸显。

此外，种植收益的提高是调动农户生产积极性的重要因素，因此还应着力解决粮食生产成本过高、收益过低问题。最后，建立完善农业技术服务推广机制，提高务农劳动力人力资本同样有助于提高农户的粮食产出水平。

（3）从提高粮食生产技术效率角度看，在积极为非农就业户发挥资金优势以改善耕作管理水平创造条件的同时，应警惕非农就业程度进一步加深后，农户耕作管理粗放化、技术效率损失加剧给粮食生产带来的不利影响。从非农就业作用于农户技术效率水平的三种效应来看，如何提高收入效应的积极作用，削弱"懈怠"效应以及劳动力损失效应的消极作用成为扭转非农就业深化后造成农户粮食生产技术效率下降局面的关键所在。充分发挥非农就业户的资金优势，通过发展农业生产社会化服务组织，解决非农就业户的生产"懈怠"以及劳动力不足等问题，利用分工协作的优势提高非农就业户的农业资源利用效率与投入产出能力；完善农业基础设施建设，不仅能够降低粮食生产劳动强度，还有助于提高粮食生产作业效率，降低生产成本。

此外，应重视人力资本投资对改善农户生产技术效率表现的重要作用，加大对农村地区教育、医疗的投入力度，不仅有利于改善农村人口的福利水平，还有利于确保国家粮食安全，具有"溢出"效应；应提高对农业生产的信贷支持力度，解决农户融资难题，保障农地经营权抵押融资试验有序进行，形成可复制、易推广的农村金融产品创新模式。

（4）从提高粮食生产稳定性角度看，提供自然灾害预警服务、增强农户减灾应灾能力、减轻非农就业户的劳动力约束，是保障粮食产出稳定的关键。加大农业基础设施投入力度，不仅能提高粮食生产灾害抵抗力，还能有效减轻非农就业户的劳动力约束强度，保障生产策略调整的及时性。鼓励多种方式的粮食生产合作组织发展，不仅要提高专业经营户的组织化程度，还应吸引广大非农就业户加入到合作组织中，转变农户粮食种植"单打独斗"局面，通过互帮互助、互通有无提高农户的风险应对能力。

此外，应建立健全农业灾害预警体系，扩大灾害预警覆盖面，通过现代信息传播方式及时发布相关信息。应加大防灾、减灾知识的宣传和防灾、减灾技术的普及，通过教育推广方式树立农户自觉防灾、减灾意识，增强农户减灾、应灾能力。最后，还应帮助农户树立正确施肥、施药观念，避免粮食生产因施肥、施药过量或不足而造成粮食生产波动。

（5）从保障粮食生产可持续角度看，虽然非农就业导致的劳动力损失效应将造成农户显著减少可持续生产，但非农收入的增加以及资金偏向型可持续生产措施的推广应用能在一定程度上抵消劳动力损失效应。因此，应进一步松弛人力资本对可持续生产的约束，提高农业生产技术的供需契合度与创新农业生产组织形式，为形成资本对劳动的有效替代创造条件，包括：优先发展与推广资金偏向型生产保护性技术与措施，以实现技术供给与需求的有效对接；培育耕地质量保护专业服务市场，将现有的生产"外包"服务范围扩大至耕地质量保护与提升服务，改变传统"重生产""轻生态"观念，创新形式填补耕地生态服务的市场空白；在形成"农民投入、社会补偿"共识的基础上，建立"谁投入、谁受偿"的补偿机制，并适当考虑将相应的劳动耗费纳入补偿范围，或者以奖代补，充分调动农民积极性。

此外，应加大农村教育投资，因地制宜开展农业生产技术培训，有助于提高农户对耕地质量保护技术的认知与应用能力。加快农田基础设施建设，降低耕地质量保护的劳动成本，为耕地质量保护技术的机械化应用创造条件。最后，采取多种措施，宣传与推广耕地可持续利用，改变耕地利用传统陋习，培养农民保护耕地质量的责任意识，提高农民对耕地质量保护的正确认知。

附　　录

附录一　农村劳动力加速流向非农产业背景下提升粮食产能的思考与建议[①]

农村剩余劳动力转移至非农部门是发展中国家农业转型和经济增长的一个重要特征，也是我国现阶段面临的现实问题。在城镇化快速发展的今天，由生产资源配置机制变化导致的劳动力结构变化是农村劳动力配置新格局形成的重要原因，如市场机制驱动耕地资源、水资源的非农化，农业生产资源的外流都加速了农村高质量的人力资源的外流，其直接结果是农业生产的劳动力资源剥夺效应，即表现为"空心村""老龄化""女性化"等农村劳动力结构特征。当前，农村劳动力已从所占比例的相对减少，向农业劳动力数量和质量绝对减少转变。弱质的农业劳动力资源无疑会对我国的粮食生产产生影响，对实施发展农业现代化也会产生阻碍作用。课题组通过对湖北、河南、河北 3 省 13 县（市）近 1200 户粮食种植农户的调研，对当前我国农村劳动力非农就业特征及其对粮食安全的影响有一些思考，并据此提出相关建议。

一、现阶段农村劳动力非农就业特征

（一）选择性明显

所谓选择性，是指农村劳动力中质量较高的部分转移出去，将弱质化劳动

───────────

① 该文是作者与华中农业大学王雅鹏教授共同撰写完成，并向有关部门提交的决策研究报告，特收录于本书中以供读者参考。

力资源遗留于农业生产中的现象。它不仅会带来农村劳动力数量上的减少，而且会使务农劳动力的质量大大缩减。调研发现，农村劳动力选择性转移主要表现有三点：一是年轻化，在外出劳动力中，40 岁以下者占到全部外出者的 80%，而本地务农劳动力的平均年龄约为 53 岁。二是男性化。调研数据显示，男性外出劳动力占全部外出劳动力的 61%，女性外出劳动力仅占全部外出劳动力的 39%。三是受教育程度较高。外出劳动力平均受教育年限为 9.67 年，明显高于留守务农劳动力平均受教育年限 6.89 年的水平。在留守务农劳动力中，接受过初中及以上教育的只占 52%，而这一比例在外出劳动力中高达 83%。劳动力选择性转移的结果导致农业从业者趋向于老龄化、女性化和受教育程度较低，带来的后果是农业人力资本水平下降。

（二）模式分化

所谓模式分化主要是指农村劳动力非农就业分化为就地转移和异地转移两种模式。就地转移模式主要体现在两个方面：一是通过当地农业经济的内部发展，实现农村劳动力在广义农业内部的转移，向农业生产的广度和深度发展，也就是"不离土不离乡"模式；二是农村第二、第三产业的发展，使得农民能从事非农产业工作而导致的转移，也叫作"离土不离乡"模式。异地转移模式是指农村劳动力跨地区的转移，主要是指农村劳动力向城镇的转移或者向县域、省域以外的转移，即"离土又离乡"模式。调研发现，目前农家不存在劳动力转移的农户占比为 28%，其余 72% 的农户皆存在有转移就业的劳动力。其中，就地转移的农户占全部样本的 24%，异地转移农户占全部样本的 48%。此外，访谈发现，越来越多农户选择就地转移，随着新型城镇化战略的推进，可以预见未来农村劳动力非农就业将更多选择在本地就业，这一比例甚至有可能超过异地转移。

（三）季节性突出

所谓季节性，是指农村劳动力以一种非彻底的方式转移就业，即部分农村劳动力会在农忙时节返乡务农，还有部分劳动力则在逢年过节时期返乡，其余时间则在外务工，呈现出一定的季节性，是一种"候鸟式"的转移。调研发现，就地转移的农村劳动力中，约 73% 的劳动力会在农忙时节参与粮食生产，仅有 27% 的劳动力不会参与粮食生产；异地转移的农村劳动力较少参与粮食生产，超过 90% 的劳动力仅在逢年过节时期返乡。

二、农村劳动力加速外流背景下粮食生产面临的困境

据国家统计局调查统计，尽管 2010 年以来农民工总量增速持续回落，但农民工总量仍呈快速增长态势，已由 2010 年的 2.42 亿人增至 2014 年的 2.74 亿人。很明显，农村劳动力向外转移的规模仍然在持续加大。客观分析，当前所面临的问题，主要是四个方面。

（一）劳动投入难保障

一方面，农村劳动力外流在数量上直接减少了种粮劳动投入；另一方面，青壮年劳动力大量外出，导致留守劳动力因体力弱化也相应减少了对种粮的劳动投入。据调查，样本农户平均每亩粮食的家庭劳工投入量为 5.93 个工，无外出务工成员农户的亩均投工量最高，为 7.28 个工；有外出务工成员农户的亩均投工量为 5.63 个工。此外，不同模式的外出务工农户在种粮劳动投入上也存在显著差异，异地转移农户的劳动投入明显低于本地转移农户。在农业机械化并未对粮食生产全程覆盖的现有条件下，劳动投入的减少势必造成粮食生产经营的粗放化和精耕细作程度的降低，进而对粮食生产造成不利影响。

（二）技术推广应用难

农村劳动力非农就业降低了种粮劳动力资源的质量，影响种粮技术的推广和发展，进而影响粮食产能提升。农村劳动力非农就业是农户家庭人力资源重新配置的过程，农村劳动力的外流具有选择性，青壮年或相对有知识或技能的劳动力，一般优先外流，留在农村的农业劳动力整体素质下降，以弱质劳动力为主。农村人力资本水平的下降对新技术的推广和实施产生较大阻碍效应，老弱劳动力在采用新技术、接受新信息等方面均处有障碍，相对于弱势，不利于先进技术与生产要素在农业生产中的应用。调研发现，农户以 35 岁及以下成员为主要务农劳动力的家庭，愿意采用新技术比例占 68%；农户中没有青壮年劳动力，仅有年龄在 50 岁以上的劳动力的家庭，愿意采用新技术的比例为 43%；农户中仅有妇女从事农业生产的家庭，愿意采纳新技术的比例为 39%。老年人以及妇女对粮食生产新技术的认知及应用意愿明显低于青壮年或男性劳动力。

因此，我们有理由担忧农村劳动力非农就业带来的人力资本弱化将给以新技术应用为核心的粮食生产转型带来较大挑战。

（三）基础设施欠管护

现有农田基础设施，尤其是灌溉设施难以满足粮食生产需求，统计结果显示全部样本中有 67%的农户表示对现有灌溉设施不满意。例如，在湖北省的调研主要分布在粮食主产区，但调查发现农田中渠系配套比例较高的农田，其水渠依然是 20～30 年前修建的，新修的较少，有 20.90%的粮食种植农户表示粮食种植基本望天收，39.70%的农户表示能灌溉但不能保证，只有 39.40%的农户表示能保证灌溉。不仅如此，调研发现有非农就业的农户愿意对农田基础设施建设与管护的比例为 41%，没有非农就业的农户愿意对农田基础设施建设与管护的比例为 72%。存在有非农就业的农户在农田基础设施建设与管护方面的劳动投入意愿方面不如其他农户。青壮年劳动力的大量外流，使得本已亟待修缮的农田设施缺乏管护，调查显示，仅有 28%的存在外出务工农户对水渠进行了整修，而无外出务工农户参与水渠整修的比例则达到 63%。进而说明非农就业会直接影响农田基础设施建设水平的提升和粮食综合生产能力的提高。

（四）种粮方式粗放化

短期来看，农村劳动力大量非农就业对粮食生产的影响在产量方面没有凸显，但实际上这种影响主要体现在粮食生产的持续性和潜能的挖掘方面。一方面，劳动力损失导致农户无法及时投入劳动参与耕作管理，特别是会放弃一些无法用雇工、农业机械进行替代的田间管理环节，进而造成农户的土地利用方式发生改变，如选择粗放经营，选择种植终年性、需要投劳少的作物，导致农户投入更少的时间于农田水土保持、农田施用长效性的有机肥等方面的作业；另一方面，劳动力外流还会改变农户对待粮食生产的态度，非农收入比例的提高会削弱农户的粮食生产积极性，使得农户产生自给自足思想、产生"搭便车"行为，产生"懒人农业"现象，导致耕作管理粗放，投入过量农用化学品以"弥补"劳动投入不足，进而对粮食生产的可持续发展和产量、品质、潜能挖掘造成不利影响。

三、农村劳动力加速非农转移背景下粮食生产面临的挑战

（一）农村劳动力大规模外流的确会影响我国的粮食安全

保障国家粮食安全是我国经济社会发展的基本条件和根本任务。习近平同志多次提出要把中国人的饭碗牢牢的端在中国人的手中，在农村城镇化和劳动力外流的背景下，如何实现经济社会发展的粮食安全协同发展，是一个值得深入思考的问题。从本研究项目在执行期间的实地调查以及对调查结果的分析来看，在城镇化推进的过程中，农村劳动力的外流的确实实在在地影响了我国的粮食安全。其对粮食安全的影响主要表现在以下几个方面。

第一，农村劳动力向城镇和非农产业的转移和外流，使得投入粮食生产的劳动力数量减少，直接影响粮食产出。我国的粮食生产由于受土地承包到户的生产经营体制和山地丘陵地形地貌较多的影响，机械化实现难度大而作业水平低，资本的投入并不能对劳动力要素实现完全替代，人工劳动作业在相当多的地方仍然是目前粮食生产种植经营的主要方式。劳动力的大量外流一方面对土地耕作造成了影响，在很多地方因劳动力缺乏和种粮比较效益相对较低两个因素叠加而出现了对耕地的撂荒、抛荒、弃耕现象，粮食种植面积直接减少；另一方面是对粮食生产的作物实现粗放化、兼业化，由于作物不及时和投入不足而直接影响了单位面积土地的粮食产出量，也就是说劳动力投入不足会从面积和单产两个方面影响粮食生产及粮食安全。

第二，农村劳动大量的向城市和非农产业的转移和外流，特别是选择性的转移和外流会影响粮食生产的技术进步，进而影响粮食产出能力及安全。农村劳动力向城市和非农产业转移和外流，使得家庭劳动力资源在城市和农村之间、在农业及粮食产业和非农产业之间重新配置。城市中的非农产业一般资本有机构成高、技术含量高、收益也相对较高，因而对劳动力的技能和素质也要求较高。这就产生了高素质的青壮年农村劳动力往往优先外流从事非农工作的现象，呈现出选择转移和呈现年轻化、男性化、高文化的特征，留守在农村及粮食产业中的劳动力则呈现老龄化、女性化、低文化的弱质性特征。劳动力的弱质性首先弱化了对新技术的吸附能力和推广应用能力，使粮食生产的技术效率降低，有效劳动投入降低而生产边际产出率下降，现代化进程受到阻滞。

第三，农村劳动的大量外流和向城市及非农产业转移，使粮食生产经营供给者转变为纯粹的需要消费，从而加剧了粮食的供求矛盾，影响了粮食安全。大量的农村劳动力外流和转移到城市及非农产业以后，不仅减少了劳动力要素对粮食生产的投入，而且还会加大对粮食的需求量，加剧粮食供求矛盾。一方面一个农业劳动力转移到城市及非农产业以后，其人力资本价值得到了充分有效地实现，收入水平会相应提高，从而也会带动生活消费水平相应提高，食物结构开始变化，会消费更多的由粮食转化而来的肉蛋奶类食品，这就加大了对粮食的消费需求量，农业部 2013 年的数据显示，我国城镇化率每增加一个百分点，相应的粮食消费需求要增加 100 亿斤；另一方面，农业劳动力外流和转移至城市及非农产业以后，原有的粮食自产自销方式已不存在，无形地加大了粮食从农村转向城市的数量和环节，对粮食资源的配量提出了更高的要求，粮食在生产加工及市场流通中的任何一个环节发生梗阻，都会影响粮食安全。

（二）农村劳动力外流给农民家庭生产经营带来新的矛盾与问题

回顾我国农村劳动力外流向城市和非农产业转移的历程，在改革开放初期主要是数量转移，当时由于刚刚打通城乡劳动力市场，城镇快速兴起的第二、第三产业和极度缺乏的劳动力供给，为农村劳动力转移创造了极大的空间，加之农村实行家庭承包经营生产责任制以后，农民的积极性得到了有效调动，受农业资源禀赋的限制，农业出现了大量的劳动力剩余，这种城市对劳动力大量需求和农村可以充足供给的局面就创造了农村劳动力外流，向城市的非农产业大量转移的场景。劳动力这种井喷式的向城市转移，一方面使得城市出现民工潮，另一方面也给农民家庭及粮食生产经营带来了新的矛盾。

第一，青壮年劳动力外流，向城市和非农产业转移后，农民家庭出现了留守儿童和空巢化，在农村社会的服务保障功能还没有建立起来的情况下，留守儿童的教育、老龄农民的养老都成为新的社会矛盾和社会问题；第二，青壮年农民的外流和向城市及非农产业转移后，农村开始出现凋敝现象，原本生机勃勃的农村，开始失去了生机与活力，这种凋敝的现象使得一些地方对农村的发展和建设失去了信心，在河南的某山庄农村，由于村中只有几个老人留守而被视为鬼村；第三，青壮年农民的外流和向城市及非农产业转移，使得农业基础设施建设被搁置，即使原有在集体经济时期所建成农田水利基础设施和灌溉渠系也没有人去管护，以致年久失修老化，功能丧失，严重地影响了农业生产及粮食安全；第四，青壮年劳动力特别是男性劳动力的外流，使农村劳动的体力素质下降，呈现弱质性。农民在从事农业生产经营时，为了适应这一局面，开始寻求省力省劳的经营方式，结果使得祖祖辈辈所创造的传统农业的精华——有机肥、畜粪肥田因劳动力体能缺乏而被抛弃，代之而来的使用省时省力的化肥肥田，以致农业面源污染发生，农业生产环境日益恶化，进而影响农业生产发展及粮食安全；第五，农业生产是人与自然结合的事业，有些农艺过程可以实行机械化，实现机械、资本对人工的替代，而有的则无法被机械替代，据我们在湖北江汉平原的粮食生产调查，在耕地整地、插秧、收割都用机械替代人工的情况下，每亩稻田仍然需要 6～8 个人工的投入，如果没有劳动投入则粮食产量及品质必然会受到影响；第六，农村劳动外流，会影响农户对农业及粮食生产潜能的挖掘和对粮食生产的态度，由于劳动力外流以后，农业劳动力的弱化，农户一方面会放弃一些无法用机械、雇工无法替代的农田作业环节，而使农田管护经营呈现粗放化；另一方面会改变农田经营方面，选择种植一些终年性、需要投劳少的作物种植；再者，农户对农田经营的态度会发生改变，由于家庭主要劳动力在外务工，劳动报酬是家庭的主要收入来源，家庭并不以经营农业求发展，因而就产生了对农业及粮食生产只要求自给自足的思想和"搭便车"行为，使"懒人农业""天然农业"现象在农村显现与发生。

（三）要素替代尚不能完全弥补农村劳动力外流的不利影响

农村劳动力外流在农外就业后其人力资本投入得到了补偿和回报，农民收入的确有了大幅度的增长，但这种收入效应并不能完全转化为农业及粮食生产的发展增长效应，其原因如下。

其一，粮食生产用工依然不可或缺。近年来，尽管农民收入提高以后，有的把大量资本用以购买农业机械或者购买农机服务，自己的农业劳动投入较以往有了大幅减少，但粮食产方式的复杂性及季节性特点，使得劳动投入依然不可或缺。据我们在湖北省对主要粮食作物粮食生产进行调研发现，在翻地、插秧以及收割环节均由机械替代的情况下，每亩粮食仍然需要投入 6～8 个人工，在非平原地区，以及遭遇极端天气时，由于农用机械往往无法满足生产需求，则需要投入的人工更多，而劳动力大量外流所导致的存量不足将影响粮食生产，加剧粮食生产波动风险。

其二，地形条件约束问题不容忽视。调研中，我们发现部分地区的丘陵地形对农业机械投入产生显著的阻隔效应，使得资本对劳动替代受到约束。这种效应主要通过降低农机田间可达性和作业便利性制约农机作业可行性，进而削弱资本对劳动的替代。另外，在丘陵地区和山地地区，有较多耕地的地块面积小，且存在一定坡度，细碎化程度比较高，无疑增加了机械化作业的难度。在这些地区，不仅农户购买农机的积极性会较低，且使用农机服务的成本也较高。更严重的是，目前丘陵山区这些农业生产相对不发达的地区往往又是劳动力外流、劳务输出最多的地区。

其三，外出务工对粮食生产的收入效应较弱且受到农业基础设施条件的约束。尽管随着劳动力大量外出务工，农户家庭可支配收入不断增多，但农户粮食生产中的资金投入并未显著增加。主要呈现以下两个特征：第一，增加的非农收入主要用于改善生活。调查发现大多数农户非农收入增加后首选改善家庭生活，如改善家庭住房条件，另外购买汽车的现象近年来也越来越普遍。第二，少量资金用来增加劳动替代性较强的农业生产要素投入，主要是购买农机服务，但这种效应容易受到限制。此外，调查发现农户的生产性资产投资随着务工收入提高普遍有所增长，但外出务工收入很少转化为农业及粮食生产的生产性投资。

其四，耕地质量保护性投入明显不足。农业生产依赖性的降低使得农户长期性投资的积极性下降，如耕作的精细化程度降低，有机肥施用减少，从而对耕地质量提升和可持续生产产生不利影响，而且耕地质量保护性投入的比例随着外出务工程度的加深而降低。农业劳动力大量外流，劳动力对农业生产的约束必然显现，进而对劳动耗费型的保护性投入降低。此外，劳动力外流外出务工对农户耕地保护性投入也会受到外部条件的约束，尤其是基础设施状况的影响较大。总之，劳动力外流农户的粮食生产的劳动力约束，进而导致他们减少采取维持基本生产外的耕地保护性投入。

（四）新型农业经营主体尚不能彻底解决农村劳动力外流后的所有矛盾和问题

近几年来，在农村劳动力大量外流的背景下，粮食生产的新型农业经营主体规模不断扩大。这些新型农业经营主体的产生在一定程度上能够有效提升粮食生产的专业化与规模化程度。然而新型农业经营主体的产生与发展，仍然不能完全解决因农村劳动力大量外流和城镇化快速推进带来的新矛盾和新问题，主要原因如下。

其一，规模扩大难。种粮效益较低的一个主要问题就在于一家一户分散小规模经营难以形成规模效应。新型农业经营主体通过规模化经营能有效解决规模化问题，但当前的规模化形成仍然遇到诸多难题，如农户法律意识薄弱，流转后的土地也可能会随时要回去，不愿意签合约，或者即使签了合约，也依然会为此而发生诸多纠纷。总之，新型农业经营主体难以获得稳定的规模化耕地。

其二，资金难到位。对于新型农业经营主体而言，制约他们生产经营的一个关键因素就是资金投入问题。大部分新型农业经营主体都是由种田能手成长起来的，融资问题成为制约他们发展的关键因素。尽管当前有诸多支农惠农的金融政策，但落实难题从未减少过。尤其是金融机构发放贷款而需要的抵押资产，这些新型农业经营主体往往无法提供。不仅如此，农业生产是自然风险与市场风险双重风险的行业，面临诸多不确定性，贷款的风险性较高，因此金融机构发放贷款的可能性较低，新型农业经营主体难以获得足够的资金支持。

其三，技术匹配难。技术应用对农业生产的重要性不言而喻，尤其是规模化生产中对技术的依赖性更高。但当前与新型农业经营主体相匹配的技术依然较为欠缺。从新型农业经营主体自身来看，这些农户过去大多仅仅经营着较小规模的农田，在技术应用方面自然与大规模生产相比有较大差距，可能存在无法适应规模化生产的问题。从技术供给角度来看，针对规模化经营的粮食生产技术供给还存在较多不足的问题，难以及时、有效满足新型农业经营主体的需求。

其四，竞争力难提高。与传统小农户相比，新型农业经营主体的生产成本多了土地流转成本，这使得他们在面对小农户以及国际粮商竞争时，并不具备较高竞争力。不仅如此，对于大多数新型农业经营主体而言，他们往往还需要雇佣大量农工来解决生产劳动投入不足问题，如此一来不仅存在劳动成本相对较高的问题，还会产生新的问题，如委托-代理问题，雇工的激励问题等。这也是大多数种粮大户耕地生产率并不高的重要原因之一。面对这些约束，新型农业经营主体往往会改变经营模式，选择部分种粮、部分经营其他，或者完全不种粮，如此以期保证自身的收益。但是，对粮食生产发展及粮食安全带来的不利影响已成为不争的事实。

四、应对农村劳动力外流提升粮食产能的建议

（一）缓解资本替代劳动面临的约束，提高农业机械化程度

当前，粮食生产中资本对劳动替代的主要方式是劳动节约型技术，尤其是农业机械化技术。但相关技术的推广依然面临较多问题，为此，我们提出如下建议：其一，针对当前农业机械购置补贴政策所存在的问题，及时调整政策实施方案，确保农户对小型农机持有的需求，同时保障大型农机的购买优惠，有效解决劳动力投入不足后的跨区农机作业服务；其二，继续推进高标准农田建

设，尤其是解决耕地细碎化问题，加大对农地平整项目的投入，为机械化作业提供保障；其三，加大对农业机械的研发投入，提高农机农艺的配合，解决农机利用率低、限制条件多等问题。

（二）加强农业社会化服务体系的建设，为粮食生产者提供"无忧"生产环境

农业及粮食生产受生产过程和地形地貌的制约，不可能全程机械化。为此，一方面要规范劳动力的转移，要在不同地区，不同季节进行适度转移、有约束的转移，再不能走以牺牲农业为代价而换得工业化、城市化建设发展的路子，另一方面要加强社会化服务体系建设，通过农业生产全程外包服务，缓解因农业劳动力过度转移而给农业及粮食生产所带来的劳动力供给不足和质量弱化等矛盾。构建完善的社会服务体系不仅能在一定程度上缓解当前农业劳动投入不足的问题，更能提高粮食生产的专业化水平，进而能有力促进粮食生产经营的规模化。因此，在当前农业机械作业服务体系建设的基础上，应进一步建设信息服务、农资服务以及农田管理服务等社会化服务体系，使农民在选择从事粮食生产经营时无缺劳动力和怕耽误农时之忧。

（三）重视耕地质量保护与提升，激励农户积极参与

虽然劳动力流失将造成农户显著减少耕地质量保护与提升投入，但农户流动性约束的缓解能在一定程度上促进农户对劳动节约型耕地质量保护与提升措施的采纳。因此，相关耕地质量保护与提升技术的推广应充分考虑劳动力外流的现实，从以下几个方面激励农户积极参与保护与提升耕地质量：其一，侧重于推广劳动节约型耕地质量保护与提升技术，充分满足农户的现实需求与偏好；其二，构建和推广耕地质量保护与提升的社会化服务体系，实现相关环节的外包；其三，提供相关补贴与奖励措施，对于农户积极参与耕地质量保护与提升实现有效补贴；其四，提高农业基础设施条件，为机械化作业的耕地质量保护措施提供基础；其五，充分利用现代化的社交平台，推广相关耕地保护措施，提高农户参与意识。

（四）加大种粮科技推广与培训力度，提升粮食生产技术效率

粮食产出水平的提高不仅依赖于生产要素投入量的加大，也取决于粮食生产者管理能力的提升，也就是技术效率水平的提高。在当前我国粮食生产面临

严重资源环境约束的形势下，提升农户的粮食生产技术效率是一种更加明智的增产路径，不仅可以提升粮食产出水平，更能解决高投入低产出的问题。为此，应着力提升粮食生产技术效率。一方面，应继续着力举办农业生产技术培训，通过技术讲座、田间示范以及发放资料等措施，提升务农劳动力的技术认知，从而推动其生产管理水平和能力的提升；另一方面，继续加大对粮食生产技术的研发投入，并对研发目标进行适当修正，不应片面追求高产，还应关注生产成本问题，以提高粮食生产者种粮效益为主要目标，保障他们的种粮积极性，才会有助于粮食生产技术效率的提高。

（五）培育新型粮食生产主体，走粮食专业化生产道路

与农村劳动力大规模外流相伴随的是农地流转规模的加大，进而推动了新型农业经营主体的形成。然而，新型经营主体规模化的实现有一个土地经营权转让费所形成的成本问题，从而导致部分新型经营主体把粮田非粮化经营。为此，政府一是要宣传鼓励农户土地流转，促使农业生产资源要素向规模种粮者手中集中，以保障粮食生产具有规模效应；二是对种粮大户的支持应更具针对性，从农资补贴到金融优惠等都有落实到位；三是解决农田基础设施譬如灌溉设施条件的改善，有效提升粮食生产公共产品供给不足的问题，降低新型农业经营主体的生产成本；四是继续完善和实施粮食最低收购价、目标价格保护政策，降低和缓释种粮的价格风险；五是加大政府对种粮补贴的力度，通过"谁种粮、谁得补贴"政策机制的有效实施，使粮食生产发展获得新动能，最大限度地保护种粮大户及新型粮食生产经营主体的种粮积极性，确保国家粮食安全。

（六）推动农村第一、第二、第三产业协调融合发展，形成农村劳动力亦工亦农新机制

据在湖北省种粮大县监利县新沟镇调查，以粮食加工为主的福娃集团在本地的发展，在改变农村第一、第二、第三产业结构，增加第二、第三产业比例、推动农村工业化、城镇化的同时，有力地带动了当地粮食生产发展及产量、质量的提高，使得农村劳动力能够有条件就地转移，能够亦工亦农，既保证了向外转移和增收，又不因转移而影响对农田及粮食生产的照料、经营和劳动投入。为此，建议粮食主产区要从供给侧改革、调结构、去库存、保产能的高度出发，发展原料导向型的农产品加工业，促进农村劳动力就地就近转移，建立和形成劳动力亦工亦农的就业新机制，以保证粮食生产的劳动投入和不受劳动力转移的影响。

附录二　推动粮食生产绿色转型的现实困境与路径选择[①]

近年来，在粮食取得连续增产的同时，我国农业环境恶化与农业资源约束日趋严重，当前的增产方式，不仅导致生产成本高涨、竞争力减弱，更严重的是威胁我国农业可持续发展和国家粮食安全。正是在这种背景下，党的十八届五中全会提出以绿色发展引领农业发展方向，这是对"十三五"时期我国农业发展和粮食生产的新部署新安排。以绿色发展理念推动粮食生产转型，要求将绿色发展理念贯穿于粮食生产的全过程中，加快转变农业发展方式，加强土地与水等资源的保护和合理利用，优化农业结构，切实在资源环境硬约束下，保障食物有效供给和质量安全，由追求产量向产量质量效益并重转变，走产品安全、资源节约、环境友好的现代农业发展道路，从而助推粮食生产绿色发展，推动农业现代化进程。因此，如何贯彻绿色发展理念，推进我国粮食生产绿色转型，实现人与自然和谐发展、经济增长与环境保护共赢，已成为亟待研究的新课题。

国际上，绿色农业虽然起源于"绿色革命"，但是在20世纪70年代后随着全球性的环境污染、生态恶化、资源耗竭等一系列的社会问题愈益突出才得以孕育。20世纪80年代后，随着人类自身的生存与发展因农业生产带来的不利影响所受到的严峻挑战，《21世纪议程》等一系列有关环境保护和绿色产业发展国际公约相继产生，发展"绿色农业"的呼声更加高涨，并逐渐成为多数国家农业发展的共同选择。国内外学者对绿色农业的内涵和基本特征展开了大量研究，认为维持农业生态系统的多样性以及作物、动物和土壤之间生态互动是绿色农业的最基本特征之一，但是较少专门研究粮食生产绿色转型，尤其是对于当前我国粮食绿色生产所面临的困境及发展路径等方面尚未展开深入研究。

鉴于此，全面认识推动我国粮食生产绿色转型发展的必要性与重要意义，科学评估新形势下我国粮食生产绿色转型的困境，把握粮食生产绿色转型面临的主要问题，并在此基础上提出推动我国粮食生产绿色转型的发展路径，对于贯彻党中央绿色发展理念，保障国家粮食安全和实现农业可持续发展具有重要的现实意义。

[①] 该文是作者在本书相关研究的基础上，为进一步推动我国粮食生产转型所思考而形成的专题研究成果，特收录于此，与读者交流。

一、粮食生产绿色转型发展的必要性

从本质上讲，绿色农业是指有利于环境保护、有利于农产品数量与质量安全、有利于可持续发展的一种现代农业发展的形态与模式。我们倡导的粮食生产绿色转型，是用绿色农业的理念来发展粮食生产，赋予了人与自然和谐、经济与社会和谐和生态环境可持续发展的内涵。因此，在当前国家粮食生产新形势下，推动粮食生产绿色转型发展具有重要战略意义。

（一）粮食生产绿色转型发展是保障我国粮食安全的必然选择

十余年来，我国粮食产量连续增产，为稳定经济社会发展大局发挥了重要作用。然而，当前和今后一个时期，我国粮食生产面临的资源、环境、质量、竞争力等挑战不容小觑。面对重重挑战，国家新的粮食安全战略不再一味追求粮食产量的连续递增，而是立足长远，强调粮食产能的稳定与提升，注重粮食生产的可持续增长。在这种背景下，将绿色发展理念贯彻于粮食生产的发展目标、发展模式、发展内容以及发展机制与政策等方面，贯穿于粮食生产全过程中，助推我国粮食生产绿色转型发展，是符合我国新粮食安全战略要求的必然选择。

（二）粮食生产绿色转型发展是农业可持续发展战略的内在要求

粮食连年增产，资源过度消耗，生态环境受损，粮食生产面临生态环境束缚和资源制约两道"紧箍咒"，使得拼资源、拼投入品、拼生态环境的传统发展方式难以为继，必须走资源节约、生态友好的农业可持续发展之路。绿色发展强调资源节约与环境友好、强调生产与生态协调发展，因此，通过树立绿色发展理念，集约节约利用资源，推广清洁环保技术，协同推进粮食生产持续发展与生态环境保护，实现粮食生产可持续发展，是农业可持续发展战略的内在要求。

（三）粮食生产绿色转型发展是"藏粮于地、藏粮于技"战略的本质属性

落实藏粮于地，要求在坚决保护耕地数量和有效提升耕地质量的同时实现绿色耕作，这与绿色发展所强调的保持和提高土壤肥力，节约和保护自然资源，减少农业对生态环境破坏的内涵是一致的。落实藏粮于技，就是走依靠科技路

子，加大农作物新品种的培育、研发与推广力度，重视先进农业技术的应用，推进农业机械化、信息化和智能化融合水平，增强技术对农业发展的贡献率，提高农民的科技素质。实施绿色农业耕作技术的中心内容是利用有机肥料、使用自然方法防治病虫害和进行杂草清除，即不因生产而破坏环境，但绿色农业并不反对使用化肥农药，而是要求高效合理地使用化肥和农药，在常规石化农业向绿色农业转变过程中尤其如此。

（四）粮食生产绿色转型发展是提高粮食生产效益的重要途径

尽管一系列强农惠农富农政策促进了粮食稳定增产和农民持续增收，但粮食效益偏低的问题依然十分突出。面对农产品价格的"天花板"与成本价格的"地板"双重挤压，粮食生产效益进一步提升的空间较为狭窄，进而造成粮食生产的竞争力偏弱。面对国际粮价的冲击，国内粮价进一步上涨的压力较大，因而提高粮食生产效益的关键在于降低粮食生产成本。而通过推动粮食生产绿色转型发展，不仅能提高粮食生产资源利用率，实现增产增效、节本增效、提质增效，还能不断提升粮食产品竞争力，实现粮食生产效益再上新台阶，是提高粮食生产效益的重要途径。

（五）粮食生产绿色转型发展是应对消费结构升级的现实出路

新形势下的国家粮食安全战略，核心要求是端牢中国人的饭碗、饭碗里主要装中国粮。然而，受工业化、城镇化快速推进，经济发展和城镇人口增加等因素的影响，我国粮食消费结构升级将进一步加快，粮食需求将呈刚性增长的趋势。从国际看，粮食贸易量有限，且贸易环境复杂多变，我国粮食贸易的大国效应明显，唯有立足国内解决粮食供应问题。因此，推动粮食生产绿色转型发展，通过开展粮食绿色增产模式攻关，依靠科技创新，挖掘生产潜力，提高粮食产能，是确保我国谷物基本自给、口粮绝对安全的现实出路。

二、我国粮食生产绿色转型发展的现实困境

粮食连续增产背后的高投入、高消耗和高污染问题，已经引起社会各界的广泛关注，政府制定的一系列相关政策、措施，已为粮食生产绿色转型创造了良好的外部环境。然而，推进我国粮食生产绿色转型发展，仍面临着一系列亟待破解的难题。

（一）绿色发展理念有待践行，粮食生产绿色转型路径尚未明确

多年以来，化肥减量一直是政府倡导并追求的重要目标，但据统计资料显示，2010～2015 年，三种主要粮食作物的亩均化肥折纯用量不降反而逐年递增，由 22.98 千克增至 24.11 千克。尽管造成化肥用量增长的因素是多方面的，但至少可以说明，作为五大发展理念之一的绿色发展理念，在粮食生产领域并未深入贯彻，亟待推进。尤其是有关粮食生产绿色转型发展的以下三个方面的关键问题，依然未得到明确回答。其一，"发展什么？"的问题。理念创新是粮食生产转型升级的先导，也是粮食生产绿色发展的前提和基础，只有结合绿色发展内涵，厘清我国粮食生产绿色发展亟待破解的关键问题，明确粮食生产绿色发展的目标与内容，才能更快、更好地推动粮食生产绿色转型发展。其二，"如何发展？"的问题。推动粮食生产绿色转型的动力机制不仅包括内部动力（竞争驱动力、绿色文化感召、激励机制等），还包括外部动力（政策激励、需求动力、技术创新等）。然而如何有效推动各动力机制发挥效应的问题尚未得到解决。其三，"谁来发展？"的问题。粮食生产绿色转型发展涉及政府、企业、科技人员、农民等不同群体，各主体都在其中发挥着作用，其生产与管理行为都必须符合粮食生产绿色发展的要求。然而，各主体所应发挥的功能，以及所需承担的责任尚未明确。

（二）新型农业经营主体发展困难多，粮食生产绿色转型缺乏重要载体

近年来，在规模经营、农业发展方式转变、农产品有效供给和质量安全等客观要求下，新型农业经营主体得以快速发展。但当前新型农业经营主体的发展面临诸多问题，如土地流转市场规范性不足、土地租金逐年上涨等导致的规模难扩大问题，经营风险大、涉农贷款难度高等导致的资金投入难到位问题，新技术供给不力以及消化吸收能力不足等导致的技术难匹配问题，以及生产成本高、经营效益低等导致的竞争力难提高等问题。尽管如此，相对于传统分散小农户，新型农业经营主体无论是在经营规模、技术应用方面，还是在产品控制、市场竞争力等方面都具有一定优势。这使得新型农业经营主体更有条件成为粮食生产绿色转型发展的主要载体。但当前面临的诸多问题，无疑限制了新型农业经营主体的进一步壮大和发展，进而对粮食生产绿色转型的推进带来不利影响。

（三）农业劳动力质量下降，粮食绿色生产技术推广受阻

家庭经营仍是当前粮食生产中最主要、最有生命力的主体，农民依然是我国最大的种田群体，这是农村基本经营制度和基本国情农情决定的。然而，随着农村青壮年劳动力大量转移，农业兼业化、农民老龄化、农村空心化日益严重，农业劳动力素质已呈结构性下降趋势，难以适应和支撑这个最主要的生产经营主体。农村劳动力转移是农户家庭人力资源重新配置的过程，农村劳动力的外流具有选择性，青壮年或相对有知识或技能的劳动力，一般优先外流，留在农村的农业劳动力整体素质下降，以弱质劳动力为主。据国家统计局调查，2015 年外出务工人员达 2.77 亿人，农民工以 40 岁以下的青壮劳力为主，占比 55.2%，且以初中及以上文化程度为主，占 83.6%。换言之，大批较高素质的青壮年劳动力离开了农村，告别了农业生产经营。农村人力资本水平的下降对新技术的推广和实施产生较大阻碍效应，留守农民年老体弱文化素质低，往往凭经验和习惯种田，接受先进的农业科技能力有限，由此导致高效率农业设施装备难以利用，高水平农业科技成果难以转化，粮食绿色生产技术推广受阻，这无疑削弱了技术推广应用作为粮食生产绿色转型发展重要推动力的作用。

（四）种粮收益下滑，粮食生产经营主体绿色转型动力不足

受生产成本上升和价格下跌的双重挤压，当前粮食种植增产不增收，粮农收益普遍下滑。国家统计局调查显示，受物质与服务费用增加、土地成本增加以及人工成本上涨等主要因素的影响，2015 年我国受调查户稻谷、小麦、玉米亩平总成本分别为 1202.12 元、984.30 元和 1083.72 元，同比分别上升 2.17%、1.99% 和 1.86%。与此同时，同上年相比，2015 年粮食价格下跌，其中三种作物每 50 千克平均出售价格分别为 138.02 元、116.43 元和 94.23 元，同上年相比分别下跌 1.86%、3.45% 和 15.75%。最终影响种植效益普遍下降，2015 年受调查户三种作物每亩净利润分别为 175.40 元、17.41 元、–134.18 元，均存在大幅度下降，平均而言，同比下降 84.33%。价格"天花板"与生产成本"地板"的双重挤压，使得粮食生产效益继续下降的压力增大，调动粮农生产积极性的难度也将进一步加大。不仅如此，随着非农收入的不断升高，农户的农业收入尤其是粮食收入比例快速下降，使得粮食种植在农户家庭经营中的地位不断下降，农户随之而产生的"懈怠"效应日渐凸显。换言之，对于广大传统小农户而言，粮食种植效益及种粮地位的不断下降，使得他们普遍缺乏增加粮食生产投入的

积极性，进而削弱其参与粮食生产绿色转型的动力。

（五）农田基础设施短板明显，粮食生产绿色转型成本高

农业基础设施老化，配套建设与维修养护不够，农田细碎化问题严重，不仅造成粮食生产成本居高不下，同时也推高了粮食生产的绿色转型成本。一是由于绝大多数农村基础设施建设年代久远，建设标准低、配套不完善；二是基础设施运行年份已久，维修经费不足，无法实施更新改造，地方财政无力承担更新改造费用，只能进行简单的维修处理。"先天不足"再加上"后天失调"，使得粮食绿色生产转型难度加大，无疑增加了农户参与粮食绿色生产的成本。例如，农田机耕路的缺乏，将显著降低农户采取绿色生产方式的可能性，因为在当前"老人农业"的背景下，农户十分依赖于农业机械，尤其一些土壤改良措施需要耗费大量体力，若田间无机耕路，就不能以机械替代人力，则缺乏体力资本的老一代农户就很难实施。此外，耕地细碎化问题依然较为严重，给粮食生产绿色转型带来诸多不便，同样提高了农户采纳相关措施或应用相应技术的成本。

（六）绿色农业政策、法律体系不健全，粮食生产绿色转型激励与约束不足

长期以来，尽管我国制定并实施了部分关于农业资源利用和环境保护的相关政策与法律、法规，但受制于小规模经营，无论是政策激励目标的实现，还是相关规制、标准的执行，都遇到很大困难，存在转型支持不足，约束力不够等问题。在农业政策方面，与粮食绿色生产相关的补贴，如土壤有机质提升补贴等，大多在试点阶段，尚未全面推广，而且相关补贴普遍存在补贴额度低、激励不足的问题。当前，建立以绿色生态为导向的农业补贴制度改革方案已获得通过，但如何解决补贴政策的精准性、指向性以及实效性问题，依然是制约该补贴制度能否有效激励粮食生产经营主体采取绿色生产方式的难题。在农业法规方面，尽管现有的《环境保护法》包含了农业环境问题，但未能将农业环境与农业自然资源保护协调起来，对于不合理的农业生产方式对环境造成的污染和破坏，还缺乏相应的认识和规制措施。尤其是不断增长的农业投入品（化肥、农药、薄膜等）使用，亟待更加具体、明确以及系统的标准、条例等予以约束。

三、推动我国粮食生产绿色转型发展的路径选择

推动我国粮食生产绿色转型，应根据我国粮食生产的资源禀赋，以及当前和未来一段时期内我国粮食生产所面临的实际问题来选择适宜的发展路径。

（一）树立大食物安全观，激发绿色生产新动能

一是加快建立食物安全战略。随着社会发展，传统的粮食概念和粮食安全的范畴已不能满足当前的需要。粮食安全的重点转变为食品的营养和卫生保障以及随生活水平提高而产生的食物偏好。因此，当前需要强调逐步以食物安全取代粮食安全，完善相应的食物安全保障体系。具体而言，将保障"粮食安全"战略提升到保障"食物安全"战略，将粮食安全纳入国家食物安全战略的总体规划，组建以"全食物链条"为核心的大农业职能部门，赋予其全部行业职能，从田间地头到民众餐桌，从粮食生产、检验检疫到食品流通、食物安全，实现全链条管理。

二是合理布局食物生产体系。食物生产与地方资源环境等特征不协调，不仅造成生态环境压力与日俱增，同时也使得食物生产效率难以提高，难以发挥优势。应根据各地实际情况，把超过农业资源环境承载能力的生产切实退出来，做到宜耕则耕，宜牧则牧，宜林则林，宜渔则渔，既能保证食物的整体供应，也有利于修复与保护生态，实现绿色发展。

三是大力提升粮食综合利用水平。一直以来，对粮食产品的开发利用在很大程度上停留在传统初加工层面，造成资源浪费，粮食产品价值无法充分体现。因此，应继续强化农业技术支撑，促进粮食产业向多功能性发展。例如，通过加快产学研结合，统筹开展主要农作物青贮品种选育，加强推广新技术，提高青贮饲料、青贮小麦、青贮油菜品质，推进标准化种饲养畜，力促种养双赢。通过改变传统的粮食利用方式，实现增产增效、节本增效、提质增效，不断提升粮食综合利用水平。

（二）转变粮食经营方式，促进粮食生产提质增效

一是发展适度规模经营，促进粮食生产产业化。小而散的粮食经营方式，不仅难以增加农户收入，而且不利于粮食生产标准化管理，进而造成粮食产品质量难以提高。此外，农村大量青壮年劳动力外出务工后，"懒人农业"渐成

常态。因此，要在稳定土地承包关系的基础上，加快建立健全土地流转市场，引导土地经营权向种养大户、家庭农场、农民合作社、龙头企业等新型经营主体流转，结合各地实际发展适度规模经营。在此基础上，开展紧密型、专业化的分工合作，完善产业链条，建立利益共享、风险共担的联结机制，实现共同发展、多方"共赢"。

二是推进全程社会化服务，强化粮食质量管理。全程社会化服务是应对农业劳动力老弱化，促进粮食生产规模化的重要路径，也是实现绿色农业和现代农业的重要保障。因此，应加快推进全程社会化服务，实现粮食生产的统一供种、统一种植方式、统一播栽期、统一肥水管理、统一病虫防治、统一收获，使粮食生产在使用优良品种的基础上，做到适期栽插，小麦实行机条播，粮食实行机插秧，并科学开展肥水管理，使用高效低毒低残留农药防治病虫害，从而促进单产的提高和品质的改善，有效保证粮食质量安全。此外，扶持农业社会化服务组织建设，开展代耕代种、联耕联种、土地托管等专业化规模服务，提高农业全要素生产率。

三是以市场消费为导向，调整粮食供给结构。粮食供给结构调整，是供给侧结构性改革的重要内容之一，也是实现粮食生产绿色发展的重要举措。要坚持以市场消费为导向，以供给侧改革为着力点，顺应温饱型消费向小康型消费转变的新趋势，按照消费多层次性和品质化、绿色化、个性化的新特点来推进粮食供给结构改革，努力使粮食产品朝着绿色化、健康化、品质化方向发展，促进粮食产业迈向中高端、粮食产品迈向中高档，全面提升粮食经济效益和市场竞争力。积极培植新的消费潮流，以消费引导产业发展，支持稻米加工企业开展技术升级和工艺创新，以优质、绿色、生态、安全的理念开发多元化的稻米产品及加工制品，满足不同消费群体的需求。

四是积极发展"三品一标"，增创品牌发展优势。"三品一标"倡导绿色、减量和清洁化生产，遵循资源循环无害化利用，严格控制和鼓励减少农业投入品使用，注重产地环境保护，在推进农业可持续发展和建设生态文明等方面，具有重要的示范引领作用，是践行绿色发展理念的有效途径。通过加大资金投入力度，加快产业提档升级，实现技术飞跃，补齐粮食生产加工企业成本高、规模小、技术差、竞争力不强、品牌建设缺失等方面的"短板"。

（三）推进生产方式绿色化，构建"三生"共赢新格局

以绿色发展的新理念引领粮食生产，做到资源节约、环境友好和生产安全、质量安全，构建生产、生活、生态"三生"共赢的产业发展新格局。

一是树立绿色生产理念，提升粮农绿色生产意识。应加大农村教育投资，因地制宜开展绿色生产技术培训，为农村人才队伍的培育奠定基础，提高农户对粮食绿色生产技术的认知与应用能力。采取多种措施，宣传与推广粮食绿色生产知识与方式，改变耕地利用传统陋习，培养农民保护耕地质量的责任意识，提高农民对粮食绿色生产的正确认知。

二是开展绿色增产新模式攻关，提升可持续发展能力。粮食连年增产，各种资源要素绷得很紧、环境承载压力不断增大，促进粮食和农业可持续发展成为现实而紧迫的任务。应开展适合各地农情的绿色增产模式攻关，坚持把农业科技创新作为重要支撑，将"绿色"的内涵和要求贯穿于增产技术研发与推广全过程，着力构建绿色高效生产体系。抓好周年作物配套和粮饲统筹，形成具有区域特色的种植模式、生产技术模式以及高效种养模式。

三是重技术、调结构，提升副产物综合利用水平。农业副产物的综合利用和深度开发，不仅可以延长产业链条，实现农民增收，同时还具有生态环保效益，是实现多赢局面的有效途径。一方面，采用新科技与新方式，提升对粮食副产物的综合开发利用水平，让粮食副产品变为社会发展急需的肥料、饲料、燃料、食用菌基料、造纸原料等。另一方面，应大力发展草食性畜牧业，尊重大自然安排的食物链规律，逐步形成"种养结合，综合利用，零排放，绿色有机"的长效机制，这样才能实现生态有机、可持续的发展。

四是完善农业社会化服务体系，提供绿色化服务。当前，农业社会化服务呈现出各种市场主体广泛参与，成为服务"三农"重要力量的新形势，但存在基层公益服务供给落后于农业农村形势发展变化需求以及绿色化服务"缺位"等问题，尤其对生态环境保护等问题的监管执法、公共服务严重滞后，力量极为薄弱。因此，应积极培育粮食绿色化生产专业服务市场，将现有的生产环节"外包"服务范围扩大至生态保护与提升服务，改变传统"重生产""轻生态"观念，创新形式以填补粮食生产生态服务的市场空白。应充分发挥各类社会服务组织，如一些农业龙头企业、专业合作社在农田生态保护等方面的重要作用。

（四）调整粮食补贴政策，加大绿色生产政策支持力度

一是完善最低收购价政策，强化政策导向功能。持续走高的粮食最低收购价，使得粮食生产结构不适应需求结构的矛盾日益突出。以玉米为例，现行的临时收储制度会鼓励农民多种玉米，并且抬高玉米市场价格。为推动供给侧性改革，进一步完善最低收购价政策，使其不再承担补贴农民的功能，打破收购

价格只增不减的心理预期，逐步建立目标价格机制，实现"市场定价、价补分离"，回归贴近市场价格，激活下游产业。此外，通过对企业实施补贴、扶持政策，鼓励企业执行"优质优价"的收购策略，从源头树立只有"生产出好产品才能卖出好价钱"的价值取向，激励农民主动参与粮食生产提质增效行动中。

二是加大环境保护补贴投入，促进粮食绿色生产。粮食生产不仅具有经济价值，同时存在生态与环境价值，但粮食生产的绿色价值往往被忽略。因此，应合理评估粮食绿色生产的生态环境价值，在形成"农户投入、社会补偿"的共识基础上，建立"谁投入、谁受偿"的补偿机制，或者以奖代补，充分调动农户参与粮食绿色生产的积极性。例如，通过开展低毒生物农药示范补助试点，补助农民因采用低毒生物农药而增加的用药支出，鼓励和带动低毒生物农药的推广应用。针对大规模畜禽养殖场粪便集中，而无相对应的农田配套和消纳粪便所造成的环境污染问题，建立相应的有机肥生产利用补贴机制和政策，确保畜禽粪便进粮田、不污染，同时并真正从根本解决增产与化肥投入过多的矛盾。

三是统筹农业建设项目资金，加强农田基础设施建设。农田基础设施的建设与完善，不仅可直接发挥绿色生产效应，如节约灌溉用水，而且可降低农户从事绿色生产的人力、物力成本，实现绿色增效。此外，基础设施完善还可为土地经营规模化夯实基础，发挥绿色生产的规模效应。因此，加快农田基础设施建设，具体而言，要进一步加强基本农田保护，整合资金大规模推进农田水利建设、土地整治、中低产田改造和高标准农田建设，加快发展设施农业，提高农业科技创新与应用水平，提升农业综合生产能力。此外，要抓好"小农水"工程，切实处理好农田用水排涝的"最后一公里"问题，解决"靠天吃饭"问题。

四是加大补贴向大户倾斜力度，发挥规模与示范效应。在实际操作中，真正从事粮食生产的种粮大户、家庭农场、农民合作社等新型农业经营主体很难得到补贴，对培育和壮大新型农业经营主体，调动粮食生产积极性的作用大大降低。与小散农户相比，规模经营户在绿色技术应用、环境保护等方面更易取得规模效应与示范效应。因此，应调整补贴方式与补贴力度，将补贴资金主要用于以下三个方面：一是重点支持建立完善农业信贷担保体系，二是对适度规模经营主体的贷款进行贴息，三是对适度规模经营主体给予直接现金补贴，包括对其绿色技术推广与服务等方面进行奖补。